「働くこと」を社会学する
産業・労働社会学

小川慎一・山田信行・金野美奈子・山下 充［著］

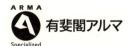

はじめに

　本書は「働くこと」について，社会学の視点から書かれた教科書である。したがって，本書は「働くこと」について知りたい方々と，社会学を学ぼうとする方々の双方を読者として想定している。「働くこと」を通して社会学を学ぶというかたちでも，社会学の視点を通して「働くこと」を学ぶというかたちでも，本書を活用することができる。

　本書は社会学を専攻する学生だけでなく，それ以外の分野を専攻しつつ「働くこと」を学ぶ学生にも，有益なものの見方を提供するだろう。本書の4名の著者のうち2名は社会学を専攻する学部学生を，もう2名は経営学部の学部学生を対象として，「働くこと」の社会学について授業をしてきた。また，学部学生だけでなく，「働くこと」についての研究を志す大学院生が本書を読み，研究テーマを磨き上げることも可能であろう。

　このように本書は，学部学生や大学院生を主な読者層と想定して書かれている。もちろん，ビジネスパーソンや研究者が読んでもさまざまな示唆が得られるであろう。ビジネスパーソンは日々「働くこと」を実践している。それがどのような制度のもとでなされているか，どのような社会的な背景のもとで営まれているのかを省察する手がかりを，本書は与えることができるだろう。

　研究者にとっては，「働くこと」の社会学を俯瞰するための手引きとして，本書を活用することが可能であろう。研究者も日々の業務に追われ，ほかの分野の知見に触れる機会が乏しい。「働くこと」の研究背景について知りたい社会学者や，「働くこと」

について研究するほかの領域の研究者が，社会学のものの見方を知りたいときに，本書を手にとってもらいたい。また，日本の「働くこと」について知りたい海外の研究者や学生にも，もし日本語が読めれば，本書をぜひ一読してもらいたい。

「働くこと」について書かれた教科書は，社会学者の手によるものを含め，すでに数多く刊行されている。これらの類書と異なる本書の特色は，隣接する学術領域の知見を踏まえつつも，社会学的なものの見方をできるかぎり前面に出した点にある。社会学に触れたことのある方々の多くにとって，社会学はつかみどころのない学問とされている。社会学を専攻している学生はさることながら，高名な社会学者にとっても，社会学は「もやもや」感の残る学問のようである。本書がその「もやもや」感を少しでも軽減できれば幸いである。

本書の刊行では，有斐閣書籍編集第2部の堀奈美子氏から，多くの助言をいただいた。記してお礼を申し上げる。

2015年2月

著 者 一 同

執筆者紹介

●小川　慎一（おがわ　しんいち）　序章, 第1章, 2章, 7章, 11章, 12章
横浜国立大学大学院国際社会科学研究院教授。
主著：『仕事の社会学——変貌する働き方〔改訂版〕』（分担執筆）有斐閣, 2012年,「もうひとつの企業社会論——小集団活動とその周辺」『日本労働社会学会年報』20号, 2009年,「分野別研究動向（労働）——産業・労働社会学の現状と課題」『社会学評論』56巻4号, 2006年。

●山田　信行（やまだ　のぶゆき）　　　　　　第3章, 4章, 10章
駒澤大学文学部教授。
主著：『社会運動ユニオニズム——グローバル化と労働運動の再生』ミネルヴァ書房, 2014年,『階級・国家・世界システム——産業と変動のマクロ社会学』ミネルヴァ書房, 1998年,『労使関係の歴史社会学——多元的資本主義発展論の試み』ミネルヴァ書房, 1996年。

●金野　美奈子（こんの　みなこ）　　　　　　第6章, 8章, 9章
東京女子大学現代教養学部教授。
主著：『社会学を問う——規範・理論・実証の緊張関係』（分担執筆）勁草書房, 2012年,『労働——働くことの自由と制度』（分担執筆）岩波書店, 2010年,『OLの創造——意味世界としてのジェンダー』勁草書房, 2000年。

●山下　充（やました　みつる）　　　　　　　第2章, 5章, 7章
明治大学経営学部教授。
主著：「現場主義概念の理論的再検討」『明治大学社会科学研究所紀要』49巻1号, 2010年,「雇用多様化時代の新しい組織マネジメント——90年代以降の人事部門の組織変容」『明治大学社会科学研究所紀要』46巻1号, 2007年,『工作機械産業の職場史1889-1945——「職人わざ」に挑んだ技術者たち』早稲田大学出版部, 2002年。

「働くこと」を社会学する 産業・労働社会学：目　次

序　章　「働くこと」を社会学する　　1

産業・労働社会学の視点

1 産業・労働社会学とは …………………………………………… 2

「働くこと」をどうとらえるか　2　　産業・労働社会学の対象　2　　社会学としての産業・労働社会学　3　　「働くこと」をめぐる社会の変化　5

2 ほかの学問領域との違い ………………………………………… 7

「働くこと」を研究するほかの学問領域　7　　社会学の視点①：社会的な相互行為　10　　社会学の視点②：人々の意識や解釈　11　　社会学の視点③：事実を重視　12

3 ほかの社会学分野との関係 ……………………………………… 13

社会における「働くこと」　13　　「働くこと」と職業　15　　社会学の対象としての「働くこと」　15

●● 第Ⅰ部　「働くこと」の制度としくみ ●●

第1章　仕事とライフスタイル　　19

キャリアと多様な働き方

1 キャリアとは ……………………………………………………… 20

キャリアという概念　20　　社会的存在としてのキャリア　21　　キャリアにおける社会化　22　　キャリアと能力開発　23

2 多様なキャリア ……………………………………………… 24
組織のなかでのキャリア 24　　転職をともなうキャリア 27　　退職してからの仕事への復帰 28　　起業という選択 29

3 多様な働き方 ……………………………………………… 30
多様な就業形態と雇用形態 30　　正規雇用 32　　非正規雇用 33　　自営業層 34

4 生活の一部としての仕事 ……………………………… 35
生活における仕事の位置づけ 35　　ワークライフバランス 37　　キャリアとジェンダー 38

第2章　組織のなかで働く　45
雇用システムと賃金のしくみ

1 日本的雇用システムと長期雇用 ……………………… 46
日本的雇用システムとは 46　　長期雇用とは 46　　新規学卒一括採用と長期雇用 48　　解雇回避行動と長期雇用 49　　長期雇用の外部 50

2 昇進・異動と内部労働市場 ……………………………… 51
昇進とは 51　　昇進と競争 52　　社内異動と出向・転籍 55　　内部労働市場とは 56　　内部労働市場の合理性と問題点 57

3 日本の賃金のしくみ ……………………………………… 58
日本の賃金の特徴 58　　年功賃金と能力主義 59　　職能資格制度 61　　能力主義と成果主義 63

4 多様性のなかの日本的雇用システム ………………… 64
なぜ国によって雇用システムは異なるのか 64　　雇用システムの類型 64　　日本的雇用システムの起源 65　　雇用

システムの収斂と多様性　66

第3章　仕事をとりまく制度　71
労使関係とコーポレート・ガバナンス

1　働くことは雇われること ……………………………… 72

雇用の誕生　72　　産業化と資本主義　72　　〈労資関係〉と〈労使関係〉　73

2　〈労資関係〉と〈労使関係〉 ……………………………… 74

階級関係としての〈労資関係〉　74　　システムとしての〈労使関係〉　74　　労働組合の存在理由　75　　労働組合のタイプ　75　　コーポレート・ガバナンス　77

3　日本における労使関係とコーポレート・ガバナンス …… 77

普遍性と個別性　77　　企業別組合の誕生　78　　企業別組合の特徴と功罪　79　　企業別組合の限界　79　　歴史的展開：対立から協調へ　80　　春闘　81　　オイルショックと労働運動の衰退　82　　組織率の低下　83　　ユニオン・アイデンティティ　83　　労働戦線の統一　85　　コーポレート・ガバナンスの動向　86　　人事と労使関係　88　　コンプライアンスと企業の社会的責任　88

4　これからの労使関係とコーポレート・ガバナンス ……… 89

グローバル化とネオリベラリズム　89　　リストラクチュアリングと非正規雇用　89　　個人加盟によるユニオン運動　90　　CSRの展望　92

第4章　組織から動く　97
失業・退職・転職・起業のしくみ

1 仕事をやめるということ ……………………………… 98

労働市場と失業 98　　強制的退職と非強制的退職 98

2 失業・退職・転職・起業 ……………………………… 99

自発的失業と非自発的失業 99　　非正規雇用と不安定雇用 100　　相対的過剰人口と産業予備軍 101　　失業のコスト 102　　奨励退職 102　　自発的退職 103　　異議申し立てと退出 104　　退職と求職 105　　社会的ネットワークと社会関係資本 106　　社会への埋め込み 106　　弱い紐帯の強さ 107　　起業 108　　非営利組織 109　　価値意識の多様化 110

3 日本における失業・退職・転職・起業 ………………… 110

「失われた20年」110　　リストラクチュアリングとさまざまな退職 111　　若年者の退職 112　　フリーター問題 112　　「ブラック企業」113　　退職引き留め 114　　転職活動の実態と「弱い紐帯の強さ」115　　情報化の影響 115　　起業の実態 116　　「新しい公共」116

4 失業・退職・転職・起業をめぐる展望 ………………… 117

均等処遇とフレキシキュリティ 118　　法規制の強化と支援 118

第5章　働き方はどう変わってきたのか　　123

技術革新と職場の変化

1 仕事とテクノロジー・管理技術 ………………………… 124

成功する企業とテクノロジー 124　　仕事に求められる能力 124　　労働の主観的経験と疎外 125

2 テイラリズムとフォーディズム ………………………… 126

近代的管理の誕生 126　　テイラリズム 126　　フォーディズム 127

3 疎外と労働の人間化 ……………………………………………………… 129
疎外された労働 129　　疎外労働の4つの要素 129
テクノロジーと疎外労働 130　　労働の人間化 131

4 技術革新とオートメーション ……………………………………………… 132
オートメーション 132　　監視労働から管理労働へ 133
職務の統合と多能工化 134　　配置転換による仕事の継承 135　　労務管理の変化 135

5 ポストフォーディズム …………………………………………………… 136
フォーディズムからの転換 136　　柔軟な専門化 137
リーン生産方式 137　　ネオフォーディズム 138

6 技術革新と日本のものづくり ……………………………………………… 139
OA化とME化 139　　日本のものづくりとME化 139
現場主義 140　　OA化と正社員の減少 141　　IT化と職場 142　　テレワーク 142　　IT化とビジネスの変化 143
マックジョブ 144　　テクノロジーと仕事の未来 145

● ● 第Ⅱ部 「働くこと」の現在 ● ●

第6章　若者が働くまで　153
学校から仕事へ

1 新規学卒採用 ……………………………………………………………… 154
新規学卒採用の状況 154　　新規学卒採用とは何か 157
新規学卒採用慣行の歴史的形成 158

2 近年の就職の変化 ………………………………………………………… 160
学卒非正規雇用と無業 160　　早期離職傾向の強まり 163
学卒時の状況がその後の就職状況に与える影響 164

3 変化の背景 …… 166

正社員としての就職機会の減少 166 　　制度の弱まり 167
正社員就職の意味の相対化 168

4 問題と対応 …… 169

●若者と雇用の未来へ

移行過程としての問題と対応 169 　　マッチング市場としての問題と対応 171 　　社会的包摂としての問題と対応 173

第7章　多様化する働き方　179

非正規雇用

1 進む雇用形態の多様化 …… 180

雇用形態の多様化とは 180 　　非正規雇用とは 180 　　さまざまな非正規雇用 181 　　産業・職業による違い 184
多様化をどう表現するか 185

2 なぜ企業は非正規雇用を活用するのか …… 186

柔軟な企業モデルと雇用ポートフォリオ 186 　　雇用形態による活用理由の違い 187 　　サービス経済化の進展 188
解雇規制と非正規雇用 189

3 企業による非正規雇用の活用 …… 190

パート・アルバイトの基幹化 190 　　正規雇用と非正規雇用の職域分離 191 　　非正規雇用者を活用するための人事制度 192 　　非正規雇用者と労働組合の組織化 192 　　非正規雇用者の正社員化 193

4 非正規雇用者とライフスタイル …… 195

雇用形態による選んだ理由の違い 195 　　学生アルバイトとフリーター 197 　　雇用形態と家族形態・家計 198
非正規雇用者の能力開発と「学びの習慣」 200

目　次　ix

第8章　働く時間と個人の時間　205
労働時間のしくみとワークライフバランス

1　仕事の時間 …………………………………………………… 206

労働時間に関わる制度　206　　　労働時間の柔軟化　209
労働時間の推移　210　　　長時間労働　213

2　個人の時間 …………………………………………………… 214

生活時間　214　　「セカンドシフト」の現状　216　　生活時間配分の制約条件　218

3　ワークライフバランス ……………………………………… 220

ワークライフバランスの論点　220　　　長時間労働の解消　221　　　家族のケアを時間制約とする働き方　223

第9章　社会のなかの性別役割分業　229
ジェンダーと仕事

1　雇用世界における性別の意味とその変遷 ………………… 230

戦後日本型雇用モデルと性別分業型家族　230　　男女雇用機会均等法以降　232　　ワークライフスタイルの多様化と共生の課題　233

2　仕事と家事・育児の性別役割分業 ………………………… 234

有償労働と無償労働　234　　カップル単位の性別役割分業の実態と意識　236　　性別役割分業の諸理論　238

3　性別職域分離 ………………………………………………… 239

　　　　　　　　　　　　　　　　　●仕事の性別役割分業

職域分離の基本概念　239　　　性別職域分離の実態　241
なぜ性別職域分離がみられるか　244

***4* 性別役割分業は問題か** ……………………………………………… 245

　　性別役割分業をどうみるか　245　　社会としての対応　247

●● 第Ⅲ部　「働くこと」の変化と課題 ●●

第10章　グローバル化と働くこと　　255
外国人労働者と海外勤務者

***1* グローバル化とは何か** …………………………………………… 256

　　グローバル化の概念　256　　グローバル化という現象　256
　　経済のグローバル化　257

***2* 移民労働者とその背景** …………………………………………… 257

　　移民現象の背景　257　　プッシュ・プル理論　258　　社会
　　的ネットワーク　258　　多国籍企業とサービス経済化　259
　　スウェットショップ　260

***3* 移民労働者の増加と社会問題** …………………………………… 261

　　不法移民の増加　261　　日本における外国人労働者　262
　　日系人労働者　263　　技能実習生制度　264　　定住化問題
　　265

***4* 海外勤務者と現地労働者** ………………………………………… 266

　　海外勤務者とその問題　266　　現地労働者と日本的生産シ
　　ステムの移転問題　270　　多能工化と技能訓練　270　　労
　　働者による関与　271

***5* グローバル化と仕事の将来** ……………………………………… 272

　　長期不況と外国人労働者　272　　ケア労働のグローバル化
　　273　　海外工場と労働問題　275

第11章　職場のダイナミズム　279

働く場での人間関係と駆け引き

1　組織に対する2つの見方 ……………………………………………… 280

フォーマル組織とインフォーマル組織　280　　フォーマルな組織観　282　　人間関係論　283　　パーソナル・ネットワークと職場　284

2　職場におけるさまざまな駆け引き …………………………………… 286

生産制限とインフォーマルな裁量　286　　やり過ごし　287
劣位にある従業員によるささやかな抵抗　287　　意見や不満を吸い上げるフォーマルなしくみ　290

3　働き方の理念と職場の現実 …………………………………………… 291

さまざまな理念　291　　理念を解釈する従業員　292
理念への多様な立場　293　　一枚岩でない組織　295

4　感情労働と職場における親密性 ……………………………………… 296

ポスト工業社会と接客サービス労働　296　　感情労働　297
職場における親密性　298

第12章　少子高齢社会で働くこと　305

仕事からの引退とその後

1　人口動態の基本的前提 ………………………………………………… 306

進む少子高齢化　306　　少子高齢化の歴史的背景　308
少子化と人口減少　309　　少子高齢化はなぜ問題か　310
少子化の要因　311

2　日本の高齢者就業の特徴 ……………………………………………… 313

遅い引退　313　　定年制　314　　雇用延長の背景　315

企業の施策　316

3　仕事から引退への移行 ……………………………………… 318
　　　広がりのある引退過程　318　　パーソナル・ネットワークの変化　319　　高齢者の社会参加　321　　高齢者の生活と引退後のイメージ　322

4　介護と仕事 …………………………………………………… 323
　　　介護保険制度　323　　介護支援サービスの増加　324　　介護休業と企業の課題　324　　仕事と育児，介護の両立は可能か　325

索　引　331

Column 一覧

① 大学教育の能力開発的な効用 ……………………………… 25
② トヨタ自動車の昇進構造 …………………………………… 52
③ コーポラティズム …………………………………………… 87
④ 解雇ルール …………………………………………………… 103
⑤ 電子メールの功罪 …………………………………………… 145
⑥ 若年雇用をめぐる国際的な動き …………………………… 162
⑦ 正社員化の動き ……………………………………………… 194
⑧ ディーセントな労働時間 …………………………………… 207
⑨ ワークライフスタイルの多様性 …………………………… 240
⑩ 新国際分業 …………………………………………………… 261
⑪ 「報・連・相」とやり過ごし ……………………………… 288
⑫ 年長の部下との接し方に悩まないための備え …………… 318

本書に関連する法令等の新しい情報は下記のウェブサポートページに掲載いたします
http://yuhikaku-nibu.txt-nifty.com/blog/2019/02/post-55fd.html

本書のコピー，スキャン，デジタル化等の無断複製は著作権法上での例外を除き禁じられています。本書を代行業者等の第三者に依頼してスキャンやデジタル化することは，たとえ個人や家庭内での利用でも著作権法違反です。

Information

●**本書の特徴**　①「社会学」の見方を通じて「働くこと」について学ぶ，②「働くこと」の現象や変化を通じて「社会学」の理論や考え方を学ぶ，その両方に活用できるようにつくられたテキストです。

●**本書の構成**　「働くこと」はどのようなしくみで成り立っているのか，基本的な制度やシステムを解説する第Ⅰ部，「就活」の厳しさや雇用形態の多様化，ワークライフバランスなどの，注目される問題を取り上げた第Ⅱ部，「働くこと」をめぐって，今後どのような変化が起きるのかを考える第Ⅲ部，の3つの部で構成されています。

●**各章の構成**　「働くこと」のさまざまな場面を象徴する写真を題材に，本文で学ぶ内容へといざなうイントロダクション，本論，読書案内，調べてみよう・考えてみよう，引用文献，*Column* から構成されています。

●**キーワード**　本文中のとくに重要な語句は，キーワードとしてゴシック体で表しています。

●**読書案内**　さらに深く学びたい人のために，参考になる文献をあげ，簡単な解説をつけています。

●**調べてみよう・考えてみよう**　その章の内容に関連した課題を設けています。より進んだ学習のため，また講義やゼミなどでの議論の課題としてご活用ください。

●**引用文献**　本文中での引用文献は（著者名　発行年）として示し，文献全体の情報は章末にまとめて掲載しています。掲載順は，日本人名も含めすべて著者名のアルファベット順です。外国語文献で翻訳がある場合は，（著者名　原著発行年＝翻訳発行年）として示しました。

●**コラム**　本文で言及しきれなかった，時事的な話題や用語の説明などを，*Column* として取り上げました。

●**索引**　巻末には，基本用語や人名を中心とした索引をつけました。

序章 「働くこと」を社会学する

産業・労働社会学の視点

オフィス街の通勤風景 (写真提供：時事通信フォト)

　産業・労働社会学は「働くこと」についての社会学である。では社会学とはどのような学問なのだろうか。「働くこと」について研究するほかの学問と、どう違うのだろうか。ほかの社会学分野とどう関係するのだろうか。

1 産業・労働社会学とは

「働くこと」をどうとらえるか

「働くこと」とは何か,と問われたら,あなたはどう答えるだろうか。この質問に答えることが難しければ,「働くこと」の具体例を挙げてみよう。具体例はあなたのお父さんの勤務先での仕事だろうか。お母さんの職業だろうか。お母さんが主婦だとしたら,それは職業といえるのだろうか。もしあなたがアルバイトをしていたら,それも「働くこと」だろうか。実家が事業を営んでいたら,それも「働くこと」だろうか。

「働くこと」とは何か,という問いに直接的に答えることは,非常に難しい。より具体的な問いであれば,答えやすくなるかもしれない。「働くこと」に対して,人々はどのように関わっているのだろうか。「働くこと」は,どのように社会と関わっているのだろうか。このような問いに答えるための学問が,本書のテーマである産業・労働社会学である。

産業・労働社会学の対象

産業・労働社会学は,「働くこと」をめぐる社会現象を研究する学問である。大学や学部によっては,産業社会学,労働社会学,経営社会学,職業社会学,経済社会学などの名称で授業が開講されている。名称が違えば厳密には学術的な対象も違うのであるが,これらの科目は「働くこと」をテーマに含んでいる。本書では細部にはとらわれず,「働くこと」についての社会学に対して,産業・労働社会学の呼称を一貫して使うことにする。

ひとくちに「働くこと」をめぐる社会現象といっても，その範囲は広い。ほかの社会現象もそうであるように，「働くこと」をめぐる社会現象も，さまざまな切り口で分析することが可能である。若年層の「働くこと」を分析するという切り口もあれば，高齢者の「働くこと」を分析するという視点もある。年齢軸にそった切り口があれば，女性と男性の働き方はどう違うのか，という性別にそった分析もある。

　時間軸にそった切り口，つまり歴史的な観点から「働くこと」の変化を分析することも，産業・労働社会学の対象の1つである。また，**日本的経営や日本的雇用慣行**（日本的雇用システム→第2章）という言葉が示すように，ほかの国との比較において，日本の「働くこと」の特徴を明らかにすることも，産業・労働社会学の研究対象である。

　正社員とパート・アルバイトとで働き方の特徴がどう違うのか，という研究も，産業・労働社会学の対象である。正社員やパート・アルバイトのように，企業などで雇用されて働いている人々だけでなく，自分で事業を営んでいる自営業主の「働くこと」も，産業・労働社会学の守備範囲である。主婦（男性であれば主夫）が「働くこと」に含まれるかどうかを考えることも，産業・労働社会学の問題関心の1つである。

社会学としての産業・労働社会学

　産業・労働社会学はその名称が示すように，社会学の一分野である。社会学はさまざまな社会現象を研究対象にしているため，対象の範囲が非常に広い。日本で最も大きい社会学の学会である日本社会学会の専攻分野一覧には，31の分野が記されている（「その他」を除く）（表序-1）。この分野区分をすべての社会学

表序-1　社会学の専攻分野区分の例

1. 社会哲学・社会思想・社会学史	2. 一般理論
3. 社会変動論	4. 社会集団・組織論
5. 階級・階層・社会移動	6. 家　族
7. 農山漁村・地域社会	8. 都　市
9. 生活構造	10. 政治・国際関係
11. 社会運動・集合行動	12. 経営・産業・労働
13. 人　口	14. 教　育
15. 文化・宗教・道徳	16. 社会心理・社会意識
17. コミュニケーション・情報・シンボル	18. 社会病理・社会問題
19. 社会福祉・社会保障・医療	20. 計画・開発
21. 社会学研究法・調査法・測定法	22. 経　済
23. 社会史・民俗・生活史	24. 法　律
25. 民族問題・ナショナリズム	26. 比較社会・地域研究(エリアスタディ)
27. 差別問題	28. 性・世代
29. 知識・科学	30. 余暇・スポーツ
31. 環　境	32. その他

（出所）　日本社会学会「日本社会学会入会手続きのご案内」。
http://www.gakkai.ne.jp/jss/about/application1.pdf（2014年3月29日アクセス）

者が受け入れているわけではないが，社会学の守備範囲の広さを知るにはよい手がかりとなる。

　研究対象を示す言葉を「〇〇社会学」の「〇〇」の部分に追加すると，社会学の具体的な分野の名称を明示できる。対象が家族であれば「家族社会学」，教育であれば「教育社会学」，文化であれば「文化社会学」，都市であれば「都市社会学」がそれぞれの「社会学」の名称である。「〇〇社会学」とするには表記の語呂が悪い場合や，特定の研究対象に焦点を絞る場合は，「〇〇の社会学」のような表現をとることもある。たとえば産業・労働社会学

のなかの,さらに特定の研究対象である**労使関係**をテーマにした研究書は,『労使関係の社会学』(稲上 1981) というタイトルをつけている。

　ところで,このように対象が多様である社会学は,どのような学問なのだろうか。社会は個人が多数集まって構成されている。しかし,互いにばらばらな個人が集まるだけでは社会は成立しないし,社会現象も発生しない。社会は互いにやりとりをする個人が集まることにより,成り立っている。互いにやりとりをする個人が多くなれば,やりとりの「交通整理」のために,文化や制度などのしくみがつくられるかもしれない。人間がつくっているはずの社会であるが,実は人々の意思の及ばないかたちで社会は動いている。

　社会学とは,互いにやりとりする個人から成り立っている,そのような社会のしくみについての学問である。このような意味での「社会」には,友だち同士の仲良しグループのような,互いに顔がみえる人々の集まりもある。日本社会やグローバル社会のような,まったく見ず知らずの人々のやりとりが連なって構成されている「社会」もある。社会学は,前者のような微視的(ミクロ)な関係も,後者のような巨視的(マクロ)な現象も研究対象としている。

「働くこと」をめぐる社会の変化

「働くこと」をめぐって日本社会は変化のなかにある。思いきり単純化し,1980年代と 90 年代以降との違いを比較する(表序-2)。大学生にとって最も関心のある変化は,若年層の就職事情についてであろう。80 年代は**新規学卒一括採用慣行**(新卒採用慣行)に守られて,就職を希望する若年層は正社員としての就

表序-2 1980年代と90年代以降の日本の比較

	1980年代	1990年代以降
若年層の就職	新規学卒一括採用で正社員	フリーターの増加
日本的雇用慣行	日本的雇用慣行の成熟	日本的雇用慣行の変容
製造業	高い国際競争力	国際競争力の低下
非正規雇用	主婦パートが中心	女性だけでなく男性も増加
女性の就業	男性と区別された働き方	多様な働き方
労働時間	長い労働時間	労働時間の二極化
高齢者雇用	55歳定年制が主流	60歳定年制と65歳までの雇用延長
情報技術	一部の専門家にとっての知識	多くの労働者にとっての道具

職内定率が高かった。ところが，90年代前半に始まる長期不況にともない，フリーターとなる若年層が増加した。

1980年代には日本的経営や日本的雇用慣行が，世界から非常に注目された。**終身雇用，年功賃金，企業別労働組合**の3つが，この構成要素とされることが多い。当時の日本の製造業は国際競争力が高く，日本的雇用慣行がその源泉の1つと考えられた。また，新卒採用慣行も含めた日本的雇用慣行が，ほかの先進諸国では深刻化していた失業を抑えるしくみであるとも評価された。しかし，90年代以降の長期不況の間に，日本でも雇用が不安定化したことや，日本の製造業の国際競争力が低下したこともあり，日本的雇用慣行への世界的な関心は低下する。

非正規雇用（非典型雇用。用語については→第7章）は正社員以外

の雇用形態を指す言葉である。1980年代の非正規雇用はパート,とくに既婚女性が家計の補助で働く,いわゆる主婦パートが中心であった。90年代以降はフリーターを含め,非正規雇用で働く人々の割合が増えた。**派遣労働者や契約社員,請負労働者**など,パート・アルバイト以外の非正規雇用者も増え,**雇用形態の多様化**が進んだ。90年代以降は女性だけでなく,男性の非正規雇用者も増加している。

　日本の女性労働力率は,学卒後に最も高まり,出産後・育児中が多い年齢に低下し,育児負担の軽くなる年齢に再び高まる,いわゆる**M字型就労曲線**を描いてきた。1986年に**男女雇用機会均等法**が,92年に**育児休業法**(95年に育児・介護休業法に改正)がそれぞれ施行されている。**労働基準法**を含めたその後の法改正により,女性が正社員としての活躍を可能とする環境は整備されつつある(→第9章)。

　1980年代と90年代以降のほかの大きな違いとして,労働時間の短縮や**定年**の引き上げなどの雇用延長が挙げられる。また**情報技術**の進展によりパソコンが職場に浸透し,いまでは多くの人々がそれを事務・通信機器として活用している(→第5章)。90年代以降の職場の風景は,80年代からかなり変化している。

2　ほかの学問領域との違い

| 「働くこと」を研究するほかの学問領域 |

　「働くこと」を研究対象にしている学問領域は,産業・労働社会学に限られない。社会学以外の学問も「働くこと」を研究

している。経済学には労働経済学という分野があり,「働くこと」を経済学的に研究している。経営学には人的資源管理論という分野があり,働く人々を経営に必要な資源の1つととらえて,研究を進めている。心理学には産業・組織心理学という分野があり,「働くこと」を研究テーマの1つとしている。法学における労働法学という分野は,「働くこと」をめぐる法律について研究している。政治学でも「働くこと」をめぐる政治について研究が積み重ねられている。歴史学でも労働史や経済史,経営史で「働くこと」の歴史が研究されている。

人文・社会科学系の学問領域だけでなく,理系の学問領域にも「働き方」に関係する分野が存在する。工学における生産工学という分野は,生産技術についての研究が行われている。生産技術は狭い意味での技術のみによって構成されているのではない。作業に携わる人々と技術とのあるべき関係について,研究が積み重ねられている。ほかの工学分野においても,事故の原因究明や未然防止のために,技術の人間的な側面について研究が行われている。医学の一分野である公衆衛生学では,職場環境について研究が行われている。

学問領域が異なっていても,同じ対象を研究していることがある。また,ほかの学問領域で培われた研究手法を取り入れたり,専門の異なる研究者同士が共同研究を行ったりすることも少なくない。人文・社会科学系のいくつかの分野に限って,学問領域同士の関係を図示すると,図序-1のようになる。学問領域は互いに排他的な関係ではなく,むしろ部分的に重複した関係になっている。「働くこと」を研究する領域(労働研究)について,隣接領域の相互関係を図示すると,図序-2のようになる。本書もほか

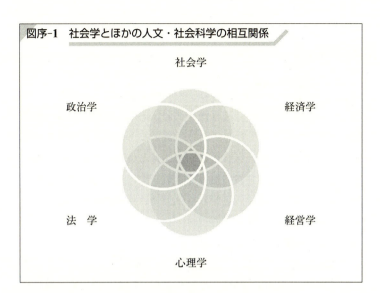

図序-1 社会学とほかの人文・社会科学の相互関係

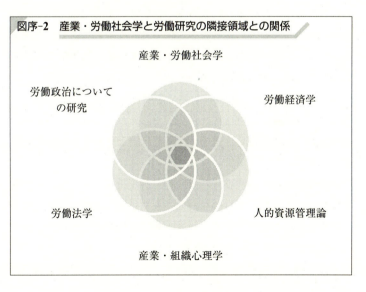

図序-2 産業・労働社会学と労働研究の隣接領域との関係

の学問分野に学びながら,社会学的な視点に根差して「働くこと」を解き明かしていく。

社会学の視点①:社会的な相互行為

では,ほかの学問領域とは異なる,社会学に独自のものの見方はどこにあるのだろうか。社会学的な視点の1つは,社会的な**相互行為**によって社会現象を説明する点にある。個人を中心とした視点ではなく,社会のなかの個人という存在を重視する。しかし,このような複数の個人や組織同士の相互行為に注目して分析する学術的立場は,必ずしも社会学に独自のものではない。経済学や政治学,経営学,心理学の一分野である社会心理学も,相互行為を研究対象とする。

学問領域間の方法論的な影響関係(Collins 1994 = 1997)をふまえつつも,社会学以外の学問における相互行為の扱いを単純化して描写すると,次のようになろう。経済学にとって相互行為は,ありとあらゆる行為の選択肢を比較考量して,合理的な意思決定を行う人々同士で展開されると想定されている。政治学にとっての相互行為は,政治的な利害をめぐるものである。経営学にとっては,「よい」経営をめざす条件を解明するために,相互行為が探究される。社会心理学は,社会的なしくみや1回限りの個別的な状況に左右されない,普遍的な相互行為とそれを生み出す人間の普遍的な心理を,研究の焦点としている。

社会学にとっての相互行為は,社会的な相互行為である。社会的な相互行為とは,社会のなかで個人や集団,組織が展開する互いのやりとりのことである。個人や集団,組織は,それをとりまく社会の大きなしくみ(**社会構造や制度**)や,社会構造のなかでの位置,そのときどきの社会的状況のなかで,行動や意識が制約さ

れる。他者と相互に影響を与え合いつつも、こういった大きな社会的な文脈のなかで、相互行為のあり方もまた制約されると、社会学では考えられている。このような社会的な相互行為は、歴史的・空間的に固有な1回限りの現象であることが多い。

社会学における個人とは、互いにばらばらな存在でもなく、完全な自由意思で行動する強い存在でもなく、ありとあらゆる行為の選択肢を比較考量して、合理的な意思決定をする計算高い存在でもない。社会学における個人は、社会的な制約のなかで判断や行動を行い、相互行為を通じて他者に働きかける存在である。産業・労働社会学にとっての「働くこと」は、社会的な制約のなかで人々が織りなす相互行為としての、「働くこと」なのである。

社会学の視点②：人々の意識や解釈

社会学らしいもう1つの視点は、人々の意識や解釈を重視するところにある。なぜ人々や集団、組織がその判断や行動を選びとっているのかを、人々の意識や解釈にまで立ち入って、社会学は社会現象の理解を深める。社会構造や制度など社会の大きなしくみだけでなく、人々の意識や解釈まで掘り下げることによって、社会現象の発生や成り立ちを説明する。社会学はいわば、人々の意味世界についての学問である（盛山 2013）。

人々による意識や解釈は、社会の制約のなかで生み出される存在であると同時に、社会全体の変化に影響を与える要因ともなりうる。人々の意識の変化によって、社会全体のライフスタイルが変わることもあれば、法律が改正されることもある。

社会学者はさまざまな**社会調査**の手法を使って、人々の意識や解釈の把握に努めている。質問票（いわゆるアンケート）を調査対象者に配布して、その回答結果をコンピュータで集計して統計的

な分析をすることは,社会調査の代表的な手法の1つである。聞き取り調査(インタビュー)をして,人々の生活や働き方の実態や意識についてたずねることも,社会調査の一環として実施されている。雑誌記事に依拠して,過去の人々が何を考えながら生活を送っていたのかを調べることも,社会調査の1つである。過去の社内文書を調べて,どのように従業員の働き方が変化してきたかを,読み解くこともある。産業・労働社会学もこれらの手法によって,調査を行っている。

社会学の視点③:事実を重視

3つめの社会学的な視点として,規範よりも事実を重視して研究をしている点が挙げられる。規範は「……すべき」論,事実は「……である」論,とも言い換えることができよう。もちろん社会変革を志向する社会学者は,規範的な言論を展開する。政府や自治体の政策提言に関わる社会学者や,企業へ経営改善を促す社会学者もいる。とはいえ,政府や自治体の政策提言は政治学者や法学者,経済学者のほうが活発に行っている。また経営学者のほうが,経営のあり方について企業へ提言をする機会が圧倒的に多い。

　社会学者の多くは規範よりもむしろ,事実を重視して研究を展開してきた。仮に社会の変革を目指す言論を展開するとしても,社会学者は実態に基づいて議論するように努める。規範を重視するか,事実を重視するかは程度の問題であり,社会学とそれ以外の学問領域とを区別する本質的な論点ではないかもしれない。しかし,社会学がもし「脱常識」を目指す学問領域であるとすれば,調査を通じて実態を把握することを抜きにしては,成り立ちえないであろう。

産業・労働社会学も実態の把握を通じて，一般的・社会的な通念を修正することに貢献してきた。一時期，フリーターの増加の要因を若者の「働くこと」への意識の変化（若者がすすんでフリーターになることを選んでいるなど）に結びつける言論が目立ったことがあるが，フリーターの多くがやむをえず，その働き方を選んでいることを明らかにしたことは，社会学的な貢献の1つである。

　また，非正規雇用者は正社員に比べて，賃金や福利厚生などの労働条件が低いことが多い。この側面だけを強調すれば，非正規雇用者は正社員に比べて「恵まれない」雇用形態であるととらえられよう。しかし，非正規雇用者の仕事への満足度が必ずしも低くなく，むしろ正社員よりも仕事への満足度が高い場合がある。社会学はこのような，人々の意識や実態を重視し，そこから新たな知見を生み出していく。

3 ほかの社会学分野との関係

社会における「働くこと」　産業・労働社会学は「働くこと」をめぐる社会学である。「働くこと」は人々が日々営むさまざまな活動の1つである。いうまでもなく，「働くこと」はほかのさまざまな活動や社会現象と，互いに影響を与え合っている。産業・労働社会学はほかの「〇〇社会学」とも関係しながら，研究が展開されている。表現を変えれば「働くこと」を深く理解するためには，産業・労働社会学だけでなく，ほかの社会学分野を学ぶことも必要である。

　新規学卒一括採用慣行は「働くこと」だけでなく，明らかに日

本の学校教育のしくみとも関係が深い。こう考えると新規学卒一括採用慣行の理解を深めるには、産業・労働社会学だけでなく、教育社会学の勉強も必要であることに気づくであろう。女性の就業継続について関心があれば、**ワークライフバランス**（仕事と家庭の両立）（→第8章）について、必ずや勉強することになろう。仕事についてであれば産業・労働社会学で学ぶことができる。しかし、家庭についての理解を深めるのであれば、家族社会学を勉強する必要を感じることだろう。

雇用形態による労働条件や労働実態の違いに関心があれば、社会全体の格差や不平等にも目配りすることになろう。社会における格差や不平等については、社会階層論という分野で研究が蓄積されてきた。男女の雇用均等施策に興味がある人にとっても、社会階層論における両性間の不平等に関する議論を知ることは、避けて通れない課題である。

以上と同じことはほかのトピックについてもあてはまる。情報技術と「働くこと」との関係への理解を深めたい人には、科学技術の社会学やメディア社会学の勉強も勧められよう。日本に来ている移民労働者について知りたければ、国際社会学も学んでみる必要がある。高齢者の就業に関心があれば、福祉社会学にも勉学の幅を広げる姿勢が求められよう。産業集積地における経営者や自営業主の「働くこと」を知るには、都市社会学や地域社会学の観点からの検討も必要であろう。

現在進行中の**少子高齢化**も、「働くこと」の未来に大きな影響を与える要因であり、人口社会学的な視点が欠かせない。このように、社会学は多様な分野に細分化されているものの、互いに関係し合っている。

「働くこと」と職業

社会学のなかで「働くこと」について研究している分野は、産業・労働社会学に限られない。国家的な資格制度と結びついた職業を研究対象の一部とする分野は、その職業従事者の「働くこと」についても知見を蓄積している。保健・医療社会学における医師や看護師、教育社会学における学校教員、法社会学における弁護士や裁判官、検察官がその代表例であろう。

福祉社会学における介護労働者、宗教社会学における宗教家、メディア社会学におけるメディア産業の従事者、文化社会学における芸術家や演出家、科学技術の社会学における科学者や技術者、村落社会学における農家や漁師など、必ずしも公的資格とは強く結びついていない職業についても、個別の社会学分野で研究されている。産業・労働社会学を学ぶことを通じて、これらの職業における「働くこと」の特徴を、より深く理解できるだろう。

社会学の対象としての「働くこと」

「働くこと」は経済活動の領域であって、社会学の研究対象ではないと考える人もいるかもしれない。経済活動は経済学や経営学の分析対象であって、社会学はその分析に不向きではないかと思っている人もいるだろう。しかし、以上でみてきたように、「働くこと」が社会的な活動の1つであると考えると、それは社会学の分析対象としてふさわしいことが理解できよう。

本書は日本社会における「働くこと」を中心に、三部で構成されている。第Ⅰ部では「『働くこと』の制度としくみ」について学ぶ。第Ⅱ部では、第Ⅰ部をふまえたうえで「『働くこと』の現在」がどうなっているのかについて学ぶ。最後の第Ⅲ部では「『働くこと』の変化と課題」を学ぶことを通じて、「働くこと」の未

来を展望する。

　本書を通じて，社会的な相互行為，人々の意識や解釈，規範よりも事実，の3つの視点に基づいて「働くこと」への理解が深まれば，非常に喜ばしいことである。

●引用文献

Collins, R., 1994, *Four Sociological Traditions*, Oxford University Press.（= 1997, 友枝敏雄訳者代表『ランドル・コリンズが語る社会学の歴史』有斐閣）
稲上毅，1981『労使関係の社会学』東京大学出版会。
盛山和夫，2013『社会学の方法的立場――客観性とはなにか』東京大学出版会。

第Ⅰ部
「働くこと」の制度としくみ

第1章 仕事とライフスタイル

キャリアと多様な働き方

求人情報を見る大学生（写真提供：朝日新聞社）

キャリアは純粋に個人的なものでも仕事の領域にとどまるものでもない。キャリアは社会的・組織的・歴史的文脈のなかで形成される。仕事が生活の一部であるのと同様，キャリアもライフスタイルの選択によって変わる。

1 キャリアとは

キャリアという概念　皆さんはキャリアという言葉に，どのようなイメージを抱くだろうか。キャリアとは一般に，個人が経験する仕事の履歴を指す。学校を卒業して就職すると，日本の**新規学卒一括採用**の慣行のもとでは，多くの若年者が正社員としてのキャリアを開始する。しかし日本の社会には，これ以外のキャリアを歩んだり経験したりする人もいる。キャリアを仕事の履歴という意味で考えるならば，正社員に限定されず，フリーターなど正社員以外の働き方もキャリアに含まれる。より身近なところでは，皆さんの多くが経験している学生時代のアルバイトも，もちろんキャリアの一部である。

　自営業主の職歴もキャリアである。履歴書の職歴欄に記載される履歴はすべて，キャリアを構成すると考えることができる。**中途採用**ではいままでの職務経験が重視される。つまり中途採用では企業名だけでなく，どのような仕事を経験し，どのような能力を身につけ，どのような成果を上げたかが問われることになる。職務経験もキャリアの概念のなかに含まれる。

　キャリアは仕事のなかでのみ完結しているのではなく，仕事以外の生活からも影響を受ける。個人が経験する生活全体の履歴は**ライフコース**と呼ばれる（Clausen 1986 = 2000）。キャリアはライフコースの一部であると考えることが可能である。キャリアへ影響を与えるライフコース上のイベントには，次のような例が挙げられよう。

家庭での事情によりキャリアが制約されたり，変更せざるをえなかったりすることがある。出産や育児，配偶者の転勤や転職，家族の介護により，休業の取得や勤務時間の短縮，状況によっては退職を選ぶことになるかもしれない。引退を希望している高齢者が，経済的な事情により仕事を続けざるをえないこともあろう。逆にキャリアが仕事以外の生活や家族へ影響を与えることもある。日本全国や海外への転勤を前提としたキャリアによって，家族も転居を余儀なくされたり，場合によっては単身赴任を選択したりする者もいる。

社会的存在としてのキャリア

　家庭での事情によって制約されることからもうかがえるように，キャリアは個人的なものでも私的なものでもなく，むしろ社会的な存在である。現代の就業者の多くが，組織のなかで仕事をしている。企業の事業の内容や規模，経営方針など，組織の属性によって従業員のキャリアのあり方は異なるだろう（Schein 1978 = 1991）。企業の本拠地や事業所の立地する国の**雇用システム**によっても，キャリアのかたちは違ってくるだろう。日本のように**長期雇用**的な社会であれば同一企業の内部でキャリアを構築する者の割合が高いだろうし，そうでない社会では**転職**を通じてキャリアを形成する者の割合が高いだろう。

　社会階層論によれば，親の学歴や職業が子どもの学歴や職業にも影響を与えることが知られている。また，本人の学歴も職業の選択に影響する。日本の**高度経済成長期**（1955〜73年）のような社会的・経済的に大きな変動期には，社会全体の職業構成が大きく変わるため，親世代と子ども世代の間で職業が異なるケースが多くなる（原・盛山 1999）。近年では**雇用形態の多様化**が若年層に

も及んでいるが,なかでも低学歴者であるほど,フリーターのような非正規雇用者の割合が高い傾向にある(小杉 2010)。このように,親の学歴や職業,本人の学歴,時代背景といった要因も,各人のキャリアに影響を与えるのである。

キャリアにおける社会化　社会学や心理学の重要概念の1つに,**社会化**がある。社会化とは価値観や習慣など,所属する集団や社会の文化を獲得していく過程を指す。乳幼児が言語や生活習慣を身につけていくのと同じように,たとえ成人であっても集団や社会の新たな一員になるたびに社会化の契機が生まれる。職業への社会化(Hughes 1958)は**職業的社会化**,組織の一員としての社会化は**組織社会化**(Wanous 1992)と呼ばれる。

職業的社会化や組織社会化は職業に就いた当初や入社の一時点に限定されるわけでなく,継続的かつ長期にわたる過程である。入社からしばらく経って仕事に慣れたと思っても,別の業務を任されたり,ほかの部署に異動したりすると,改めて新たな業務や部署に適応する必要が生じる。管理職への昇進や役員への就任のあとにも,その地位にふさわしい心構えや立ち居振る舞いに慣れていかなければならない。また,職業人や組織の一員になる前に,その態度を先取りして内面化することがある。この**予期的社会化**(Merton 1957 = 1961)は,就職内定先の一員を自覚した学生の言動において,典型的に現れる。

キャリアにおける社会化は,必ずしも順調に達成されるわけではない。大きな節目ごとに心理的な危機に直面することも多い(金井 2002)。新たな活動や組織に入る前に思い描いていた期待と,実際に入ったあとで知る現実との違いに当惑する,リアリティ・

ショックを経験する新入社員も少なくない。これを克服できない新人のなかには,自主的に退職していく者もいる。採用活動には相当のコストと時間が費やされているため,早期離職は企業にとっても損失である。

リアリティ・ショックを避けるため,就職を希望する企業に勤務しているOB・OGなどの若手社員の話を聞くことが,就職活動中の学生に奨励されることがある。採用する企業にも,企業案内でよい面ばかりを宣伝するのでなく,仕事の苦労など負の側面を含めた,実態に即した企業での仕事ぶりを,学生へ説明することが求められている。

キャリアと能力開発

学校教員や医師,弁護士のように,専門的な大学教育を前提とする職業も存在するが,現代の仕事の多くはアルバイトなど軽易なものを含め,組織のなかで働きながら習得していく。専門的な教育を受けた者であっても,実際に仕事を始めてから職業能力を磨いていく。

能力開発は,仕事に必要な能力を開発する目的で実施される,個人や組織による取り組みである。なかでも,個人が自主的に行う能力開発は,**自己啓発**と呼ばれる。能力開発も職業的・組織的な社会化を促す要素の1つであり,キャリアを形成するための重要な活動である。

企業や官公庁などの組織が従業員へ提供する能力開発は,**OJT**(on-the-job training)と **Off-JT**(off-the-job training)の大きく2つに分類される。OJTは仕事に就きながらの訓練である。実際に仕事をするなかで,上司や先輩などからの指導を受けながら実施される。Off-JTは仕事を離れて実施される訓練である。座学や研修と呼ばれることもあり,講義や討論,グループワークの形式

などで実施される。社内の従業員が講師を務めることもあれば，社外の教育機関がプログラムを提供することもある。Off-JTには職位や勤続年数に対応した**階層別教育**，部門や職種に対応した**職能別教育**，語学やパソコン実習など具体的な課題に対応した**課題別教育**がある。

　仕事に必要な能力は，仕事を通じて身につけることが最も効果的であることもあり，OJTが能力開発の中核であるとされる（小池 1997）。Off-JTは体系的な知識を効率的に提供することに適している。企業にとっては，OJTとOff-JTの双方をバランスよく組み合わせて，能力開発を実施することが望ましい。国家や民間により提供される資格の取得も，能力開発を促進する。福利厚生の一環として，従業員の自己啓発に補助金を支給する企業も少なくない。また，外部機関が提供する一部の教育プログラムについて，**雇用保険**より拠出される**教育訓練給付金**が個人の受講者へ給付される。

2 多様なキャリア

組織のなかでのキャリア

　すでにみたように，人によってキャリアのかたちは多様である。日本で代表的なキャリアの1つとして，正社員・正職員として1つの企業に長く勤めるかたちがある。そのような長期雇用のかたちとして**終身雇用**があり，**日本的雇用慣行**の1つとして挙げられることが多い。終身雇用とは新規学卒で採用されてから，**定年**まで同じ企業に雇用され続ける慣行を指す。定年とは一定の

Column ① 大学教育の能力開発的な効用 〜〜〜〜〜〜〜〜〜

　日本の大学は教育効果を上げていないという主張がよくみられる。採用選考で企業は学生が何を学んできたかをみているのではなく，どこの大学に合格したかで潜在的能力を判断しているのだという主張である（シグナル効果）。ある調査によると，企業が学生を選考する際に最も重視している点は熱意・意欲であり，大学の授業の成績を重視している企業はわずかである。

　では本当に大学教育に能力開発的な効用はないのだろうか。就職活動はエントリーシート作成による文章作成や，就職を希望する企業や業種の下調べ，企業説明会や選考試験，面接のスケジュール調整など，事務処理能力や情報収集・分析能力が試される活動から構成されている。スケジュール調整は，レポート執筆や中間試験・期末試験の準備とも相通じる能力が必要とされる。ゼミナールで他人に理解しやすい資料やスライドを作成し，適切な質疑応答をする能力は面接でも必要とされる。ゼミ論文や卒業論文の執筆には，情報収集・分析能力や文章作成能力がともなう。就職活動と同じような能力が試されているといえよう。

年齢に達した従業員を，企業が退職させるルールである。日本企業のほとんどが定年を設定しており，その多くでは60歳を定年の年齢としている（→第12章）。

　しかし実際には，終身雇用の典型どおりの職業人生を過ごす者はけっして多数派ではなく，多くの者が生涯のなかで企業間移動を経験する（濱中・苅谷 2000）。企業間移動とはいわゆる転職である。それでもなお，国際比較のうえで日本が長期雇用的な社会であることは確かである（佐藤 1999）。現代の日本社会にとって，特定の企業で長く勤め続けることは，ごくありふれた人生のあり

方だと考えられている。

　組織は互いに分業関係にある，複数のポストの集合体とみなすことができる。組織の内部において，職務やポストに対し従業員をどう配置していくか，その労働力需給を調整するメカニズムは**内部労働市場**と呼ばれている。とくに勤続年数の長い大企業の男性正社員のキャリアは，内部労働市場に深く内部化しているといえる。彼らは企業のなかで異動や昇進を繰り返しながら，キャリアを形成していく。

　内部労働市場においても，従業員は高い賃金や大きな権限，興味ある仕事を求め，ポストをめぐって競争を展開する。日本の大企業に勤務する大卒**ホワイトカラー**（事務職や技術職など）の昇進競争の特徴は，**遅い選抜**にある（小池 2005）。これは，同期入社組の間で昇進に差がつくまでに，長い年月がかかることを指している。逆にアメリカは**早い選抜**の社会である（→第2章）。

　日本の遅い選抜のもとでは，優秀な従業員であっても将来の幹部候補として早期に選抜せず，ほかの従業員と大きな差をつけずに昇進させる。管理職クラス以上になってから，ようやく決定的な差をつけるような昇進管理が実施されている。もっとも，実際の昇進管理のあり方は，日本の大企業であっても各社各様である。

　役職のポスト数は上位になるほど希少であるため，社内で昇進の見込みのない従業員が必ず発生する。企業グループ内の子会社や関連会社への**出向**や**転籍**を，中高年者の処遇や雇用保障の対策として実施している企業もある。出向とは元の企業との雇用関係は維持しつつも，ほかの企業とも雇用関係を結んでそこでの勤務を命じられる，労働移動の形態である。転籍とは元の企業との雇用関係が解消され，ほかの企業との雇用関係を結んでそこでの勤

務を命じられる,労働移動の形態である。このような,企業グループぐるみでの労働力需給調整メカニズムを,**準内部労働市場**と呼ぶことがある(稲上 2003)。

転職をともなうキャリア

皆さんのなかには転職を経験する人もいるだろう。また,両親が転職の経験者である人も多いだろう。転職も日本社会でごくありふれた,典型的な人生経験の1つである。転職のような組織の外部における労働力需給の調整メカニズムは,**外部労働市場**と呼ばれる。

景気の後退が起こるたびに日本的雇用慣行の終焉が叫ばれ,これからは転職の時代であるかのようにいわれてきた。実際には,従来から転職する人々は常にある程度存在した。また,好況期には転職率が高まり,不況期にはむしろ転職率が低くなる傾向にある。好況期には労働力需要が高まることにより,求人する企業側が求職者にとって有利な条件を提示するため,転職が発生しやすくなるからである。

新規学卒一括採用が日本的雇用慣行の1つであるからといって,正社員として採用される従業員のほとんどが新規学卒者であることを意味するわけではない。実際には大企業を含めて,採用される正社員のうちかなりの割合が中途採用であり,新規学卒採用者を大幅に上回っている(小池 2005)。こうして考えると,人生のうち何度も転職を経験するかはともかくとして,転職をともなうキャリアは,日本でもごく普通のことであることがわかる。

どの企業が自分の望む条件で求人をしているのか,求職者が直接的に知ることは困難である。また求人する企業にとっても,どの求職者が自社の求める人材であるか,直接的に情報を収集する

第1章 仕事とライフスタイル

ことは難しい。そのため,転職において,求職者と求人企業を仲介する職業紹介機関や職業紹介メディアが活用されることが多い。**公共職業安定所**(ハローワーク)や民間職業紹介機関,職業紹介サイトの活用はその代表例である。また,人脈を経由した転職も少なからずみられる(渡辺 1999)。

退職してからの仕事への復帰

なかには,早い時期に退職を決意する人もいるかもしれない。また,家庭の事情で,もともと描いてきたキャリアの展望を見直す人も少なくない。その代表例が正社員として働く女性である。正社員として活躍する女性が増えてきたとはいえ,出産を機にキャリアをあきらめる女性は現在も多い。育児が落ち着いたのちに働き始めることを望んでも,正社員として彼女たちを採用する企業は少ない。多くの場合,パートなど非正規雇用者として労働市場に復帰することになる。総務省統計局「労働力調査」(2013年平均)に基づき計算すると,子育て期に相当する35〜39歳の女性労働力率は69.6%であるのに対し,男性は96.5%である(総務省統計局 2014)。

近年では**育児休業制度**の充実により,正社員としての雇用を維持したうえで,女性が育児に重きを置く期間を確保するという,職業キャリアの形成と子育てとの両立が可能になっている。ただし,育児休業中は仕事を中断しているため,業務遂行能力の低下が懸念される。また,復職後も育児負担から完全に解放されるわけではないため,業務に専念できるか不安が残される。女性のキャリア形成の充実に向けた諸施策や,職場での配慮,あるいは配偶者である男性の働き方や性別役割分業意識の見直しがさらに求められよう。なかには,育児や配偶者の転勤などを機に退職し

た女性従業員を対象に，**再雇用制度**を整備している企業もあり，実際にそれを利用している女性もいる。

> **起業という選択**

あるいは，自分で事業を始めたり，親族から事業を継ぐことを予定していたりする人もいることだろう。このように雇用者としてではなく，**自営業主**としてキャリアを形成する場合もある。起業には**会社**などの法人格を取得して事業を始める場合と，法人格を取得せずに**個人事業主**として事業を営む場合がある。

日本における会社のほとんどは**株式会社**である。株式会社は，出資者である株主に会社の債務責任を負わせないことにより（有限責任），多数の者から広く出資を募ることを可能にする。これは**資本主義**の根幹を成すしくみの1つである。また，株式はほかの者へ自由に譲渡することが可能である。ちなみに，株式の取引を行うメカニズムが株式市場である。近年では**特定非営利活動法人**（NPO法人）が法制化され（1998年），社会貢献など非営利の事業を目的とした起業も活発となっている。

他方で，1980年代半ば以降，会社企業と個人企業を合計した開業率は廃業率を下回っている（中小企業庁 2013）。この傾向は，日本の企業の総数が減少していることを意味する。産業構造の転換を通じて雇用の創出を期待する観点からすると，起業をより活性化して産業の新陳代謝を促進することが望まれる。

3　多様な働き方

多様な就業形態と雇用形態

正社員以外にもさまざまな働き方があることは、すでにみたとおりである。具体的にそれを確認しておこう。総務省統計局「労働力調査」（2013 年平均）に基づいて、就業形態と雇用形態を一覧にしたのが、図 1-1 である。就業形態や雇用形態の呼称や定義について一致した見解はないが、この図は理解の助けとなる。正社員はこの図中の「正規の職員・従業員」に相当する。図中の人数に従って計算すると、「正規の職員・従業員」は「役員を除く雇用者」のうち 63.4％を占める。残りの 36.6％が非正規雇用者に相当する「非正規の職員・従業員」である。

働いている者を指す就業者には、雇用者のほかに自営業主や家族従業者といった就業形態が含まれる。家族従業者は、自営業主の家族で、その自営業主の営む事業に無給で従事している者である。就業者の大多数が雇用者（88.0％）であるが、自営業主・家族従業者は就業者の 1 割以上（11.5％）を占めている。

就業者は**完全失業者**とともに、労働力人口に含まれる。完全失業者は調査時点で仕事がなく、直近の期間に求職活動や事業の開始準備をした者である。完全失業者を労働力人口で除してパーセント表示した数値が、**完全失業率**である。完全失業率は景気を計る代表的な指標の 1 つとして用いられている。仕事をしておらず、かつ直近の期間に求職活動や事業の開始準備をしていない者は、完全失業者ではなく非労働力人口として数えられる。アルバイト

図1-1 労働力人口と非労働力人口（2013年平均）

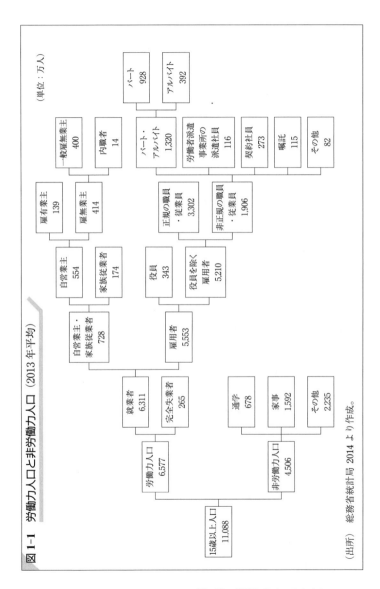

(単位：万人)

(出所) 総務省統計局 2014 より作成。

をしていない学生や専業主婦,引退後の高齢者が,非労働力人口に含まれる者の代表例である。若年無業者を指すニート(NEET: Not in Employment, Education or Training)も非労働力人口に含まれる。

> **正規雇用**

正規雇用（典型雇用）は日本でいえば,ほぼ正社員に相当する雇用形態である。官公庁や団体など会社以外の組織では正社員ではなく,正職員と呼ぶこともある。図1-1中の「正規の職員・従業員」がほぼ正規雇用に相当する。正規雇用の対義語は**非正規雇用**（非典型雇用）である。非正規雇用者が増加する現象を指す雇用形態の多様化の陰に隠れがちであるが,詳細に検討すると正規雇用そのものも多様化している。

いくつかの枠を設けて正規雇用者を採用し,業務と処遇の違いによって異なるキャリアの育成を図る人事制度は,**コース別雇用管理制度**と呼ばれる。ホワイトカラーに限れば,高度な判断が求められる業務を担当し転居をともなう転勤がある**総合職**,定型的業務を主に担当し転居をともなう転勤がない**一般職**の区別が,代表的である。総合職の多くを男性が占め,一般職のほとんどが女性であることは,よく知られている。また製造業では**ホワイトカラー**と**ブルーカラー**（技能職）の採用枠が分けられることが多い。ホワイトカラーは大学・大学院卒,ブルーカラーは高等学校卒が採用されることが多い。

近年ではコースの細分化がみられ,一部の企業では正規雇用の多様化が進んでいる。総合職と一般職との中間的なコースや,専門的な業務に従事させるコースの設置はその例である。厚生労働省「雇用均等基本調査」（平成24年度）によれば,従業員数10人

以上の企業でコース別雇用管理制度のある企業は6.9%であるものの,5000人以上の企業に限れば46.8%にも及ぶ。

さらに,コース別雇用管理制度のある企業(従業員数10人以上)に限ると,全国転勤ありの総合職(63.2%)や一般職(86.8%)のほかに,全国転勤なしの総合職(36.8%)や準総合職・中間職(28.7%)が設けられている。技能分野に従事する現業職(62.3%)に加えて,専門職(45.0%)のコースを設置している企業もある(厚生労働省 2013)。

非正規雇用

図1-1の「非正規の職員・従業員」には,パート・アルバイト,「労働者派遣事務所の派遣社員」,契約社員,嘱託などの非正規雇用が記載されている。「労働者派遣事務所の派遣社員」は**派遣労働者**を指す。派遣労働者は人材派遣会社に雇用され,派遣先企業の指揮命令によって働く労働者である。図には明示されていないが,派遣労働者によく似た雇用形態として**請負労働者**がある。請負労働者は業務請負会社に雇用されつつも,ほかの企業の施設内で働く点は派遣労働者と共通している。しかし請負労働者は,**使用者**(雇用主)である業務請負会社の指揮命令のもとで働く点が,派遣労働者と異なる。

フリーターは,主に若年非正規雇用者を指す言葉であって,特定の雇用形態を指す用語ではない。また,日常用語として用いられるパートやアルバイトは,対象や定義が必ずしも一致していない。図1-1の「労働力調査」の調査票では,役員を除く雇用者は勤め先の名称によって雇用形態を回答することになっているため,たとえ政府の実施した調査であっても,パートやアルバイトの定義が同一であるとは限らない。同じような雇用形態の名称が使わ

れていても，調査によって定義が異なるため，データをみるときには注意が必要である（→第7章）。

自営業層　自営業主と家族従業者を合わせた自営業層は，長期的に減少傾向にある。総務省統計局「労働力調査」をもとに算出すると，自営業層は1960年に46.6%だったが，50年後の2010年には12.3%まで減少している。自営業主のうち，単独で事業を営んでいるか，または無給で働く家族以外に雇用者がいない「一般雇無業主」が72.0%を占めている。このなかには個人商店の事業主のほか，業務をほかの個人や企業などから請け負う**個人請負**も含まれている。自営業主には自分で起業した者もいれば，親族などから事業を承継した者もいる。

自営業層の働き方に大きな影響を与えているしくみに，**フランチャイズ**がある。フランチャイズとは，ある事業者とほかの事業者とが契約を結んで，前者が後者へ商標などを含めたビジネスモデルを提供したうえで事業を指導し，その対価を後者が前者へ支払う継続的な取引関係である。ビジネスモデルを提供する側はフランチャイザー，提供の見返りに対価を支払う側はフランチャイジーと呼ばれる。

フランチャイズは小売業，サービス業，飲食業で浸透している。より細かい産業分類でみると，コンビニエンスストア（5万206店），学習塾・カルチャースクール（3万2163店），医薬品・書籍・スポーツ用品・中古品等小売（1万8049店），リース・レンタルサービス（1万2897店）で，フランチャイズの店舗数が多い（日本フランチャイズチェーン協会 2013）。フランチャイズの定義に従えば，自営業主以外にもフランチャイジーである事業者は存在する。と

はいえ,フランチャイジーである自営業主は多い。なかには雇用者を辞してフランチャイジーとして起業する者もいる。

フランチャイザーから継続的な指導を受けていることを根拠に,フランチャイジーである自営業主を,経営者としてではなく法律的な「労働者」として位置づけるべき,と主張されることがある。業務において自由な裁量を制約される点が,上司からの指揮命令を受けて働く,企業の雇用者の姿と重なるためである。

4 生活の一部としての仕事

生活における仕事の位置づけ

生活における仕事の主観的な位置づけは,人によって異なる。あなた自身と,教室で隣に座っている人とでは,キャリアの展望が異なるかもしれない。同じ中学校の同窓生と久しぶりに会って,さまざまなキャリアのかたちがあることに,改めて気づかされるかもしれない。しかし仕事の主観的な位置づけは,純粋に個人的なものではなく,社会的な要因にも影響される。

仕事重視か家庭重視か余暇重視か,といった**中心的生活関心**(Dubin 1956)は,時代とともに変遷してきた。NHK放送文化研究所(2010)の調査によれば,1970年代から90年代にかけて,日本では仕事志向の者の割合が減少し,余暇志向や仕事・余暇両立志向の者の割合が上昇している(図1-2)。高度経済成長が終わり豊かな時代が訪れ,脱物質主義的な価値観(Inglehart 1977 = 1978)が日本人にも浸透したことが,この変化へ影響していると解釈される。

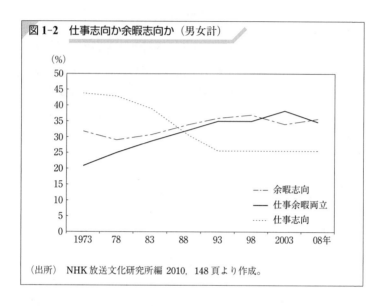

図1-2 仕事志向か余暇志向か（男女計）

（出所） NHK放送文化研究所編 2010, 148頁より作成。

　仕事への価値観である**労働志向**は社会によって大きく異なる。たとえば，イギリスのブルーカラーは仕事を生活のための手段と考える，手段主義的志向が強く（Goldthorpe et al. 1968），日本の大企業ブルーカラーは企業のなかでの昇進を望む，官僚制的志向が強いこと（稲上 1981）が明らかにされている。また，労働志向の違いは雇用システムの違いを反映しているだろう。イギリスの雇用システムは企業間の労働移動が多いことに象徴される，**市場志向型**の社会である。日本の雇用システムは長期雇用に象徴される，**組織志向型**の社会である（Dore 1973 = 1987）。

　日本が組織志向型の社会であるからといって，日本の人々の仕事への満足度が高いとは限らない。日本とアメリカの製造業労働者の意識を比較した研究は，日本のほうがアメリカよりも**職務満**

足度が低いことを示している (Lincoln & Kalleberg 1990)。ちなみにアメリカは，市場志向型の社会である。組織への帰属意識の高さと職務満足度の高さとは，互いに区別して論じる必要がある。

　正規雇用者と非正規雇用者の意識を比較すると，前者のほうが後者よりも職務満足度が低いことがある。正規雇用のほうが雇用保障や賃金面で勝っているため，意外な結果に驚くかもしれない。この理由として，労働条件ではなく中心的生活関心が，職務満足度をより大きく規定する要因となることが挙げられる。正規雇用者は賃金や昇進可能性を重視し，非正規雇用者は仕事と家庭の両立や働く日時の柔軟性を重視しているためである（佐藤 2002)。

ワークライフバランス

　ワークライフバランスという言葉は，仕事と家庭の両立として解釈されることが多い。この解釈だとワークライフバランスが，対象を育児期の子どもをもつ女性に限定した理念や施策に思われるかもしれない。実際には男性でも育児休業の取得が可能であるし（佐藤・武石 2004)，「育メン」と呼ばれる育児に熱心な父親も存在する（石井 2013)。出産後における女性の就業継続だけでなく，夫の家事参加に対しても肯定的な意識が男女ともに高まりつつある（NHK放送文化研究所 2010)。ワークライフバランスは女性だけでなく，男性にも望まれているといえよう。

　ワークライフバランスという言葉を厳密に解釈すると，「ライフ」を家庭という限られた意味ではなく，文字どおり生活全般を指す言葉として，広くとらえることが可能になるだろう。また子どものいる有配偶者のみを対象とせずに，子どものいない有配偶者はもちろん，未婚者も理念の対象に包摂できるだろう。たとえば未婚者による仕事と余暇の両立も，字義どおりにはワークライ

フバランスに含まれる。

　またワークライフバランスに関する議論は，正規雇用者にとっての仕事と生活の両立を，暗黙の前提として進められることが多い。「ワーク」(仕事) が主で「ライフ」(仕事以外の生活) が従の人に，どう「ライフ」を保障していくかという構図で，政策的な議論が展開されがちである。しかし，政策的議論は別にして社会を見渡せば，「ワーク」が従で「ライフ」が主の人々もいる。

　実際に，厚生労働省「雇用の構造に関する実態調査（就業形態の多様化に関する総合実態調査）」（平成22年）によれば，パートタイム労働者（パート・アルバイト）を働き方として選んでいる者は，「自分の都合のよい時間に働けるから」(50.2%)，「家計の補助，学費等を得たいから」(39.6%)，「家庭の事情（家事・育児・介護等）や他の活動（趣味・学習等）と両立しやすいから」(30.9%) の順に多くなっている（厚生労働省 2011）。パートやアルバイトは仕事以外の生活を主，仕事を従ととらえてその雇用形態を選んでいる者が多いことがうかがえる。

キャリアとジェンダー

　ワークライフバランスを個人単位でなく家族あるいは世帯単位でとらえれば，いままでも仕事と家庭とは両立されてきたとの解釈も，不可能ではない。正社員として就業継続する女性が増えたとはいえ，未就学児のいる有配偶女性に限れば，正規雇用は2割に満たない。残りのうち5〜6割は専業主婦であり，非正規雇用が2割程度である（稲葉 2011）。乳幼児のいる女性にとっては，現在もなお家事・育児が生活の中心である。日本において夫は仕事，妻は家事・育児という**男性稼ぎ手モデル**による**性別役割分業**は，いまも基本的に変わりはないといえる。

これが示唆しているのは，中心的生活関心が性別役割分業と無縁ではないことと，性別役割分業の基本パターンが変化しにくいことである。また日本ではいまも，キャリアのあり方が性別によって強く規定されていることも示唆される。このような，社会的・文化的な存在としての性別は，社会学ではジェンダーと呼ばれる。ジェンダー的な分業は家族関係においてのみならず，企業のなかにも存在する。コース別雇用管理制度のもとでの**性別職域分離**（→第9章），すなわち総合職に男性が多く，一般職では女性がほとんどであることは，その例である。

　女性の役職者比率の低さも，性別職域分離の存在を示す例である。厚生労働省「雇用均等基本調査」（平成23年度）によれば，従業員数10人以上の企業における女性役職者比率は，係長相当職12.8%，課長相当職6.3%，部長相当職5.4%となっている。女性の管理職が少ない，あるいはまったくいない管理職区分が1つでもある企業（78.7%）が，理由としているなかで最も多い回答は「現時点では，必要な知識や経験，判断力等を有する女性がいない」（48.9%）であった（厚生労働省 2012）。

　女性が正社員として就業を継続する環境は，かつてよりも充実しつつある。しかし，役職者としてのキャリアを歩む女性が増えるまで，いまだ道半ばであるといえよう。

① 金井壽宏『働くひとのためのキャリア・デザイン』PHP研究所，2002年。

　　経営学者が一般向けに書いたキャリア・デザインの案内書である。

心理学的な知見に基づき書かれているが，社会学を学ぶ者にとっても参考になろう。
②原純輔・盛山和夫『社会階層――豊かさの中の不平等』東京大学出版会，1999年。
　1955年から95年までの9回にわたって実施されてきた，社会階層論の調査結果がまとめられている。高度経済成長期以降における，日本の社会構造の変化がわかる。
③小池和男『日本企業の人材形成――不確実性に対処するためのノウハウ』中央公論社，1997年。
　日本の歴史をふまえつつ，能力開発の意義について経済学者が解説している。不確実性に対処する能力こそが，産業競争力の源泉であるという観点が貫かれている。
④本田由紀『教育の職業的意義――若者，学校，社会をつなぐ』筑摩書房，2009年。
　日本の学校教育には職業的意義がないとよくいわれる。教育社会学者が日本の歴史や国際比較をふまえ，日本の学校教育における職業的意義の復権を提唱している。
⑤NHK放送文化研究所編『現代日本人の意識構造〔第七版〕』日本放送出版協会，2010年。
　1973年から2008年までの8回にわたって実施されてきた，意識調査の成果がまとめられている。日本人の意識の変遷を知るために格好の入門書である。

調べてみよう・考えてみよう
①関心のある企業のウェブサイトから採用情報にアクセスし，その従業員の仕事ぶりを紹介しているページをみてみよう。
②関心のある企業のウェブサイトで，その企業の能力開発について調べてみよう。どのような特徴があるだろうか。
③NHK放送文化研究所編『現代日本人の意識構造（第七版）』（日本放

送出版協会, 2010年) のなかから興味のあるトピックを選び, それについて日本人の意識の変化を読み取ろう。

④あなたの両親や祖父母に, 学校を卒業してからのキャリアをたずねてみよう。本章で紹介された多様なキャリアのうち, どれに相当するだろうか。

●引用文献

中小企業庁, 2013『中小企業白書 (2013年版)』。

Clausen, J. A., 1986, *The Life Course: A Sociological Perspective*, Englewood Cliffs, Prentice-Hall. (= 2000, 佐藤慶幸・小島茂訳『ライフコースの社会学〔新装版〕』早稲田大学出版部)

Dore, R. P., 1973, *British Factory-Japanese Factory: The Origins of National Diversity in Industrial Relations*, University of California Press. (= 1987, 山之内靖・永易浩一訳『イギリスの工場・日本の工場——労使関係の比較社会学』筑摩書房)

Dubin, R., 1956, "Industrial Workers' Worlds: A Study of the 'Central Life Interests' of Industrial Workers," *Social Problems*, 3 (3).

Goldthorpe, J. H., D. Lockwood, F. Bechhofer and J. Platt, 1968, *The Affluent Worker: Industrial Attitudes and Behaviour*, Cambridge University Press.

濱中義隆・苅谷剛彦, 2000「教育と職業のリンケージ——労働市場の分節化と学歴の効用」近藤博之編『日本の階層システム3 戦後日本の教育社会』東京大学出版会。

原純輔・盛山和夫, 1999『社会階層——豊かさの中の不平等』東京大学出版会。

本田由紀, 2009『教育の職業的意義——若者, 学校, 社会をつなぐ』筑摩書房。

Hughes, E. C., 1958, *Men and Their Work*, Free Press.

稲葉昭英, 2011「NFRJ98/03/08から見た日本の家族の現状と変化」『家族社会学研究』23 (1)。

稲上毅, 1981『労使関係の社会学』東京大学出版会。

稲上毅, 2003『企業グループ経営と出向転籍慣行』東京大学出版会。

Inglehart, R., 1977, *The Silent Revolution: Changing Values and Political Styles among Western Publics*, Princeton University Press. (= 1978, 三宅一郎・金

丸輝男・富沢克訳『静かなる革命──政治意識と行動様式の変化』東洋経済新報社)

石井クンツ昌子,2013『「育メン」現象の社会学──育児・子育て参加への希望を叶えるために』ミネルヴァ書房。

金井壽宏,2002『働くひとのためのキャリア・デザイン』PHP研究所。

小池和男,1997『日本企業の人材形成──不確実性に対処するためのノウハウ』中央公論社。

小池和男,2005『仕事の経済学〔第3版〕』東洋経済新報社。

小杉礼子,2010『若者と初期キャリア──「非典型」からの出発のために』勁草書房。

厚生労働省,2011「雇用の構造に関する実態調査(就業形態の多様化に関する総合実態調査)(平成22年)」。

厚生労働省,2012「雇用均等基本調査(平成23年度)」。

厚生労働省,2013「雇用均等基本調査(平成24年度)」。

Lincoln, J. R. and A. L. Kalleberg, 1990, *Culture, Control, and Commitment: A Study of Work Organization and Work Attitudes in the United States and Japan*, Cambridge University Press.

Merton, R. K., 1957, *Social Theory and Social Structure*, revised and enlarged ed., Free Press. (= 1961, 森東吾・森好夫・金沢実・中島竜太郎訳『社会理論と社会構造』みすず書房)

NHK放送文化研究所編,2010『現代日本人の意識構造〔第7版〕』日本放送出版協会。

日本フランチャイズチェーン協会,2013「2012年度『JFAフランチャイズチェーン統計調査』報告」日本フランチャイズチェーン協会。

佐藤博樹,1999「日本型雇用システムと企業コミュニティ──国際比較とその行方」稲上毅・川喜多喬編『講座社会学6 労働』東京大学出版会。

佐藤博樹,2002「非典型労働に従事する人びと」岩井紀子・佐藤博樹編『日本人の姿──JGSSにみる意識と行動』有斐閣。

佐藤博樹・武石恵美子,2004『男性の育児休業──社員のニーズ,会社のメリット』中央公論新社。

Schein, E. H., 1978, *Career Dynamics: Matching Individual and Organizational Needs*, Addison-Wesley. (= 1991, 二村敏子・三善勝代訳『キャリア・ダイナミクス──キャリアとは,生涯を通しての人間の生き方・表現である』白

桃書房）

総務省統計局，2014「労働力調査（2013年平均）」。

Wanous, J. P., 1992, *Organizational Entry: Recruitment, Selection, Orientation, and Socialization of Newcomers*, 2nd ed., Addison-Wesley.

渡辺深，1999『「転職」のすすめ』講談社。

第2章 組織のなかで働く

雇用システムと賃金のしくみ

航空会社の入社式(写真提供:時事通信フォト)

新入社員を1カ所に集めて、入社式を行う日本企業が多い。企業コミュニティのメンバーになったことを新入社員に実感させる、日本独特の儀式である。

1 日本的雇用システムと長期雇用

日本的雇用システムとは

本章では日本の雇用システムを概観することを通して,組織のなかで働くしくみについて考えていく。雇用システムとは雇用や処遇のしくみのまとまりを指し,日本企業に特徴的な雇用システムは日本的雇用システムと呼ばれる。日本的雇用システムは,**日本的雇用慣行**と呼ばれることもあり,雇用システムを含め,日本企業に典型的な経営活動のあり方を**日本的経営**と表現することもある。

日本的雇用システムは,①長期雇用,②年功制,③企業別労働組合の3つを基本的な特徴としており,さらに④新規学卒一括採用,⑤企業内教育訓練,⑥出向・転籍,⑦従業員重視のコーポレート・ガバナンス(企業統治)も日本的雇用システムの特徴に含まれる。以下,日本的雇用システムの特徴をみていくことにしよう。

長期雇用とは

長期雇用は日本的雇用システムの中心的な慣行である。長期雇用は企業が従業員の雇用を維持し,従業員も同一企業にとどまり続けるという,相互の期待によって支えられている。新規学卒者が正社員として就職した企業に定年まで雇用されることを**終身雇用**と表現することもある。さらに基幹従業員の安定的な確保をねらいとした長期雇用は長期安定雇用 (間 1998) とも呼ばれる。

長期雇用が日本的雇用システムの特徴であるからといって,日本企業で働くすべての人々が企業にとって長期雇用の対象である

図 2-1 平均勤続年数の国際比較（50〜54歳，2012年）

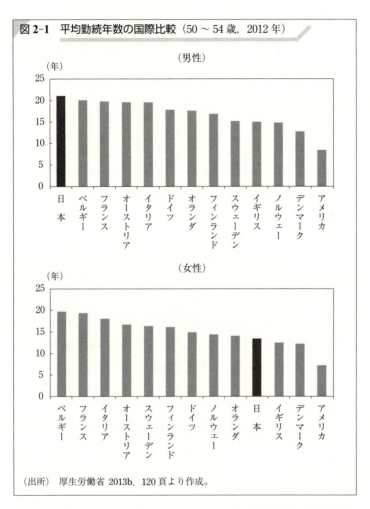

（出所）厚生労働省 2013b，120 頁より作成。

わけではない。また，働くすべての人々が，同じ企業で長期勤続するとは限らない。日本の長期雇用は，①大企業に勤務する，②男性の，③正社員を中心とする慣行であり，中小企業に勤める

第 2 章 組織のなかで働く　47

人々や多くの女性,非正規雇用者はこの慣行から除外されている。さらに,同一企業に長期に勤続するという現象は日本に限らず他国でもみられ,たとえば,ヨーロッパの国々には長期に勤続する層が存在する(佐藤 2012)。

図 2-1 は 50 〜 54 歳の男女の平均勤続年数を,国際比較したグラフである。男性についてみると日本は最も長い 21.0 年となり長期雇用の傾向が認められるが,ヨーロッパにも同程度に長い国があり,同一企業での長期勤続はどこの国であっても一定程度みられる。女性についてみると,日本は 13.4 年であり,図中でも短い部類に入っている。アメリカは他国に比べ,男女ともに平均勤続年数が短くなっている。

日本国内では,企業規模により平均勤続年数に違いがあることが知られている。厚生労働省「賃金構造基本統計調査」(2013 年)によれば,男性 50 〜 54 歳(民間正社員・正職員)の平均勤続年数は,企業規模 1000 人以上で 26.8 年,100 〜 999 人で 21.5 年,10 〜 99 人で 16.0 年,5 〜 9 人で 16.5 年となっている。また,女性ではそれぞれ,20.8 年,14.7 年,13.3 年,14.4 年となっている(厚生労働省 2014)。このように日本の長期雇用は,大企業の男性正社員に特徴的な現象であることが確認できる。

新規学卒一括採用と長期雇用

長期雇用はほかの雇用のしくみと密接に関係している。たとえば,長期雇用を重視している日本の大企業は,新規学卒者の採用や育成を重視してきた。仕事経験のほとんどない学卒者を,同一時期に一定数採用する新規学卒一括採用は,中学や高等学校,大学といった卒業する学校の種別によらず,日本で広くみられる(本田 2005)。

ほかの国でも在学中に就職先を決める生徒・学生は存在するが，日本では求職者のほとんどが在学中に就職先をみつける点に特徴がある。日本企業は企業内教育訓練を通じて，職務経験のない新卒者の能力を開発していくが，これは日本企業が新卒採用者に対して，将来の中核人材として期待していることを意味する。企業内教育訓練の提供は，従業員が長期にわたり勤続し，職務能力を高めていくことを前提としている（Dore 1973 = 1987）。

　長期雇用と同じく，新規学卒一括採用の実施率は企業規模によって異なる。厚生労働省「雇用管理調査」によれば，2003年に大学・大学院卒業者と高等学校卒業者の採用を内定した企業は，従業員数5000人以上ではそれぞれ94.1%と44.3%であったのに対し，30〜99人の企業では，それぞれ9.0%と13.1%であった。企業規模が大きいほど新規学卒一括採用の実施率は高く，小さいほど実施率は低い。中途採用の実施率は5000人以上が86.2%，30〜99人が69.1%であり，企業規模による違いは小さくなる（厚生労働省 2004）。

　新規学卒一括採用の利点は，第1に若年層の失業率を低く抑える効果があること，第2は，若年層に企業内教育訓練の機会が広く提供されること，第3は，長期的なキャリアの見通しを若年層に保障できることにある。

解雇回避行動と長期雇用

　日本の長期雇用のもとでは，企業が正社員を解雇することができるだけ回避される。もちろん，業務で不正を働いた従業員は懲戒解雇の対象となる。ただし，能力や業績に問題のある従業員については，ただちに解雇するのではなく，教育訓練や上司の指導，配置転換などの措置を企業が講じるよう，法的に求めら

れている。景気低迷等の理由で経営不振に陥った企業も、ただちに従業員の**整理解雇**をするのではなく、雇用を維持しながら、ほかの方法で**雇用調整**を実施することが求められる。残業時間など労働時間の削減や休日の増加、賃金の削減、採用の停止などによって、企業全体の人件費を削減することが可能である。配置転換や**出向・転籍**も雇用調整の手法として用いられる。**退職金**の割増と引き換えに、早期の**希望退職**を従業員に募ることもある。

　日本企業がこのような解雇回避行動を行う大きな理由の1つは、**解雇権濫用法理**という考え方が裁判の判例をもとに形成されてきたからである。解雇権とは企業が従業員を解雇する権利のことであり、解雇権濫用法理とは、企業が解雇権をみだりに用いることを制限する考え方である。とくに整理解雇については、**整理解雇の4要件**（→第4章 Column ④を参照）を考慮しない場合、法的に無効であるとされている。

> **長期雇用の外部**

長期雇用は従業員に雇用が維持される安心感を提供してきた。しかし、これを享受できる人々は主に大企業に勤務する男性正社員に限定されていた。女性や非正規雇用者は、長期雇用の恩恵を十分に享受してこなかった。1990年代以降、フリーターやニートといった**非正規雇用**や無業の若年層が増えている。長期雇用の恩恵を享受できなかった人々に、どのように就業継続や雇用保障、教育訓練の機会を拡大するかが、今後の重要な課題である。

2　昇進・異動と内部労働市場

昇進とは　　昇進とは，従業員が所属企業で上位の職務に就く労働移動を指す。昇進は従業員にとって，①給与の上昇，②責任・権限の拡大，③社会的威信の増大を提供する。企業にとって昇進の主な目的は，①企業内における上位の職と管理職に適した労働力を，社内の人材プールから選ぶこと，②昇進に含まれる従業員への多様な報酬を活用して，従業員のモチベーションを維持し，人材育成のインセンティブにすることである（佐藤 2012）。

　昇進はどこの国の企業にもみられる現象であるが，その様子は国によって異なる。大企業に勤務する部課長のキャリアを，1990年代に国際比較した調査によれば，日本は「転社未経験の内部昇進」の部課長の割合が82％と，ドイツ（28％）やアメリカ（18％）に比べて著しく多い（佐藤 2002）。日本の大企業では，主に新規学卒一括採用され内部昇進を重ねてきた従業員のなかから，管理職を選抜していることがわかる。

　これに対して，アメリカやドイツでは中途採用者から管理職を選んだり，管理職として直接採用したりしている企業が多い。「転社経験ありで採用後に内部昇進」はアメリカで59％，ドイツで46％であるのに対し，日本では15％にとどまっている。また「外部から（管理職を）直接採用」はアメリカでは23％，ドイツで26％を占めているが，日本ではわずか3％であった（佐藤 2002）。

Column ② トヨタ自動車の昇進構造

　本文で説明した日本の大企業大卒ホワイトカラーの昇進構造は，典型的なパターンである。当然のことながら，このパターンとは異なる日本企業も存在する。1950年から2010年までの60年間に発行された社内報から収集した，約6万人分のデータに基づいた研究によれば（辻 2011），トヨタ自動車の昇進構造には典型的なパターンとは異なる次の特徴がみられた。

　同社では同期入社組同士の昇進競争が，きわめて早い段階から始まる。ホワイトカラーのほとんどの年の同期入社組について，最初に係長へ昇進する第1選抜者が1人に絞られている。しかも，この第1選抜までの年数は固定されていない。また典型的な日本の大企業は，係長クラス程度のキャリアの初期までは，後輩が先輩の昇進を追い越すことはない。しかしトヨタ自動車では，係長への昇進で後輩が先輩を追い越すことが普通である。また，多くの敗者復活が組み込まれ，役員への昇進ではトップ昇進者が到達しないケースがみられるという事実を発見している。

　このデータの分析から，昇進の明確なルールが読み取りにくいため，従業員にとって自分がいつ昇進するのかの予測が立てにくいことが想像できる。従業員に対するきわめて強い，この企業の影響力が示唆される。

昇進と競争

　企業内の職位の数には限りがあるため，企業は昇進させる従業員を選別することになる。従業員側からみれば昇進は競争の過程となる。昇進や選抜には何らかのルールが存在するが，そのパターンは国によって異なる。第1章でも説明したとおり，入社から選抜までの期間を比較すると，アメリカの大企業では「**早い選抜**」が，日本の大企業では「**遅い選抜**」が行われている（小池 2005）。

1990年代に実施された大企業の部課長への国際比較調査によれば，入社後に「初めて昇進に差がつき始める時期」はアメリカの平均3.42年に対して，日本は7.85年かかっている。「昇進の見込みのない人が5割に達する時期」はアメリカでは9.10年であるが，日本は22.30年となっている（日本労働研究機構 1998）。

　日本的雇用システムの特徴の1つである年功制は，年功序列という言葉で表現されることがあるが，日本の大企業における選抜は遅いものの，確実に選抜は存在しているため，文字どおりの年功序列は存在しない。しかし，いくつもの研究が，日本の大企業における昇進競争のパターンが，勤続年数にそって変化することを明らかにしている。

　そのなかのある研究は，競争パターンの変化を勤続年数にそって，①一律年功型，②昇進スピード競争型，③トーナメント競争型の3つに区分している（今田・平田 1995）。新規学卒採用から20歳代後半までの一律年功型の段階では，同期入社組が同時に歩調を合わせて昇進していく。つづく20歳代後半から40歳前後までの昇進スピード競争型の段階では，同期入社組のなかで昇進年次に差が生じる。ただし昇進の遅れた者であっても，先に昇進した者に追いつく可能性は残されている。

　40歳以降のトーナメント競争型の段階では，すでに昇進した者がさらに上位に昇進する候補者となる。いったん昇進の機会を逃した者は，上位への昇進の候補者にはなれない（図2-2）。

　このような長期にわたる昇進競争は，新規学卒一括採用を前提として成立している。同期入社組を**準拠集団**とすることにより，互いの昇進競争を駆り立てる効果がある（竹内 1995）。ただし，長期にわたる競争は，大多数の従業員のモチベーションを維持す

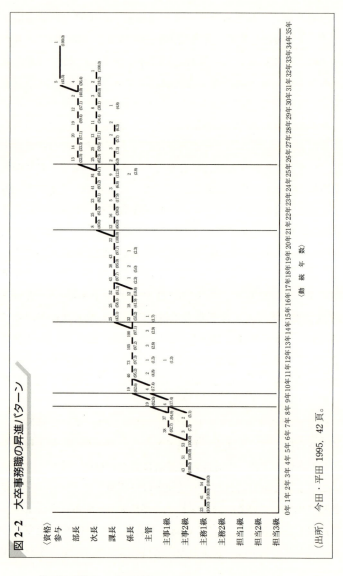

図 2-2　大卒事務職の昇進パターン

(出所)　今田・平田 1995, 42 頁。

54　第 I 部　「働くこと」の制度としくみ

る効果がある一方で,優秀な人材を早期に選抜する目的には適合しないモデルとされる（八代 1995）。

社内異動と出向・転籍　日本企業の事務職や技術職,営業職などのホワイトカラーは,ジェネラリスト（特定の一分野ではなく複数の分野についての経験をもつ人）だと評されることがある（Ouchi 1981 = 1981）。その背景として,日本の新規学卒一括採用が,特定の職種や部門への配属を必ずしも前提としていないこと,とくに文系学部の大学卒業者では,学んだ内容と配属先の業務との対応が明確でないことなどがある。

大企業に勤務する部課長のキャリアを 1990 年代に国際比較した調査によると,「現在の会社における最長経験職能分野の経験年数が,現在の会社における勤続年数に占める比率」が 76% 以上の者が,日本 39.2%,アメリカ 65.6%,ドイツ 57.9% であった。同じ比率が 50% 以下の者はそれぞれ,30.4%,15.7%,16.6% であった（佐藤 2002）。なお,ここでの「職能」は類似の業務を 1 つに括った,大きな仕事の分野を指す（職能資格制度や職能給における「職能」,すなわち職務遂行能力とは異なる）。

こうしてみると,日本の大企業ホワイトカラーは米独に比べて,さまざまな職能分野を経験しているようにみえる。しかし一時点における社内人事異動は,異なる部門や事業所への異動を含めて,同職種の間で行われることが多い（今田・平田 1995）。したがって,日本のホワイトカラーをジェネラリストとみなすことは,やや早計である。

日本に特徴的な,異なる企業への異動として,第 1 章でもふれた出向や転籍がある。出向とは元の企業に籍を置きつつ,ほかの企業への異動が元の企業から命じられることである。転籍とはほ

かの企業へ籍ごと，元の企業から異動が命じられることである。出向や転籍は大企業の出身者を中心に中高年層に多くみられるが，若年層でも教育訓練の一環として実施されている。また，出向・転籍先は企業グループ内の子会社や関連会社が多い（稲上 2003）。

内部労働市場とは　**内部労働市場**とは，複数の職務が企業内の労働者の異動と昇進によって満たされる内部化された労働市場を指す。社外の個人を新たに従業員として企業が採用したり，個人が企業に求職活動をしたりするという意味での労働市場は，**外部労働市場**と呼ばれる。転職は外部労働市場における代表的な現象である。

内部労働市場は，日本だけでなく平均勤続年数の短いアメリカのような国にも存在する（Cappelli 1999 = 2001）。とはいえ，内部労働市場の存立要件に関する理論は，日本の大企業がなぜ長期雇用なのか，その理由やメリット，デメリットをうまく説明している。

内部労働市場では一般に労働者は入職後，技能の要求度の低い職務に配属されたのち，技能の向上とともに職務を移動する。また，労働者の処遇は企業内でのルールによって定められる（Doeringer & Piore 1971 = 2007）。ちなみに，日本の出向や転籍にみられるような，企業グループ内での労働力移動をともなう労働市場は，**準内部労働市場**と呼ばれることがある（稲上 2003）。

内部労働市場の存立条件は，①企業特殊的技能，②職場内訓練，③慣習の存在である。企業にとって，一般の労働市場から調達できない特殊な技能が必要な場合，労働者に対してコストをかけて教育訓練を行う動機が生じる。企業内教育訓練の代表的な形態は，**OJT** である。OJT は **Off-JT** のような職場外訓練ほどコストがか

からない。またOJTでは仕事のやり方について，言葉では伝えることが難しいようなノウハウを，実際に仕事をしながら伝達することも可能である。そして，ひとたび企業内部で処遇をめぐるルールができあがると，それが慣習化する。

内部労働市場の合理性と問題点

このような内部労働市場は，企業にとって一定の合理性がある。1つは，賃金の上昇を抑制する効果である。内部労働市場では，労働者は雇用保障が与えられ，昇進の可能性が広がる。労働者がこのメリットを認識すれば，賃金を抑えることが可能である。もう1つは，企業が要求する労働者の技能が特殊であるほど，内部労働市場で技能を養成したほうが，外部から募集するよりもコストを低く抑えられる点にある。

このように内部労働市場は，効率的な労働力の活用を実現する。その一方で，いくつかの問題を構造的に抱えている。内部よりも外部の労働者が高い能力を備えていたとしても，採用コストや不確実性を回避するため，企業は外部の労働者を積極的に採用しないかもしれない。また内部労働市場では，企業がより効率的に教育訓練を行うために，教育効果が低いと思われる者への教育訓練を抑制する。勤続年数が確率的に低いという理由から，企業が女性への教育訓練の機会を少なくすること（統計的差別）が，代表的な例である。

3 日本の賃金のしくみ

日本の賃金の特徴 賃金は労働の見返りとして，企業などの雇用主が労働者へ支払うものである。日本の賃金の特徴をみるには，①支払形態，②構成要素，③基本給の決め方の3つに分けて考えると理解しやすい。

賃金の支払形態は，**定額給制**と**出来高払い制**の大きく2つに分けられる。定額給制は，時間を基準として賃金額を決める方式であり，出来高払い制は産出量を基準として賃金額を決める方式である。定額給制には時給制，日給制，月給制，年俸制が含まれる。厚生労働省「就労条件総合調査」(2010年)によれば，定額給制が適用されている労働者が97.3%で，うち月給制が84.6%を占めている(厚生労働省 2011)。日本では8割以上の労働者が月給制で働いている。なお**労働基準法**は年俸制であっても，賃金は月1回以上支払うよう定めている。

賃金の構成要素には，月例給与と特別給与が含まれている。月例給与は毎月支払われる賃金である。特別給与はいわゆるボーナスのことであり，企業側は賞与，労働組合側は一時金という呼称を使っている。月例給与は，**所定内給与**と**所定外給与**から構成される。所定内給与は毎月決まって支給される賃金，所定外給与は残業代などである。さらに所定内給与は基本給と手当に分けられる。代表的な手当として，通勤手当や家族手当，住宅手当が挙げられる。なかでも家族手当は，日本の賃金の特徴とされている。

「就労条件総合調査」(2012年)によれば，管理職の基本給の決

定要素は,「職務・職種など仕事の内容」72.5％,「職務遂行能力」70.7％,「業績・成果」42.2％,「学歴・年齢・勤続年数など」48.6％,となっている。管理職以外についてはそれぞれ,68.2％,68.7％,40.5％,61.3％,となっている(厚生労働省 2013a)。管理職は非管理職よりも職務や能力,成果で基本給が決定される傾向にある。逆に非管理職は管理職よりも学歴や年齢,勤続年数で基本給が決定される程度が大きい。

年功賃金と能力主義

日本の賃金体系は年功賃金と形容されることがある。「年功」という言葉を「年の功」と「年と功」のいずれに解釈するかによって,年功賃金の位置づけが違ってくる。基本給の決定要素の割合からわかるように,現在の日本の賃金体系は明らかに「年と功」である。「年」は年齢や勤続年数に,「功」は職務や能力,成果にそれぞれ対応する。

今日,多くの日本企業では,年齢や勤続年数のみで賃金が決定されているわけではない。日本の賃金は「年と功」による,**能力主義**に基づいて決められている。能力主義とは職務遂行能力によって従業員を処遇する考え方であり,すでに1960年代後半に提唱されていた(日本経営者団体連盟 1969)。職務遂行能力には顕在的な能力だけでなく,熱意や努力といった潜在的な能力も含まれている。職務遂行能力によって決定される賃金の構成要素は,**職能給**と呼ばれる。日本ではホワイトカラーだけでなく,技能職であるブルーカラーへも能力主義が適用されている(小池 2005)。

戦後間もない日本には,年齢や勤続年数が大きな決定要素となる賃金制度が存在した。ただし,その代表とされる電産型賃金制度(日本電気産業労働組合協議会が1946年に確立し,以後普及した賃金

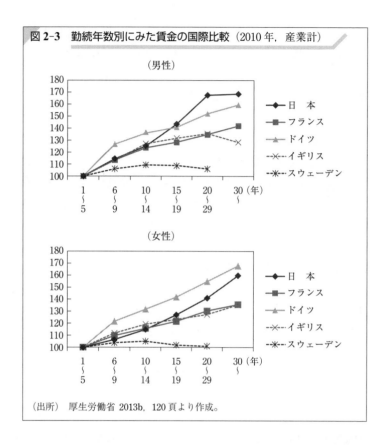

図 2-3 勤続年数別にみた賃金の国際比較（2010年，産業計）

（出所） 厚生労働省 2013b，120 頁より作成。

体系）であっても，すでに能力給を構成要素に含んでいた。なお電産型賃金制度には，従業員本人や家族の生活を考慮した，**生活保障給**が含まれていた（河西 1999）。生活保障給の考え方は，家族手当など現在の日本の賃金制度にも引き継がれている。

図 2-3 は，勤続年数による賃金の変化を国際比較したグラフである。縦軸は勤続年数が 1〜5 年の労働者の賃金を 100 とした場

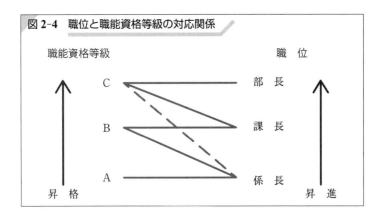

合の，賃金の相対的な水準を表している。このグラフから明らかなように，勤続年数とともに賃金が上昇する現象は，性別を問わず日本に限られたことではない。賃金体系を理解するためには，みかけ上の賃金の変化だけでなく，賃金の決定要素もみる必要がある。

職能資格制度　能力主義の考え方を具体化した人事制度が，**職能資格制度**である。職能資格制度を導入している企業では，係長−課長−部長といった職位の階梯のほかに，**職能資格等級**の階梯を設置している。職位の階梯を上昇する昇進と区別して，職能資格等級の階梯を上昇することを**昇格**と呼んでいる。職位と職能資格等級には緩やかな対応関係がある。図2-4の水平方向は，それぞれの職位と職能資格等級の職務遂行能力が，対応することを示している。係長はA，課長はB，部長はCの職能資格等級に，それぞれ対応した職務遂行能力を有していることを表している。

ところが，職能資格等級がBであっても係長である者や，C

であっても課長(まれに係長)である者がいることを,この図は示している。職務遂行能力がたとえ上位の職位に達しているとみなされていても,実際にはそれより下の職位にとどまることが,職能資格制度ではありえる。職位は上位になるほど数に限りがあるが,それにより昇進ができない者のモチベーションの低下を抑えることが,職能資格制度の目的とする効果の1つである。

別の見方をすれば,職能資格制度は職務遂行能力の向上を誘引するなど,モチベーションを高める方向で制度設計をすることができる。同じ職位であっても,職能資格等級を細分化することにより,従業員が上の等級を目指して職務遂行能力を高めるよう努力するかもしれない。

また職能資格制度では,従業員の職務遂行能力が蓄積されることを仮定している。したがって,異なる部門や業務,あるいはほかの事業所へ従業員が異動した際に,たとえ成果が発揮できなくても「能力」の蓄積は保障されている。こうして,企業は従業員を円滑に異動することができる。また,同じ理由によって,職能資格制度では原則として降格はない。

以上のようなこの制度の特徴は,同時にデメリットともなる。職能資格等級の上昇に対応して,職位が上昇しない場合には,当該従業員のモチベーションはかえって低下するかもしれない。部門や業務,事業所を超えて適用されるため,職務遂行能力を判断する基準があいまいになりがちである。そのため,職能資格等級に**必要滞留年数**を設けるなど,「年の功」的な運用に陥りがちである。職能資格制度が日本に広く普及してきたとはいえ,具体的な制度設計は企業ごとである。したがって,入社直後の中途採用者を,どの職能資格等級に位置づけるかの評価が難しい。

能力主義と成果主義　能力主義は景気の低迷した1990年代以降，変革を迫られてきた。大企業を中心に従来の能力主義に代わって，**成果主義**をうたう企業が増えたのはこの時期である。成果主義とは顕在的な成果によって，従業員を処遇する考え方である。能力主義を維持する企業も，職能資格制度の必要滞留年数をなくしたり，降格を設けたりするなど，年齢や勤続年数の要素の比重を低くした。能力主義か成果主義かを問わず，**人事考課**の基準を厳正化する動きが進んだ。

　この時期の日本は大企業を中心に，さまざまな人事制度の導入を試みた。仕事の内容に対応した賃金制度である**職務給**，従業員の年間業績で賃金を決める年俸制，上司との面談を通じて部下が業務目標を定める**目標管理制度**，最も高い業績を上げる従業員を基準として，ほかの従業員を含め能力を等級化するコンピテンシー制度などは，その例である。これらの制度は成果主義とともに語られがちだが，運用次第では能力主義とも両立する。

　能力主義の強化や成果主義の普及は，日本企業の長期的な景気低迷を背景に，大企業を中心に1990年代以降に始まり，2000年代に一般化した（労働政策研究・研修機構 2010）。単に人件費の抑制や企業や部門の業績に連動して従業員を処遇するだけでなく，個人の能力や業績と均衡した処遇が一層求められつつある。

4 多様性のなかの日本的雇用システム

> **なぜ国によって雇用システムは異なるのか**

雇用や処遇のしくみが国ごとに異なるのは、どのような要因によるのだろうか。1つの国のなかでみると、それぞれのしくみがばらばらに存在するのではなく、互いに密接に結びつき、相互に関係し合いつつ、全体として機能している。

一般に、要素が互いに結びついて全体として機能しているまとまりをシステム（体系）と呼ぶ。雇用と処遇に関するさまざまなしくみが、相互に関係しながら全体として機能するルールのまとまりを雇用システムと呼ぶ。雇用システムは、個々の企業が従業員を雇用・処遇する場面で観察されるとともに、その国のなかで典型的なパターンとして現れる。

> **雇用システムの類型**

先進資本主義諸国は、いずれの国も歴史的に工業化を経験しており、民主主義に基づいた政治体制をとっている点で共通している。しかし、雇用や処遇に関わるしくみは、いままでみてきたように国ごとに違いがみられる（Marsden 1999 = 2007）。雇用システムの類型の代表例は、イギリス人社会学者ドーアによる、**市場志向型**と**組織志向型**の2類型である（Dore 1973 = 1987）。この類型化はドーアが日本の社会学者（間 1974）と共同で実施した日英の大手電機メーカーの国際比較調査に基づいている。

市場志向型とはイギリスに特徴的な雇用システムであり、賃金と雇用が主に外部労働市場を通じて規制されるシステムである。

高い転職率,外部労働市場で決定される賃金体系,公的に実施される職業教育訓練,職業別や産業別に組織された労働組合などを特徴とする。労働者の所属意識は仕事や技能,居住地域や階級に基づいており,企業への所属意識が弱い。

　組織志向型とは日本に特徴的な雇用システムであり,企業の内部構造によって規定される雇用システムである。長期雇用,能力主義的な年功制,企業内に包摂されたキャリア,企業内教育訓練,企業内福利厚生などを特徴とする。労働者の企業への所属意識は強く,日本の雇用システムは,企業コミュニティとも形容される。

日本的雇用システムの起源

日本にはなぜこのような組織志向型の雇用システムが生じたのだろうか。現在の日本的雇用システムの直接的な形成時期は,高度経済成長期（1955〜73年）に求められる。長期雇用層（津田 1985）や新規学卒一括採用（本田 2005）の一般化,能力主義の提唱（日本経営者団体連盟 1969），出向・転籍（稲上 2003）はこの時期からみられる。もっとも,長期雇用を実践する企業は高度経済成長期以前にもみられた（Abegglen 1958 = 2004）。ブルーカラーの労働移動を抑制するため,明治末期から大正期にかけて,一部の大企業が長く勤続する従業員を優遇する経営家族主義的労務管理を行うようになった。これらの企業における勤続奨励策が現在の長期雇用の土台となった（間 1964）。また,高等教育卒業者に限れば新規学卒者の採用は,19世紀末にまでさかのぼることができる（天野 1992）。

　戦後,国内産業の育成と保護のため,外国製品の輸入や外国企業の進出を制限していた日本は,高度経済成長を経て海外から市場開放を求められた。日本的雇用システムの形成の背景の1つは,

外国企業との競争に備えるため,当時の日本企業が実施した一連の経営改革にあった。また,上昇しつつあった高等学校進学率など,高学歴化する若年層を適切に処遇するため,新たな人事管理手法が求められた時期でもあった(佐藤 1995)。

雇用システムの収斂と多様性

国ごとの雇用システムの違いは,現代のようにグローバル化が進展する時代において,どのような意味をもつのだろうか。雇用システムはその国の文化や教育制度,労働法制と結びついている。したがって,雇用システムの変化はそれぞれの国にとって非常に大きな影響を及ぼす。

雇用システムの変化の方向性については,大きく2つの考え方がある(Berger & Dore 1996)。第1の考え方は,さまざまな雇用システムが産業の発展や国際的な市場競争によって,最も効率的な,あるいは普遍的な1つのシステムへ変化していく,と考える**収斂論**である(Kerr et al. 1960 = 1963)。第2の考え方は,国ごとに異なる雇用システムが並存するという,**多様性論**である(Dore 2000 = 2001)。

日本的雇用システムはいま,変容しつつある(Sako 1997 = 2006)。日本の雇用システムはグローバル化のなかで普遍的なシステムに組み込まれていくのか,それとも日本独特のシステムを維持したまま,変貌を遂げていくのだろうか。雇用システムのあり方は,その国の諸制度と密接に結びついている。私たちはこの変化の推移をしっかりと見定めていかなければならない。

① 今田幸子・平田周一『ホワイトカラーの昇進構造』日本労働研究機構,1995年。
　日本の大企業ホワイトカラーの異動や昇進の実態を,企業内の人事データを用いて社会学者が分析している。
② P. キャペリ（若山由美訳）『雇用の未来』日本経済新聞社,2001年。
　アメリカにも長期雇用が存在することや,それが変容しつつあることを,アメリカの経営学者が教えてくれる。
③ R. ドーア（藤井眞人訳）『日本型資本主義と市場主義の衝突——日・独対アングロサクソン』東洋経済新報社,2001年。
　イギリス出身の社会学者が多様性論の観点から,日本的雇用システムを英米型雇用システムと対比している。
④ 小池和男・猪木武徳編『ホワイトカラーの人材形成——日米英独の比較』東洋経済新報社,2002年。
　ホワイトカラーのキャリア形成を,経済学・社会学・経営学の観点から国際比較している。
⑤ 佐藤博樹『人材活用進化論』日本経済新聞出版社,2012年。
　著者自身が関わった調査に基づきつつ,日本的雇用システムの特徴と変容を多角的なトピックから論じている。

調べてみよう・考えてみよう
① なぜ日本の大企業は,経験のある中途採用者よりも未経験の新卒採用者を積極的に採用するのだろうか。どのような合理的理由があるのか考えてみよう。
② 働く者として,1つの企業に長く勤めることの利点と問題点には,どのようなものがあるだろうか。
③ 日本の企業が今後も長期雇用を維持する条件には,どのようなことがあるか考えてみよう。

④昇進における「早い選抜」と「遅い選抜」の違いと，それぞれの利点と問題点について考えてみよう。

●引用文献

Abegglen, J. C., 1958, *The Japanese Factory: Aspects of Its Social Organization*, Free Press.（= 2004，山岡洋一訳『日本の経営〔新訳版〕』日本経済新聞社）
天野郁夫，1992『学歴の社会史——教育と日本の近代』新潮社。
Berger, S. and R. Dore eds., 1996, *National Diversity and Global Capitalism*, Cornell University Press.
Cappelli, P., 1999, *The New Deal at Work: Managing the Market-Driven Workforce*, Harvard Business School Press.（= 2001，若山由美訳『雇用の未来』日本経済新聞社）
Doeringer, P. B. and M. J. Piore, 1971, *Internal Labor Markets and Manpower Analysis*, DC Heath and Company.（= 2007，白木三秀監訳『内部労働市場とマンパワー分析』早稲田大学出版部）
Dore, R. P., 1973, *British Factory-Japanese Factory: The Origins of National Diversity in Industrial Relations,* University of California Press.（= 1987，山之内靖・永易浩一訳『イギリスの工場・日本の工場——労使関係の比較社会学』筑摩書房）
Dore, R. P., 2000, *Stock Market Capitalism: Welfare Capitalism: Japan and Germany versus the Anglo-Saxons*, Oxford University Press.（= 2001，藤井眞人訳『日本型資本主義と市場主義の衝突——日・独対アングロサクソン』東洋経済新報社）
間宏，1964『日本労務管理史研究——経営家族主義の形成と展開』ダイヤモンド社。
間宏，1974『イギリスの社会と労使関係——比較社会学的考察』日本労働協会。
間宏，1998『長期安定雇用』文眞堂。
本田由紀，2005『若者と仕事——「学校経由の就職」を超えて』東京大学出版会。
今田幸子・平田周一，1995『ホワイトカラーの昇進構造』日本労働研究機構。
稲上毅，2003『企業グループ経営と出向転籍慣行』東京大学出版会。
河西宏祐，1999『電産型賃金の世界——その形成と歴史的意義』早稲田大学出版

部。

Kerr, C., J. T. Dunlop, F. H. Harbison and C. A. Myers, 1960, *Industrialism and Industrial Man: The Problems of Labor and Management in Economic Growth*, Harvard University Press.（= 1963, 川田寿訳『インダストリアリズム──工業化における経営者と労働』東洋経済新報社）

小池和男, 2005『仕事の経済学〔第3版〕』東洋経済新報社。

小池和男・猪木武徳編, 2002『ホワイトカラーの人材形成──日米英独の比較』東洋経済新報社。

厚生労働省, 2004「平成16年雇用管理調査」。

厚生労働省, 2011「平成22年就労条件総合調査」。

厚生労働省, 2013a「平成24年就労条件総合調査」。

厚生労働省, 2013b『平成25年版 労働経済白書』。

厚生労働省, 2014「平成25年賃金構造基本統計調査」。

Marsden, D., 1999, *A Theory of Employment Systems: Micro-Foundations of Societal Diversity*, Oxford University Press.（= 2007, 宮本光晴・久保克行訳『雇用システムの理論──社会的多様性の比較制度分析』NTT出版）

日本経営者団体連盟編, 1969『能力主義管理──その理論と実践』(日経連能力主義管理研究会報告) 日本経営者団体連盟出版部。

日本労働研究機構, 1998『国際比較大卒ホワイトカラーの人材開発・雇用システム日, 米, 独の大企業（2）──アンケート調査編』日本労働研究機構。

Ouchi, W. G., 1981, *Theory Z: How American Business Can Meet the Japanese Challenge*, Addison-Wesley.（= 1981, 徳山二郎監訳『セオリー Z ──日本に学び, 日本を超える』CBSソニー出版）

労働政策研究・研修機構, 2010『企業における人事機能の現状と課題に関する調査』労働政策研究・研修機構。

Sako, M., 1997, "Introduction: Forces for Homogeneity and Diversity in the Japanese Industrial Relations System," in M. Sako and H. Sato eds., *Japanese Labour and Management in Transition: Diversity, Flexibility and Participation*, Routledge.（= 2006, 東秀忠訳「21世紀日本の労使関係システム──多様性・柔軟性・参加」伊丹敬之ほか編『リーディングス日本の企業システム 第Ⅱ期 第4巻 組織能力・知識・人材』有斐閣）

佐藤博樹, 1995「管理思想の転換」法政大学産業情報センター編『日本企業の品質管理──経営史的研究』有斐閣。

佐藤博樹, 2002「キャリア形成と能力開発の日独米比較」小池和男・猪木武徳編『ホワイトカラーの人材形成――日米英独の比較』東洋経済新報社。
佐藤博樹, 2012『人材活用進化論』日本経済新聞出版社。
竹内洋, 1995『日本のメリトクラシー――構造と心性』東京大学出版会。
津田真澂, 1985「わが国企業における定着雇用者層の蓄積度およびその賃金水準の長期計測」『社会学研究』(一橋大学) 23号。
辻勝次, 2011『トヨタ人事方式の戦後史――企業社会の誕生から終焉まで』ミネルヴァ書房。
八代充史, 1995『大企業ホワイトカラーのキャリア――異動と昇進の実証分析』日本労働研究機構。

第3章 仕事をとりまく制度

労使関係とコーポレート・ガバナンス

メーデーの様子（写真提供：時事通信フォト）

近代においては，雇用という関係が，人々が働くときにあたりまえのものとして成立することになる。人に雇われて働くということは，さまざまな制約を発生させることになる。雇用という関係が，制度として人々の労働のあり方を拘束することになるわけだ。本章においては，こうした制約について，労使関係とコーポレート・ガバナンスという概念に注目しながら検討してみよう。

1 働くことは雇われること

雇用の誕生　とりわけ近代以降の社会においては，人は1人で働くことはまれである。人が働くときには，多くの人々と協力して働くほうが一般的である。このように，近代社会においては，労働にあたって，人々と1カ所に集まって協力しながら働く協業や，作業を分担して行う分業が進展することになる。これに加えて，近代社会において人が働くときに特徴的なことがもう1つある。つまり，人は多くの場合，人に雇われて働くのである。近代以前の社会においては，人が働くときには必ずしも雇われていたわけではなかった。近代以前の主要な産業としては，農業が挙げられる。農業においては，耕作する土地と何らかのかたちでつながりをもっていれば，さしあたりそれを自ら耕作して生活していくことができる。人に雇われて働くということは，賃金をもらってそれで商品を購入して生きることも意味する。このような労働のあり方を**賃労働**という。近代以前の農業を中心とした社会においては，自給自足を通じてかなりの程度，賃金（貨幣）に依存しなくても生きていける。近代社会は，こうした生活のあり方に大きな転換をもたらしたのである。

産業化と資本主義　近代社会は，**産業社会**という高度な科学技術と知識に支えられた「ゆたかな社会」としてとらえられてきた。こうした社会が形成される過程，つまり**近代化**あるいは**産業化**の一環としては**工業化**が不可欠である。工業化によって，大規模な工場が設立され，賃労働が一般化

する。

　こうした過程を通じて，人々は，自らの労働力を商品化して，それを売ることによって賃金を得て生活する労働者と，労働者を雇う使用者から構成されるようになる。使用者は，工場を経営する経営者であり，工場を所有する資本家でもある。このように，**雇用関係**が一般化することは，資本主義社会が成立することも意味している。雇用関係は，実際に労働を行う労働者と労働者を使用する人との関係でもあり，**労使関係**としても成立している。

〈労資関係〉と〈労使関係〉

　このようにして成立する労使関係には，2つのとらえ方が存在してきた。1つは，マルクス派の系譜に由来するもの（〈労資関係〉論）で，とりわけ当事者間の**利害関心の異なり**を強調し，関係を対抗的なものとしてとらえようとする。もう1つは，制度的文脈を強調する議論（〈労使関係〉論）であり，当事者間における利益調整のためのルールあるいは制度形成にとりわけ関心を払ってきた。

　いずれにせよ，労使関係にあっては，関係が継続する限り両当事者においても利益を享受しており，関係形成にともなうコストばかりを強調することはリアルな認識とはいえない。他方では，労使関係をことさらに協調的にとらえようとする試みも現実的ではない。換言すれば，労使関係においては，当事者間にギブ・アンド・テイクが成立している。

2 〈労資関係〉と〈労使関係〉

階級関係としての〈労資関係〉

近代社会を資本主義社会としてとらえるならば,それは利害関心を異にする階級から構成される**階級社会**ということにもなる。したがって,〈労資関係〉は**階級関係**としての性格をもっている。階級は,生産手段との関係を媒介にした利害関心を異にする人々の集まりであり,階級関係としての〈労資関係〉は本質的に対立を基調とすることになる。

労使関係に関するこうした把握の仕方は,19世紀の社会や,さらには後述するような,21世紀における現代社会にみられるように,格差が拡大しつつある状況においては,説得力をもつことになろう。とくに,スウェットショップといわれるような低賃金で劣悪な労働条件の工場・事業所で雇用されている労働者が多数存在する場合には,労使関係が本質的に対抗的なものとして把握される傾向が強くなろう。

システムとしての〈労使関係〉

もっとも,ストライキの局面に象徴されるように,労使関係の当事者がいつも対抗的であるとは限らない。むしろ,当事者たちは日常的にはあからさまな対抗姿勢をとることなく,それぞれの利害関心を追求する傾向がある。こうして,労使関係は利害関心を実現するための**ルール**や**制度**として整備されるようになる。ここでいう制度とは,行為や関係の定常的なパターンとしてとらえられよう。

ダンロップ (Dunlop 1993) に代表されるように〈労使関係〉論の系譜は，こうしたルールや制度をシステムとしてとらえようとしてきた。労使関係システムは，職場から企業を超えるレベルにまで至る，当事者による「**ルールの網の目**」である（これには，ルール形成のためのルールも含まれる）。労使関係システムにおいては，使用者と労働者（あるいはその組織）とが対等に自らの利害関心を追求してせめぎ合うことが前提とされていた（プルーラリズム）。

　ダンロップによれば，労使関係システムは経済システムや政治システムには還元できない固有のシステムであり，そこには職場における技術的特徴，権力関係，あるいはイデオロギーなどの環境要因が作用しているという。さらに，労使関係システムにおいては，労使関係の当事者として，使用者と労働者（あるいはその組織）に政府を加えることがある。しかし，政府を中立的な主体として考えることには異論もありうる。

> 労働組合の存在理由

　もっとも，労使関係を歴史的に把握するならば，使用者と労働者が「対等」であったとみなせる時代はほとんどない。資本主義社会においては，雇われるよりも，生産手段を所有し雇う立場にいる人々のほうが一般的には優位である。そのため，立場の弱い労働者たちは，使用者との関係を個別的なものではなく，集団的なものとして編成しようとしてきた。こうした労働者による集団・組織として，最も代表的なものは労働組合であろう。

> 労働組合のタイプ

　労働組合には，さまざまなタイプが存在する。できるだけ利害関心が共有されているほうが，集団形成は容易となる。したがって，職種や職業をともにしている労働者によって，職業別あるいは**職種別組合**がつ

くられたり，同じ産業で働く労働者によって，**産業別組合**がつくられたりしてきた。

歴史的にいえば，どちらかといえば職種別組合は，相対的に技能レベルが高い熟練労働者による排他的な組織であったのに対して，産業別組合は，より広範に不熟練な労働者も組織しようとする傾向があった。こうした組合のタイプが，欧米の社会に多くみられるものであるとすれば，日本や韓国などの社会においては，**企業別組合**というタイプも存在する。つまり，同じ企業で働くことに基づいて組織された労働組合が，企業別組合にほかならない。

このように，社会によって労働組合の主要なタイプが異なることは，それぞれの歴史的な背景に由来する。たとえば，日本においては，労働者による職能団体がもともと存在しなかったことが，企業別という組織形式が一般化した背景にあるとされている（二村 1984）。

労働組合は，労働者の集団的な利害関心を実現するために，使用者と**団体交渉**を行う。団体交渉においては，賃金，一時金（ボーナス），およびさまざまな労働条件が案件として取り上げられ，決定される。交渉の結果は，**労働協約**として成文化され，労使関係の当事者の行為を大きく制約することもある。労使関係がさまざまなレベルにおいて取り結ばれていることに対応して，交渉もさまざまなレベルで行われる。それにともなって，労働組合もさまざまなレベルの組織が存在する。

たとえば，すでに言及したように，日本においては企業別組合が主流であるものの，こうした組合が集まって産業別の連合体や**日本労働組合総連合会（連合）**に代表される全国組織（ナショナル・センター）もつくられている。

> コーポレート・ガバナンス

労使関係については、あくまでその利害当事者は使用者と労働者（あるいは労働組合）にほかならない。もちろん、労働組合によるさまざまな要求は、企業の経営に影響を与えることは想定されよう。しかし、企業のあり方に影響を与える主体は、使用者あるいは経営者と労働組合だけではない。こうした観点から、近年においては、より多くの利害当事者（ステークホルダー）によって企業のあり方が決定されるとみなす**コーポレート・ガバナンス**（企業統治）という考え方が影響力をもつようになってきた。

コーポレート・ガバナンス論の背景には、企業を単なる営利組織としてとらえるのではなく、社会的な責任を担う存在として把握しようとする傾向を指摘できよう（**企業の社会的責任**〔corporate social responsibility：CSR〕）。そのため、企業をめぐる利害当事者についても、株主、経営者、従業員（労働者）、あるいは一般の市民（消費者）などが想定されている。こうした多様なステークホルダーの利害関心が、できるだけ満たされる企業経営が望ましいとされるのである。

3 日本における労使関係とコーポレート・ガバナンス

これまでの一般的な議論をふまえて、以下では日本を事例として労使関係とコーポレート・ガバナンスについて検討していこう。

> 普遍性と個別性

日本社会も産業社会であり、資本主義社会である以上、こうした社会において編成される労使関係に共通にみられる特徴をもっている。労使関係

の当事者はしばしば利害関心を異にするのだから，対立する利害関心をめぐってせめぎ合うことは，労使関係における**普遍性**を体現するものといえよう。たとえば，賃上げをめぐる労使の対立には，そうした普遍性が現れている。

しかし，日本社会はその他の欧米社会に比べて後発であり，発展が急速だった一方で，伝統的な関係が残存してきたという指摘もある。日本における初期の産業・労働社会学においては，こうした関係の存在が主要な問題関心ともなっていた（松島 1962；間 1964）。

たとえば，当事者による労使関係のとらえ方についていえば，潜在的にせよ利害を異にする対抗的な関係として理解されるのではなく，**温情主義**や**家族主義**によって特徴づけられる関係として理解されてきた。つまり，労使関係は，対抗的な関係ではなく，使用者による労働者（従業員）への庇護と，労働者による使用者への忠誠によって成立する関係として理解される傾向があった。こうした日本における労使関係のとらえ方は，後発的な社会としての日本社会の**個別性**あるいは**特殊性**を反映するものといえよう。

| 企業別組合の誕生 |

すでに言及したように，企業別組合という労働組合の形式についても，日本社会における歴史的背景が反映されている。もっとも，この組織形式が一般化した原因は，やはり第二次世界大戦後の混乱に対処して，いち早く組合組織を立ち上げる必要があったことに求められよう。多くの先進社会と同様に，日本においても労働組合ははじめから法的根拠をもった組織ではなかった。第二次世界大戦の終了にともなって連合国による占領政策が実施され，その一環として**労働改革**が断行された。こうして，第二次世界大戦後になってようや

く，労働組合は法的な根拠をもった労働者組織として認められたのである。

企業別組合の特徴と功罪

企業別組合の特徴は，すべての組合員が同じ企業の従業員であるということである。言葉を換えていえば，ある企業の従業員にならなければ，組合員になることはできない。つまり，従業員であることが組合員であることに先行しているのである。この点は，企業と労働組合がまったく独立している欧米社会の場合とは大きく異なる。

こうした特徴に関連して，企業別組合に関する評価も大きく分かれてきた。一方では，肯定的な評価が存在する。つまり，労働組合の構成員が，組合員である前に従業員であることから，たえず組合活動に優先して所属する企業のことを考えざるをえず，その結果労使関係は対抗的であるよりも協調的になるというわけだ。

もっとも，こうした協調的な性格に対しては，批判的な評価も行われることになる。すなわち，労働組合は何よりも企業の利益を優先して考えて行動することになり，必ずしも組合員の利益を実現していないということである。たとえば，企業の経営が傾いた場合に，使用者が提示する人員整理に抵抗して雇用を維持しようとする試みはあまり実行されない。

企業別組合の限界

こうした実情は，企業別組合が企業の経営活動の「補完物」となってしまい，経営活動を制約する存在とはなっていないことを意味している（Dore 1973 = 1987）。要するに，企業別組合は，経営活動以外の「経営外機能」を担う存在というよりも，「経営内機能」（河西 1981）を担うだけの存在にほかならない。こうした企業別組合の

存在様式をふまえて，近年においては，そもそも企業別組合は労働組合ではないというラディカルな議論も提起されている（野村 2007）。

さらに，企業別組合は日本における労使関係を特徴づける制度ではあるものの，必ずしもすべての企業において組織されているわけではない。よく知られているように，**終身雇用**，**年功制**，および企業別組合を特徴とする**日本的労使関係**が確認できる場は，いわゆる大企業に限定されているし，こうした労使関係に包摂されている労働者は男性の中核的労働者（**本工**）に限られてきた。

このことは，中小あるいは零細企業が大多数を占める日本社会において，労働組合に組織されている労働者は相対的に少ないことを示している。したがって，労働組合の組織率を高め，そのことを通じて労働運動を強化しようとする試みにおいては，企業別組合はいつも運動の限界を象徴するものとしてとらえられてきたのだった。

| 歴史的展開：対立から協調へ |

すでに確認したように，日本における労使関係は普遍性と個別性を担っている。したがって，労使関係の歴史的展開においても，こうした性格が体現されている。普遍性についていえば，どれほど日本的労使関係の協調性が主張されようとも，日本において労使対立がみられなかったわけではない。第二次世界大戦後に視点を限定してみても，戦後初めて承認された**労働三権**（**団結権・団体交渉権・争議権**）に基づいて，1940年代末から50年代にかけて，多くの企業においては激しい労働争議が展開されることになった。

こうした争議を主導したのは，**日本労働総同盟**（**総同盟**），のち

の**日本労働組合総評議会(総評)**というナショナル・センターに集っていた労働組合であった。1950年代の労使関係において、大きな争点となったことは、いわゆる合理化であった。当時の総評における方針では、合理化が断行される直接的な場である職場において、運動を組織することが決められていた(**職場闘争**)。こうした運動が展開された工場においては、労働者が居住する地域をも巻き込んで、激しい闘争が行われた(**ぐるみ闘争**)。

しかし、こうした職場闘争に代表される激しい労働運動も、1960年の三井三池炭鉱における争議をピークにして、次第に下火となっていった。遅くとも、60年代の半ばには大企業における労働組合に主導されて、協調的な労使関係が定着した。総評が主導する労働運動についても、職場闘争から経済主義的な運動スタイルにシフトしていく傾向がみられた。55年からいわゆる「八単産共闘」を嚆矢として始まった**春闘**は、その名のとおり、毎年春先になると個々の産業別連合体がいっせいに賃上げ交渉を行う運動である。

春闘

春闘は、多くの組合が共同で賃上げ交渉を行うことによって、労働運動に対する社会的注目度を高めるとともに、最終的に賃上げ額(いわゆるベースアップのこと。ベアと略称される。当該企業が支払う賃金総額を従業員数で除した金額を引き上げることを意味する)は、個々の企業において決まるものの、収益が高い産業が相場を提供し(いわゆる**パターンセッター**〔先導役〕)、当初においては高い水準の賃金決定を可能にしていた。

春闘が定着しつつあった1960年代は、日本も急速な経済成長を記録していたし、生産性の上昇と連動している限り、企業も賃

上げをそれほど負担に感じることはなかったといえよう（生産性基準原理）。早くも60年代の後半からは、相対的に協調的な鉄鋼業における労使関係に主導された相場形成が、必ずしもストライキをともなわずに行われるようになり（いわゆる「鉄の一発回答」）、春闘が一般の労働者の利害関心から乖離している傾向が指摘されるようになった。いずれにしても、春闘は広範な運動として展開され、70年代になると単なる賃上げ交渉を超えて、経済政策や国民生活への政策提言を行う運動としても行われるようになった（国民春闘）。

オイルショックと労働運動の衰退

1973年に、中東地域における戦争を原因として、原油価格が著しく高騰した。これが、いわゆる**オイルショック**の発生である。原油は製造業における重要な素材であったために、日本経済は著しい物価上昇に見舞われるとともに、高度経済成長も終焉を迎えた。オイルショックによって、収益が低下した日本企業は、事業の整理、人員削減、および賃上げ抑制を追求することになった。いわゆる**減量経営**が開始されたわけだ。先に言及した国民春闘は、こうした経営に対する対抗策として組織されたものだった。

しかし、これまで指摘してきたように、企業別組合は経営を制約する機能を充分には果たしえないために、オイルショック以降の低成長あるいは安定成長の時代においては、労働運動は守勢に立たされることになった。春闘についても、組合側によって必ずしも充分な成果が上げられていないことが率直に認められるようになっていった。

日本において対抗的な労働運動を組織してきた総評は、官公労

と呼ばれる公共セクターの労働組合を主に組織していた。1975年には，公共セクターに属する国鉄労働組合によって，公務員労働者には認められていなかったストライキ権を認めさせるための**ストライキ**（いわゆるスト権スト）も行われた。しかし，これといった成果を獲得することができないまま，ストを終了せざるをえなかったことは，国鉄をはじめとする官公労の労働運動にとっても大きなダメージを与えることになった。

組織率の低下　労働組合が労働者による集合的な利害関心を体現する組織であるならば，そこに参加する労働者の数が多ければ多いほど，労働組合の力量は大きくなり，労働運動は活性化しよう。しかし，多くの先進社会と同様に，日本においても1970年代以降労働組合の組織率がほぼ一貫して低下してきている（図3-1）。2013年現在では，組織率は18％を下回るまでに低下している。

この原因は，組織された労働者数が減少しているというよりも，被雇用者における組織労働者の割合が低下していることに求められよう。つまり，従来から組織化が行われてきた製造業（主として大企業）においては，組合員数はそれほど減少していないものの，1970年代以降新たに成長してきたサービス産業においては，ほとんど組織化が進展していないのである。こうした状況は，あくまで個別企業の従業員であることが組合員であることに先行している企業別組合の組織原理の限界を改めて示唆するものといえよう。

ユニオン・アイデンティティ　いわゆる**ポスト工業化**のもとで，19世紀以来，組織労働者の源泉であった製造業が，相対的に比重を低下させてきている

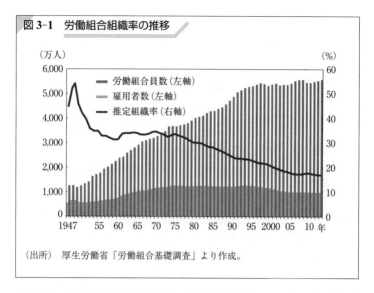

図 3-1 労働組合組織率の推移

(出所) 厚生労働省「労働組合基礎調査」より作成。

ことは，新たな組織化の戦略と方法が求められていることも意味しよう。もっとも，1980年代になってから，既存の労働組合において試みられたことは，ひとまずは労働組合の存在意義や役割についての反省であった。

この背景には，労働組合員の若年化やそれを一因とする組合への帰属意識の低下が挙げられよう。かつて，1950年代以降に激しい組合活動を経験した組合員は退職してしまい，必ずしも自覚をもって組合に加入したわけでもない若年労働者にとっては，労働組合はきわめて存在感の乏しいものとなってしまった。多くの大企業においては，従業員になると同時にすでに組織されている企業別組合の組合員にもなる制度（いわゆる**ユニオン・ショップ協定**）が成立しており，加入した自覚もないままに，組合員となっていることが多い。

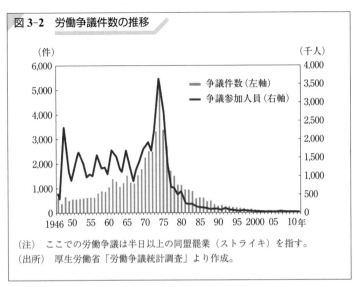

図3-2 労働争議件数の推移

(注) ここでの労働争議は半日以上の同盟罷業(ストライキ)を指す。
(出所) 厚生労働省「労働争議統計調査」より作成。

このようにして加入してしまった労働者にとっては、春闘の時期を除けば、組合の存在を実感する機会はほとんどないかもしれない。さらに、労働争議の件数それ自体も低い水準で推移してきている(図3-2)。このような状況を受けて、多くの企業別組合においては、労働組合の存在意義を問い直すために、「ユニオン・アイデンティティ」を改めて確立しようとする動きがみられた(稲上・川喜多編 1988)。

労働戦線の統一

1980年代の後半になると、それまで総評と**全日本労働総同盟(同盟)**に代表される、少数のナショナル・センターに分かれていた労働組合の間で団結しようとする動きが生まれてきた。主として、民間大企業の労働組合が集まっていた同盟が主導するかたちで、組織統一の準備が進められ、最終的に89年に連合が発足した。これにより、

800万人の労働者が1つの組合の傘下に入ったことになる。

連合に加わらなかった労働組合は，それぞれ異なるナショナル・センターを組織して活動している（全国労働組合総連合〔全労連〕や全国労働組合連絡協議会〔全労協〕）。こうした，いわゆる「労働戦線の統一」の背景には，低下し続ける組織率を高めるために，組織の規模を大きくして経営に対抗しようとする意向が存在するように思われる。連合の成立とともに，労働組合による直接的な政策参加（各種審議会への委員の派遣など）も試みられた。こうした傾向を，日本における**コーポラティズム**（→ Column ③）の現れとしてとらえる考え方もある（稲上ほか 1994）。

しかし，どれだけナショナル・センターの規模が大きくなっても，それも企業別組合の連合体であり，指摘したような企業別組合に付随する制約が克服されたわけではない。たとえば，戦後の日本において重要な運動であった春闘についても，連合ができたからといって，大きな成果を勝ち取ることができたかといえば，そのようなことはない。

コーポレート・ガバナンスの動向

それでは，日本企業におけるコーポレート・ガバナンスの状況はどうなっているのであろうか。1990年代末に実施された経営改革をめぐる研究においては，いくつかの特徴的な知見が報告されている（日本労働研究機構編 2000）。コーポレート・ガバナンスにおいては，いくつかのステークホルダーが存在するのであった。日本企業においては，従業員と株主が優先的なステークホルダーとして位置づけられており，経営者はそれに次ぐ存在となっている。つまり，従業員と株主とはステークホルダーとして利害対立を回避されているということだ。

Column ③　コーポラティズム

　コーポラティズムとは，国家が経営者団体と巨大な労働組合を媒介することによって，労使関係当事者の利害調整を図るシステムを意味している。一般には，ナチス・ドイツにおけるシステムと区別するために，第二次世界大戦後に先進社会において成立したシステムは，ネオ・コーポラティズムといわれる。ネオ・コーポラティズムのシステムは，あらゆる社会において成立するわけではない。そこでは，社会民主主義政権の成立や，経営者団体および労働組合の強い統合度が必要と考えられていた。日本においては，左派政権が成立したことがほとんどなく，労働者の利害関心が政策にインプットされる回路が整備されていないことから，「労働なきコーポラティズム」という評価も行われていた。連合の成立によって，労働組合の組織統合が進んだことは，こうした評価を再検討する契機となったのである。

　株主については，しばしば株の相互持ち合いが日本企業の特徴として指摘されてきたものの，必ずしもそうした実態はないことが明らかにされた。もっとも，安定的な株主が占める比率が高いことも示されている。こうした安定株主は，多くが機関投資家であり，こうした投資家を対象にしていわゆるIR (investor relations) 活動が行われ，企業の財務状況に対してほぼ定期的に説明会が開催されているという。つまり，**情報開示**が促進されているというわけだ。

　さらに，同報告によると，財務については間接金融から直接金融へとシフトする傾向が確認されるという。安定株主は維持しながらも，資産の流動化，非効率的な株の持ち合いの撤廃，あるいは自己株を償却していこうとする傾向がみられるという。加えて，

役員制度については，社長の役員人事権が大きいことが確認されている。もっとも，社長の人選には株主や親会社の意向も反映されており，社長の人事権限を縮小し，役員への定年制を導入しようとする動きなどもみられるという。

人事と労使関係

こうしたコーポレート・ガバナンスのあり方は，人事や労使関係にも影響を与えよう。従業員を重要なステークホルダーとして位置づける日本企業においては，今後も「終身雇用」を基本的に維持することが確認されるだろう。しかし，他方では，人件費の抑制や企業年金制度の見直しも図られている。

人事については，企業グループ内における効率的な人材活用が模索されているという。しかし，改めて後述するように，労使関係が個別化するとともに，集団的労使関係の担い手としての労働組合のプレゼンスは低下してきていることも確認されている。

コンプライアンスと企業の社会的責任

指摘したように，コーポレート・ガバナンスに対して注目が集まっている背景には，「企業の社会的責任 (CSR)」に対する関心の高まりがあるといえよう。企業は，資本主義のもとで第一義的には営利組織ではあるものの，さまざまな社会貢献や環境に配慮した活動に取り組むことが求められている。とりわけ，1990年代以降，日本企業においてもさまざまな法令遵守（コンプライアンス）の怠りが指摘されるようになり，CSRとそれに関連したコーポレート・ガバナンスが注目されるようになった。

この背景は，1990年代のいわゆる「バブル経済」崩壊にともなう金融機関における不良債権問題や，食品産業における品質保証をめぐる詐称事件などに関連して，企業のコンプライアンスが

強く求められ,問題を再び起こさせないためにも,コーポレート・ガバナンスの強化が求められたことに由来しよう。

さらに,地球温暖化に象徴される環境問題の深刻化によって,企業活動にともなう環境負荷を軽減するビジネスモデルが求められていることも,CSR活動が強化される一因となっている。つまり,環境負荷が少ないシステムを構築することが,企業による社会貢献活動となりうるわけだ。コーポレート・ガバナンスにおけるステークホルダーには,一般の市民も含まれるならば,こうしたエコビジネスの実践は,その限りで広範なステークホルダーの利害関心にかなう試みといえよう。

4 これからの労使関係とコーポレート・ガバナンス

グローバル化とネオリベラリズム

最後に,日本における労使関係とコーポレート・ガバナンスの将来について展望しておこう。日本社会は,1990年代以降,大きな変化に見舞われているといえよう。企業活動に関連したことに限定しても,経済のグローバル化の進展とそれを下支えするネオリベラリズムというイデオロギーの拡大が指摘できる。グローバル化による企業間競争の激化とそれにともなう各企業のコスト削減の強化や,規制緩和を促進するネオリベラリズムの拡大によって,労働者は一層守勢に立たされているといえよう。

リストラクチュアリングと非正規雇用

2000年前後には,リストラクチュアリング(企業組織の再編成)の一環として,従来安定した長期雇用のもとにあった管理

職を対象に大規模な雇用削減が行われたし，1990年代の後半からは当時の日本経済団体連合会（日経連）による『新時代の「日本的経営」』に示されるように，非正規雇用（雇用柔軟型労働者）の拡大が明示的に志向されるようになった。

労働者に対する査定も強化され，顕在化した成果によって賃金や昇進を決定する**成果主義**に基づく人事考課も実施されるようになった。この結果，同一の労働をしていても，労働者ごとに賃金や昇進が異なる傾向が強まり，労使関係の個別化が進んでいる。労働組合の機能が，組合員の賃金や労働条件を集合的に規制することにあったとすれば，労使関係の個別化は組合機能の一層の低下を示すものといえよう。

このことは，春闘という50年以上にわたって行われてきた賃上げ闘争にも影響を与えることになる。それというのも，春闘というスタイルは，労働組合による集合的な労働条件規制の象徴であったからである。労使関係の個別化が進展し，労働者によって異なった賃金体系のもとに位置づけられるとすれば，集合的規制は意味をなさなくなる。

このことは，労働組合が担ってきた集合的労使関係が衰退し，かつて19世紀においてみられたような個人間契約としての雇用関係という性格が改めて顕在化しつつあることも意味している。グローバル化が進む21世紀は，労使関係においては19世紀へと歴史が逆行することを意味するのであろうか。

個人加盟によるユニオン運動

こうした状況を受けて，早くも1980年代から，従来の企業別組合を前提にした制度的枠組みを掘り崩す運動も展開されるようになってきた。つまり，個人加盟による**ユニオン運動**がそ

れである。ユニオン運動は，地域，ジェンダー，職種，国籍などを背景にして多様な人々が個人で加盟し，組合活動を行うことに特色がある。

初期の個人加盟ユニオンとしては，特定の地域を背景にした**コミュニティ・ユニオン**が挙げられよう。もともと，総評などによって，中小企業の集積地などには地域を背景にした労働運動を行う拠点として，地区労働組合会議（地区労）が設置されていた経緯がある。総評が解散し，連合に統一される過程において，こうした地域労働運動を存続させるために，コミュニティ・ユニオンが組織された。コミュニティ・ユニオンは日本全国に組織され，そのネットワークも存在する（コミュニティ・ユニオン全国ネットワーク編 1993）。

個人加盟ユニオンは，主として**マージナル（周縁的）な労働者**を組織することを目的としている。女性，管理職，フリーター，あるいは外国人といった人々が組織対象となっている。いくつかの個人加盟ユニオンは，個別相談を通じて労働者の要求を集約し，個別企業に団体交渉を申し込むことを通じて，賃金の不払いや労働条件の改善を要求している。日本においては，労働組合はきわめて簡単に組織できるために，個人加盟ユニオンは必要に応じて組織される傾向がある。

しかし，ユニオン運動には課題も多い。何よりも，こうしたユニオンはその規模が小さいために，資源的制約が大きいことが挙げられる。資源が乏しければ，ユニオンは充分な人数を専従として確保することができない。さらには，ユニオンに相談をもちかけた労働者も，問題が解決すれば，ユニオンを脱退してしまうことが多い。つまり，組合員を継続的に組織しておくことが，しば

しば困難だというわけだ。そのような課題を抱えつつも、ユニオンにはマージナルな労働者を組織し、企業別組合という制度的制約を克服していくことが何よりも求められているといえよう。

CSR活動とそれを保証するコーポレート・ガバナンスについても、あまり楽観的な展望は抱けないかもしれない。それというのも、企業はあくまで営利組織であるからである。グローバル化のもとで、厳しい競争に直面している企業は、どうしても収益を高めコストを削減することに関心が向かいがちである。

一方において、非正規雇用を拡大し、フレキシブルな労働力の利用を追求していながら、他方において環境保護を実現するエコビジネスを追求したところで、自己欺瞞という誹りをまぬがれないであろう。なぜなら、企業にとっては、従業員こそが重要なステークホルダーであるからである。グローバル化のもとで、労働者側が守勢に立たされる傾向が強くなっていく現状においては、コーポレート・ガバナンスをめぐる調整がバランスよく図られることが求められよう。

読書案内

① R. ドーア（山之内靖・永易浩一訳）『イギリスの工場・日本の工場——労使関係の比較社会学』筑摩書房、1987年。

著名な日本社会研究者による、日本とイギリスとの労使関係を対象にした国際比較の試み。イギリスにおける労働組合とは異なり、日本における労働組合が企業の1つの機関となっている実態が詳細に報告されている。

②遠藤公嗣編『個人加盟ユニオンと労働 NPO――排除された労働者の権利擁護』ミネルヴァ書房，2012年。

　新しい労働者組織として注目される個人加盟ユニオンと労働 NPO について，日本以外の事例を含めて，その活動について紹介している。

③呉学殊『労使関係のフロンティア――労働組合の羅針盤〔増補版〕』労働政策研究・研修機構，2012年。

　長年にわたる労働組合の実態調査を通じて，コミュニティ・ユニオンなどの個人加盟ユニオンが直面する事態を分析したうえで，将来におけるあるべき労使関係のあり方を提言している。

④熊沢誠『労働組合運動とはなにか――絆のある働き方をもとめて』岩波書店，2013年。

　いわゆる「ノンエリート」と呼ばれる人々が，厳しい競争を回避して堅実に生きていくための方途として，労働組合への加入を位置づけ，労働組合の存在意義を再確認している。著者の研究生活の総決算ともいうべき書。

⑤伊丹敬之『日本型コーポレートガバナンス――従業員主権企業の論理と改革』日本経済新聞社，2000年。

　日本企業を対象とするコーポレート・ガバナンスの分析。日本企業に特徴的なガバナンスのあり方を「従業員主権」に求めたうえで，欧米型のガバナンスを日本企業に適用しようとすることに警鐘を鳴らしている。

調べてみよう・考えてみよう

①日本においては，労働組合の存在感がきわめて希薄になってしまっている。労働組合は，そもそも必要なのであろうか。自分が企業で働いていることを想像しながら考えてみよう。

②労使関係は，そもそもどのような性格をもった社会関係なのであろうか。メディアを通じて報道される，日本やその他の社会における労使関係の状況について調べたうえで，国や社会による労使関係の差異に

ついて考えてみよう。
③原子力発電所を運営する電力会社を例に取り上げて，原発を安全に運営するために求められるコーポレート・ガバナンスについて，多様なステークホルダーを確認したうえで考えてみよう。
④アルバイト先など身近なところにユニオンに加盟している人がいないか，確認してみよう。実際に，ユニオンを訪問してどのような活動が行われているのか，話を聞いてみよう。

●引用文献

Dore, R., 1973, *British Factory-Japanese Factory: The Origins of National Diversity in Industrial Relations,* University of California Press.（= 1987，山之内靖・永易浩一訳『イギリスの工場・日本の工場——労使関係の比較社会学』筑摩書房）

Dunlop, J. T., 1993, *Industrial Relations Systems,* Harvard University Press.

遠藤公嗣編，2012『個人加盟ユニオンと労働NPO ——排除された労働者の権利擁護』ミネルヴァ書房。

間宏，1964『日本労務管理史研究——経営家族主義の形成と展開』ダイヤモンド社。

稲上毅ほか，1994『ネオ・コーポラティズムの国際比較——新しい政治経済モデルの探索』日本労働研究機構。

稲上毅・川喜多喬編，1988『ユニオン・アイデンティティ——どう拓く労働組合の未来』日本労働協会。

河西宏祐，1981『企業別組合の実態——「全員加入型」と「少数派型」の相剋』日本評論社。

コミュニティ・ユニオン全国ネットワーク編，1993『ユニオン・にんげん・ネットワーク——コミュニティ・ユニオン宣言Part2』第一書林。

松島静雄，1962『労務管理の日本的特質と変遷』ダイヤモンド社。

日本労働研究機構編，2000『新世紀の経営戦略，コーポレート・ガバナンス，人事戦略』調査報告書133。

二村一夫，1984「企業別組合の歴史的背景」法政大学大原社会問題研究所『研究資料月報』305。

野村正實,2007『日本的雇用慣行――全体像構築の試み』ミネルヴァ書房。

第4章 組織から動く

失業・退職・転職・起業のしくみ

ハローワークで職探しをする人々（写真提供：毎日新聞社／時事通信フォト）

現代では，多くの人々は雇用され，組織に所属して働いている。しかし，せっかく雇用されても，職を失ったり，転職を試みたり，独立して事業を起こしたりする人もいる。本章では，こうした問題を取り上げる。

1 仕事をやめるということ

労働市場と失業

仕事をするということは,多くの人々にとっては,人に雇ってもらわなくてはならないということである。つまり,雇ってもらう人を探す必要があるわけだ。このことは,労働者が自分の労働力を購入してくれる人を探すことを意味する。そのための場は,**労働市場**と呼ばれる。労働市場は,労働力の売り手と買い手とが出会う場である。ここにおいて,双方が合意すれば,雇用関係が取り結ばれ,多くの場合には労働者は特定の企業組織に帰属して,仕事をすることになる。

しかし,何らかの理由によって,仕事をやめる場合には,こうした雇用関係が解消される。つまり,雇用 (employment) から**失業**という状態になるわけだ。

強制的退職と非強制的退職

それでは,雇用関係が切断され,失業が発生する原因にはどのようなことが考えられるだろうか。雇用関係は社会関係である以上,その解消には関係当事者双方に原因が求められよう。ここでは,関係が解消される形式に注目してみよう。まず,使用者あるいは労働者のどちらかの原因によって,**解雇**が行われることがある。これは,強制的な雇用関係の解消にほかならない。さらに,日本の企業においては,定年という制度がある。これも,一定の年齢(現在は,65歳までこの年齢を引き上げることが推奨されている)に達した労働者を強制的に退職させる制度とみることが

できよう。

　加えて,使用者によって労働者に対して退職が奨励される場合もある。何らかの理由によって,企業組織の再編成(リストラクチュアリング)が行われる場合にも,それにともなって余剰人員が発生すると退職を求められる可能性がある。

　しかし,雇用関係を解消し,企業組織を離れることになる退職は,必ずしも強制的なものばかりではない。非強制的な退職も存在するのである。この場合には,雇用関係の解消は労働者によって自発的に行われる。仕事をするということは人に雇われるということであり,そうでなければ収入を得られず,生きていけないということになれば,退職はただちに**転職**に帰結することになる。以下では,こうした仕事をやめることについて,まず一般的な考察を試みよう。

2　失業・退職・転職・起業

　失業とは,仕事を失うことである。すでに言及したように,雇用という関係が普遍的である近代以降の資本主義社会においては,失業に先立って退職が行われているのだった。退職にも,強制的なものと非強制的なものとがあるように,失業にも自発的なものと非自発的なものとがある。

自発的失業と非自発的失業

　まず,**自発的失業**から説明しよう。これは,労働者自らが望むことによって,職を得ない状態にとどまっていることを意味する。一般に,**完全雇用**とは,求職している労働者のすべてに

職が配当される状態を意味する。つまり，完全雇用は，経済が好調で成長基調にあるために，人手不足が発生し，その結果雇用がきわめて安定している状態にほかならない。したがって，自発的失業は完全雇用のもとにあっても，あえて当該の労働者が就労していないことを意味する。

　それに対して，**非自発的失業**とは，労働者が望まないにもかかわらず，職が得られない状態に置かれていることを意味する。このような状況は，端的に資本主義のシステムに内在する景気循環に起因することが想定されよう。資本主義というシステムは，さまざまな意味でユニークな特徴をもっている。たとえば，資本家あるいは経営者であれ，労働者であれ，資本主義に関わる多くの人々は，それぞれの経済的な利害関心を実現しようとしている。それぞれの立場によって，そうした利害関心はさまざまなかたちをとり，企業の収益を上げることであったり，自らの賃金を上げることであったりするものの，物的な利益を増やそうとすることでは差異は認められない。

　しかし，不況という景気の後退局面がシステムに内在して生起し，だれもがその利害関心を実現できない状況に直面することがある。まさに，資本主義のシステムは個人に外在する社会を"循環的に"実感させてくれるといえよう。このような，自立した社会の力としての経済不況と雇用環境の悪化が，非自発的失業の原因である。

非正規雇用と不安定雇用

　もっとも，経済不況が訪れれば，必ずしも失業だけが増えるというわけではない。企業にとっては，労働者を雇用することは賃金コストを負担することになる。景気後退にともなって，事

業規模が縮小した場合には，当然賃金コストも削減する必要がある。この結果が，端的には失業の増大というわけだ。

しかし，景気循環が資本主義のシステムに内在しているならば，経済不況は必ず訪れるから，景気の拡大期にあっても賃金コストを抑制する方途が模索されることになろう。しかし，景気がよければ，事業規模が拡大し，多数の労働者が必要となる。この矛盾を解消するためには，**非正規雇用**（非典型雇用）が用いられる。すなわち，正規の労働者に比べて，賃金，付加給付，健康保険，あるいは年金などにおいて条件が悪く，あらかじめ雇用期間に定めがあるため，雇用の解消，つまり解雇することが容易な労働者を多用するのである。

グローバル化という厳しい競争を強いられる状況は，企業にこうした非典型雇用の拡大をもたらしたといえよう。言葉を換えていえば，企業は雇用における（数量的）**フレキシビリティ**（flexibility：柔軟性・融通性）を追求しているのである。こうしたフレキシビリティが追求される結果，労働者の多くは**不安定雇用**の状態に置かれることにもなる。

相対的過剰人口と産業予備軍

もっとも，たえず雇用喪失の可能性にさらされる不安定雇用は，20世紀末以降のグローバル化時代になって本格化したわけではない。早くも19世紀において近代資本主義を批判的に検討したマルクス（Marx 1867 = 1969-70）は，**相対的過剰人口**や**産業予備軍**という概念を用いて，失業や不安定雇用について分析した。相対的過剰人口とは，経済の規模に比べて労働者が豊富に存在するために，雇用されない労働者が存在することを概念化している。経済の規模は，景気循環によって変化するため，過剰人

口の数も変化することになる（過剰人口は，景気変動だけではなく，技術革新などによって省力化が図られた場合にも発生することがあるし，農村などに豊富な労働力が存在している事態を指す場合もある）。

さらに，産業予備軍とは，景気変動によって経済の拡大期になると雇用される労働者を意味する。翻っていえば，産業予備軍は，経済の縮小期においては，雇用が解消される労働者にほかならない。こうした不安定雇用の状態に置かれる労働者は，特定の属性に属することもある。つまり，技能レベルはいうまでもなく，ジェンダー，エスニシティ，あるいは人種などの属性によって，産業予備軍が編成されることがある。要するに，労働者はそうした属性によって分化しているのである。

失業のコスト

いずれにせよ，労働者にとって失業のコストは甚大である。失業の期間が長期化することは，労働者の現在および将来における生活を崩壊させてしまう。19世紀に提示された相対的過剰人口や産業予備軍といった概念が，21世紀においても引き合いに出されることは，まさに資本主義システムの性格が，長い年月を経ても変わることなく継承されており，労働者はそれに翻弄されていることを示唆するといえよう。

奨励退職

どれほど失業のコストが大きいからといっても，一定の求職活動を経て，せっかく仕事をみつけ，どこかの企業に勤めることになっても，仕事をやめなければならないこともある。ひとたび，場合によっては競争に勝ち抜いて獲得した職を退くには，さまざまな理由があるだろう。すでに言及した定年や解雇に代表される強制的退職を別にしても，事実上退職を余儀なくされる場合も存在する。いわば，

Column ④　解雇ルール

　日本における労使関係においては，使用者が労働者を解雇することはしばしばきわめて困難である。解雇が難しいことは，1つの制度となっている。これまでの労働判例においては，企業が経営上の理由で行う，いわゆる整理解雇については，一般に以下の4つの要件が満たされなければ，正当な解雇とはいえないと判断されてきた。すなわち，①経営危機などの客観的な必要性，②解雇を回避するための充分な努力を行っていること，③解雇対象者の人選基準や解雇の運用をめぐって合理性があること，および④労使間で充分に協議されていること，の4要件がそれである。こうした状況に対して，グローバル化のもとで厳しい競争を強いられる財界からは，厳しい解雇規制を緩和して，アメリカなどにみられるように，より弾力的な解雇のルールを法制化すべきであるという主張が行われるようになっている。この背景には，解雇を容易にして，労働者利用におけるフレキシビリティを高めたいという意向がある。

奨励退職あるいは**退職勧奨**ともいうべき事例がそれである。すなわち，あからさまな解雇ではないものの，使用者から退職を求められる場合がそれである。とりわけ，日本においては，労働者にとって有利な労使関係制度を一因として，一般に使用者が労働者をあからさまに解雇することは困難である（→ Column ④）。そのため，奨励退職ともいうべき，労働者に個別に退職を促すことが試みられることがあるわけだ。

自発的退職　しかし，こうした強制をともなう非自発的な退職だけが，労働者が企業組織を離れる契機になるとは限らない。いうまでもなく，労働者自らが雇用関係を解消して，退職することもありうる。この場合には，一

般的にどのような背景が想定されるのであろうか。その際,退職にあたって労働者の利害関心も考慮しなくてはならない。つまり,組織にとどまり,雇用関係を維持するよりも退職したほうが,当該の労働者にとって,その利害関心を実現できるということだ。

そもそも,労働者も労働市場に参入し,求職活動を展開して雇用されるにあたっては,一定のキャリアを志向しているだろう（稲上 1981）。雇用という関係に媒介されている以上,労働者にとってのキャリアの形成とは,企業に所属することによる技能の形成,および企業内における昇給および昇進・昇格をともなう職位・地位の上昇を意味している。つまり,当該の労働者にとって,当初志向していたキャリア形成が達成されていれば,企業組織にとどまり,雇用関係を継続することに問題はないはずである。

したがって,翻っていえば,当初思い描いていたキャリア形成が成し遂げられない場合に,退職を決断する可能性がある。この場合,そもそも入社当初から退職を予定している場合も想定される。つまり,現在の企業組織で仕事をすることが,キャリア・アップの行程の一環にすぎず,そこで培った技能や経験を基礎にして,異なる企業におけるキャリア形成を志向する場合がそれである。

異議申し立てと退出

しかし,退職を決断することはそれほど容易ではない。一般には,労働者は退職によって,ただちに失業することになる。さらには,再度就職して雇用関係を取り結ぶことになっても,それが退職前よりも必ずしも恵まれた条件であるとは限らない。したがって,このことは,労働者が退職を決断する前に,**異議申し立て**（voice）を行って,まっとうなキャリア形成ができるように使用者に要望する可能性

を示唆している（この際，当該の労働者が異議申し立てにあたって，労働組合などに交渉を要請する可能性もあろう）。つまり，ただちに退職を選択するのではなく，組織にとどまって状況を改善する選択をする可能性もあるということだ。

　もっとも，そうした異議申し立てが使用者によって受け入れられるとは限らない。その場合には，当該の労働者は，あくまで自らの利害関心を実現するために，所属する組織からの**退出**（exit）を選択することになろう（あるいは，そもそも異議申し立ての回路が存在しなければ，最初から退出以外の選択肢は存在しない可能性もある）。こうして，労働者は組織を離れ，雇用関係を解消し，退職するのである（Hirschman 1970 = 2005）。

退職と求職　　しかし，ある組織を退出し，雇用関係を解消したからといって，多くの場合，労働者は労働者であり続ける。つまり，自らの労働力を売ること，つまり人に雇われて仕事をし，生活していく存在であることに，多くの労働者は甘んじなければならない。したがって，組織からの退出，すなわち退職は，ただちに**求職**活動を要請することになる。新たな職に就かなければ，労働者は収入を得ることができず，生きていくこともできない。

　もっとも，突然の解雇などの一部の強制退職を除けば，多くの労働者は，退職前に次の就職先について情報を獲得している可能性がある。あるいは，すでに就職先を確保したうえで，退職する場合もありえよう。こうした，いわゆる**転職**活動はどのようにして行われるのであろうか。

社会的ネットワークと社会関係資本

転職するにあたっては、事前の情報入手が不可欠である。退職後のあてもなく、雇用関係を解消して、求職活動を行うことはリスクが大きい。したがって、多くの労働者は、転職にあたって情報入手に努めるであろう。退職の理由がキャリア形成における利害関心が実現されないことにあるとすれば、現在の仕事よりも、賃金あるいは労働条件において改善が見込まれる仕事がどこに存在しているか、つまりどこに望ましい仕事の募集が存在しているかを的確に把握しておく必要がある。

多くの場合、こうした情報は、労働者自らが独自に入手するだけではなく、労働者が保持している**社会的ネットワーク**、あるいは**社会関係資本**を通じて獲得される。これまでのキャリアにおいて培ってきた"人脈"が、まさに社会的ネットワークであり、社会関係資本にほかならない。労働者は、企業組織に所属して働くことを通じて、同業他社や異業種の企業に属する人々との交流をもつようになる。これこそが、人脈である（もちろん、こうした社会関係資本は仕事上の人脈だけとは限らない。古くからの友人や親族などもそれに含まれよう）。

社会への埋め込み

こうした社会的ネットワークや社会関係資本を通じて、転職に関わる情報がもたらされることになるわけだ。ちなみに、労働者が保持している、こうした社会的ネットワークは、経済的には企業間の**取引関係**を存立させる基礎を提供している。企業間の取引関係は、それぞれの企業の所属する労働者の社会関係によって成立する側面がある。すなわち、企業が営む経済的な活動も、労働者相互の社会関係を通じて、**社会に埋め込まれた**活動として成り立っているのである

(Granovetter 1985)。

> 弱い紐帯の強さ

しかし，社会的ネットワークや社会関係資本とはいっても，その実質である社会関係には，差異をともなう可能性がある。つまり，頻繁に交流し，気心も知れている人と，たった一度だけ取引のうえで話をしたことがあるだけの人とでは，それらの関係のあり方には差異がある。コミュニケーションの頻度をもって，当該の社会関係の「強さ」を表すとすれば，頻繁にコミュニケーションをもっている人との関係のほうが「強い」ことになろう。

それでは，「強い」社会関係あるいは紐帯（結びつき）を通じて，転職にあたっても有益な情報を獲得することができるのであろうか。ここには，逆説が存在する。「強い」社会関係は，ルーティーンとなったコミュニケーションによって成り立っていると考えられる。したがって，こうした社会関係を通じてもたらされる情報も，同じカテゴリーに属する反復的なものである可能性が高くなる。つまり，いつも同種類の情報がやりとりされるだけで，新しい種類の情報が伝えられることは少なくなるかもしれない。

それでは，コミュニケーションの頻度が低い，そのような意味で「弱い」社会関係についてはどうであろうか。規定したように，「弱い」社会関係は，コミュニケーションの頻度が小さいことによって特徴づけられる。たとえば，1年に1回だけ，取引上の形式的な挨拶を交わすことなどが，こうした事例に該当しよう。ほんの数回言葉を交わすだけの社会関係を通じては，それほど重要な情報は得られないように思われる。

しかし，研究により明らかにされているところでは，こうした「弱い」社会関係を通じて，かえって重要で有益な情報が伝えら

れていることが多い。こうした社会関係においては、コミュニケーションの頻度が小さいために、コミュニケーションがルーティーン化することなく、新奇な情報が伝えられるのである。こうした事態は、「弱い紐帯の強さ」と呼ばれている（Granovetter 1973）。転職においては、「弱い紐帯の強さ」が力を発揮することが明らかとなっている（Granovetter 1995 = 1998）。

起　業　これまで、退職後の選択肢として、再び雇用関係を形成することを前提にして議論を進めてきた。それというのも、それが近代以降の社会においては、最も普遍的な人々の働くことのあり方にほかならないからであった。しかし、もちろん近代社会においても、人に雇われず、人を雇用する立場の人々（つまり、使用者）も存在している。現代においても、このような働き方を志向することも可能であろう。

雇用されずに使用者になるということは、企業を経営することを意味する。労働者であった人が、経営者になることはできるのであろうか。とりわけ先進社会においては、労働者の賃金も相対的に高いために、個人的な貯蓄も可能であろう。きわめて大規模な生産設備をともなう製造業などを立ち上げようとすれば、当然大きな初期投資をともなうことになるが、たとえばサービス産業において小規模な企業を立ち上げることは、それほど困難なことではない。こうして、退職した労働者のなかには、**起業家**になる人も現れることになる。

立ち上げた企業が成功するためには、産業の状況についての的確な把握が必要である。こうしたときに、労働者として働いていたときの人脈を通じて、有益な情報を獲得することもできよう。こうした状況把握を背景にして、小規模な企業であっても、存続

していくことが可能である。つまり，それほど大きな市場ではなくても，確実に収益を上げられる優位性あるいはニッチを獲得する必要があるわけだ。

ニッチは，いわば市場における"すきま"である（もともとは，生態系においてある生物種が保持する優位性を意味する）。大企業などの高い市場支配力をもった企業にとっては，必ずしもコストに見合うほど大きな市場ではないために参入の対象から除外されるものの，小規模な企業（こうした企業は，いわゆるベンチャー企業である）にとっては充分に収益を得ることができるだけの規模をもった市場がニッチを形成する。

非営利組織　起業において立ち上げられるものは，必ずしも拡大再生産を志向する営利企業とは限らない。つまり，経済的な営利活動ばかりを志向するのではなく，何らかの社会貢献を目的とした非営利組織（non-profit organization：NPO）を設立することも想定される（社会的起業）。この場合には，起業家となった労働者は，先に言及したキャリア形成についての考えを変更した可能性もある。

それというのも，営利企業を退職して非営利組織（特定非営利活動法人〔NPO法人〕）を設立することは，たとえば経済的な所得の向上に価値を置くキャリアのあり方ではなく，社会貢献活動に価値を置くキャリアのあり方を志向しているからである。言葉を換えていえば，こうした起業家は，地位の向上やそれにともなう経済的な収入の増大を志向する利害関心から，さまざまな社会問題の解決を志向する利害関心への転換を経験しているということになろう。

価値意識の多様化　現代の先進社会においては，人々の価値意識も多様化することが想定される。経済的な利得の極大化を志向する**物質主義**だけが，人々の利害関心を構成しているわけではない。1970年代以降には，「生活の質」などを重視する**脱物質主義**の高まりも指摘されている（Inglehart 1977 = 1978）。こうした意識の変化は，NPO法人の起業とその活動を活性化させる一因となっている。

3　日本における失業・退職・転職・起業

　ここでは，これまでの一般的な議論をふまえて，日本の現状を概観してみよう。

「失われた20年」　すでに言及したように，1990年代以降，日本の経済は著しい停滞状況にある。20年以上にわたって，経済成長がほとんどみられず，物価が停滞するデフレーションが継続している。こうした状況においては，企業の収益も上昇しないため，雇用も拡大しない。したがって，労働市場は過剰人口をたえず抱え込むことになり，失業率は下方硬直，つまり下がらない傾向をもつことになる（図4-1）。

　失業についての指標は，国によって異なるために，その単純な比較はできない。財政危機に直面するヨーロッパ諸国などに比べれば，日本の失業率はほぼ一貫して4％程度を維持しているため，相対的にその水準が低いように思われる。しかし，このことから日本の失業率が低いと断言することはできないのである。さらに，多くの労働者が失業率には反映されない不安定雇用の状態にある

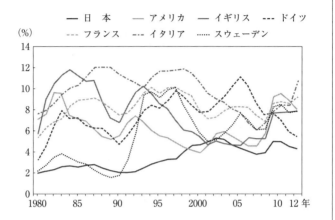

図4-1 失業者数の推移

(注) 1. 軍人を除く失業率。
2. 国によって失業率の定義が異なるため，比較に注意する必要がある。
(出所) "OECD.StatExtracts"（http://stats.oecd.org/#）より作成。

ことも念頭に置いて，雇用問題を検討する必要がある。

リストラクチュアリングとさまざまな退職

すでに指摘したように，退職にもさまざまな事例が存在する。失業との関連で問題となるのは，**強制的退職**である。2000年ごろから問題になった強制的退職の1つは，リストラクチュアリングにともなうものである（日本では，このときの強制退職の影響がきわめて大きかったために，強制退職あるいは解雇それ自体を「リストラ」と呼ぶ慣習が定着してしまった。念のため断っておけば，リストラクチュアリングとは，本来組織や地域の再編を意味する言葉である）。

このときの強制退職は，従来日本的な雇用慣行，すなわち終身

雇用と呼ばれる，期間の定めのない長期雇用に充分に包摂されていた管理職層が対象になったことで注目された。つまり，日本の労使関係においては，従来解雇の対象になることはほとんどないとされていた大企業の男性社員に強制退職が行われたことが，日本的な雇用の大きな変化として把握されたわけだ。

リストラクチュアリングは，グローバル化を一因とする企業間競争の激化とそれにともなう人件費を含めたコスト削減への強い要請によって断行されたといえよう。このことは，日本的雇用慣行の流動化を象徴するものとして理解されるとともに，管理職も人に雇用されている存在であり，一般の労働者と何ら変わりがないことを改めて確認することになった。さらに，管理職層は，一般に経営側に属する存在として労働組合には加入できないため，リストラクチュアリングの結果，解雇された人々を守る組織は存在しなかったのである（もっとも，この結果，**ユニオン運動**の一環として管理職ユニオンが設立された）。

若年者の退職

近年の日本において，退職に関わる問題に直面する人々は，管理職層だけではない。仕事を始めたばかりの若年者も，退職に関わる問題に直面している。若年者がひとたび就職してもすぐに離職してしまうことは，よく指摘されている。この際，その原因として若年者の意識やキャリア志向が取り上げられることが多い。すなわち，将来にわたるアイデンティティを確定することを先送りにする**モラトリアム期間**を引き延ばしているために，若年者たちは，就職しても仕事にこだわりをもって継続することができないというわけだ。

フリーター問題

やはり 2000 年前後から，こうした若年者の退職問題を含めて注目されたのは，

フリーター問題であった。フリーターとは，統計データを確定するために，年齢は便宜的に 15 歳から 34 歳までに限定されている。フリーターは，この年齢に該当し，アルバイトなどをしているか，あるいはそれを行おうとしている若年労働者を指している（この際，女性は未婚者であり，男女ともに学生は含まない）。フリーターのなかには，モラトリアムを継続することを志向している人々がおり，その結果退職者が多くなる可能性がある。つまり，つまらない仕事だと感じれば，仕事へのこだわりがないために，すぐにやめてしまうというわけだ（日本労働研究機構 2000）。

しかし，近年とりわけ問題になっている高校卒業生の就職状況に顕著にみられるように，若年者にとっては，就職することそれ自体が困難になっている。不況の長期化に加えて，グローバル化のもとで，生産拠点が海外に移転しており，高校卒業生が従来就労していた製造業における現業職が減少しているだけでなく，大学卒業生も**正規雇用**の減少に直面している。

このように，多くの若年者は，学校を卒業してからも「やむをえず」にフリーターとしてアルバイトなどの非正規雇用のもとで働かざるをえなくなっている。つまり，就職先が不本意に決めたものであったり，仕事の内容についても，創造性が乏しく「やりがい」に欠けるものであったりするために，そもそも長期にわたって仕事を続けることは困難なのである。要するに，不本意な就職を強いられているために，結果的に早期退職という選択を余儀なくされているというわけだ（若者の就職については→第 6 章）。

「ブラック企業」　さらに，こうした早期退職を採用時点から半ば意図的に労働者に促していると思われる企業も存在する（いわゆる「ブラック企業」。「ブラック企業」

第 4 章　組織から動く

とは，大学生が利用する就職活動のウェブサイトにおいて用いられるようになったタームであり，明確な概念規定はない。しかし，そうした企業で提供される仕事の味気なさ，低賃金，および労働条件の劣悪さは共通している）。仕事に意味が見出せないだけでなく，さまざまな労働法規の違反を含む，厳しい労働条件を強いられることによって，こうした企業においては長期間働くことができないのである（今野 2012）。

このように離職率を著しく高めることによって，こうした企業は労働力のフレキシブルな利用を追求しているということになろう。仮に，正規雇用として契約していても，離職率を高めることによって，（勤続年数を重ねることによる）賃金の上昇やさまざまな付加給付の提供にともなうコストを削減できる。さらに，こうした仕事は，その味気なさに象徴されるように，長期的な技能形成を必要としない単純な労働であり，そのために離職率が高まっても当該の企業にとって問題とはならないのである。要するに，若年者に与えられる仕事の質が劣化し，彼（彼女）らに対する技能形成も行われなくなってきているというわけだ。

退職引き留め　このように，退職を促すような仕事をさせる企業があるかと思えば，他方で労働者が条件の悪い仕事にたえかねて退職しようとすると無理にでも引き留めようとする企業が存在する。つまり，やめたくてもやめられないというわけだ。こうした企業の行動は，やはり新たな労働者の技能形成を行わない（あるいは行えない）ことに求められよう。仕事のノウハウをもっている労働者が退職してしまうと，仮に新しい労働者を雇用しても，同程度の生産性に達するまで訓練を施さなければならない。しかし，そうした時間的および金銭的

コストを負担できる余裕はないというわけだ。ここにも，厳しい競争のもとで，従来日本企業が行ってきた長期的な視野に立った活動が掘り崩されている実態をみてとることができよう。

転職活動の実態と「弱い紐帯の強さ」

退職者が多いということは転職を試みる人々が多いということも意味しよう。厚生労働省の「雇用動向調査」によれば，日本においても，2011 年には 392 万人が転職して新たに職を得ている。日本での転職活動においても，すでに言及した一般的想定が妥当するのであろうか。これまでの研究が示すところでは，日本における転職活動の際に，「弱い紐帯の強さ」が存在するかどうかは，多様な条件に依存しているようである。常識的に考えるならば，やはり「弱い紐帯」よりも濃密なコネクションである「強い紐帯」のほうが有効であるようにも思われる。渡辺（2008）の研究によれば，たとえば転職しようとする労働者の年齢，所属していた企業の規模，在職中における求職活動の有無などの要因によって，転職者が利用する社会的ネットワークの特性や転職後の状況が変化するという。

たとえば，転職者の年齢が若いと「家族・社交上のコンタクト」が用いられ，年齢が高いと「仕事上のコンタクト」が用いられるという。さらに，週当たりの接触頻度によって規定される「紐帯の強さ」については，「弱い紐帯」を利用しているほうが転職後の収入が高く，規模が大きい企業に転職する傾向があるという。こうした点を考慮すれば，その限りで日本においても「弱い紐帯の強さ」は確かに存在するといえよう。

情報化の影響

さらに，現代では情報化の進展とともに，インターネットを利用した求職活動も広

く行われるようになっている。職業紹介や求人サイトも多数存在するし，求人広告もウェブ上に多く掲示されている。インターネットに限らず，転職を希望する人に情報を提供するメディアは多数存在するのである。こうした状況は，特定の個人が取り結ぶ既存の関係（紐帯）の強弱に関わりなく，そうした関係に媒介されないかたちでも，転職を促進する可能性がある。

起業の実態

退職者が多いことにより，同じく起業の件数も増加することになる。日本においては，年間10万人以上の人々が起業している。近年では，若年者の雇用が悪化しているために，彼（彼女）らによる起業も注目を集めている（図4-2）。しかし，こうした実態は必ずしも多いものとはいえない。さらに，起業したからといっても，立ち上げた企業あるいはNPOが成功するとは限らない。多様性のある社会を樹立するならば，起業にあたってさまざまな支援を可能にする制度形成が求められよう。たとえば，資金援助を受けやすくなるような法制度の整備がそれである（寄附金に対する税の控除など）。

「新しい公共」

さらに，NPOなどの社会的起業についても，2009年に誕生した旧民主党政権が提示した「新しい公共」において，社会政策の民間委託が推奨されたことから一層の注目を集めてはいる（この場合は，立ち上げられる企業は，必ずしもNPOとは限らない）。しかし，しばしば指摘されているように，こうした事業はネオリベラリズムを1つの背景にしているうえに，イギリスなどと比較した場合に，そもそも企業数や被雇用者数において，日本における社会的企業の活動は，かなり小規模にとどまっているといわれる（経済産業省ソーシャルビジネス推進研究会 2011）。このため，資金調達を行いやすくした

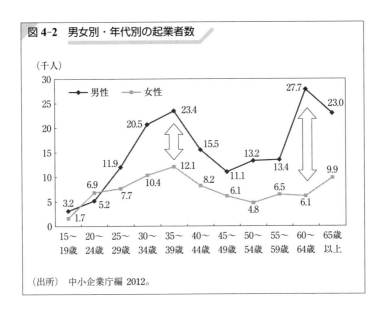

図 4-2 男女別・年代別の起業者数

（出所）　中小企業庁編 2012。

り，社会的起業を志す人材育成を促進したりする制度づくりも検討されてきた。とりわけ，東日本大震災以降においては，地域振興の一環としての社会的起業も議論されるようになっている。

4　失業・退職・転職・起業をめぐる展望

　最後に，今後の展望について言及しておこう。まず，失業については，長期不況の好転を政策的に追求し，雇用を量的に拡大する必要があろう。しかし，グローバル化という長期的趨勢は，雇用を流動化させる傾向を強めるから，不安定雇用から失業へと転換する労働者は常に相対的に高い水準で推移する可能性がある。

均等処遇とフレキシキュリティ

もし，資本主義のシステムのもとで，非典型雇用の拡大が避けられないのであれば，こうした雇用関係を取り結んでいる労働者の状況をいくらかなりとも改善することが必要となろう。このことは，不本意な就職を原因とする退職者を減らすことにもつながる。指摘されているように，ヨーロッパの諸国と比べても，日本における非正規雇用労働者は，正規雇用労働者に比べて，低賃金を甘受しているうえに，健康保険や年金などの制度の適用も受けていない。

つまり，正規雇用労働者と非正規雇用労働者とでは，その待遇に大きな格差があるわけだ。こうした格差を縮小し，それぞれの労働者の待遇を均等化すれば，失業につながる可能性がある退職者を減らすこともできよう。総じて，グローバル化のもとで追求されている労働力のフレキシブルな利用に加えて，労働者にとって，もっと安定した雇用関係が確保できるようなシステムが求められているといえる。

フレキシビリティ（柔軟性）とセキュリティ（安定性）を合成したフレキシキュリティ（flexicurity）という概念が，2010年のユーロ危機前のヨーロッパにおいて模索されていた。すでに，ヨーロッパ連合を構成する諸国においては，かつての安定は失われた感があるものの，過度のフレキシビリティを制約する理念として，フレキシキュリティはいまだに検討に値しよう。

法規制の強化と支援

さらに，空疎な仕事，低賃金，長時間労働，あるいは過重な負担などを通じて，労働者に退職するように圧力をかける使用者に対しては，規制を強化する必要がある。多くの場合，こうした状況においては，労

働法規に対する違反が発生している。これを徹底して遵守させることが、主として若年者による退職を減らすことにつながるであろう。退職の帰結としての転職は、多くの場合、当該の労働者による社会的ネットワークによって成し遂げられるのであった。しかし、多様性をもった社会を形成し、さまざまな利害関心をもった人々を育成するためには、転職と起業に関する政策的支援も不可欠となろう。

読書案内

① M. グラノヴェター（渡辺深訳）『転職——ネットワークとキャリアの研究』ミネルヴァ書房、1998年。
　　転職あるいは就職一般において、労働者の社会的ネットワークの重要性を指摘している。とりわけ、いわゆる「弱い紐帯の強さ」が有益な情報をもたらすことを実証的に明らかにしている。
② K. マルクス（向坂逸郎訳）『資本論』1～9, 岩波書店、1969-70年。
　　資本主義の景気循環と失業との関係について、相対的過剰人口や産業予備軍という概念を提起しながら分析した古典。19世紀における近代資本主義社会を分析した書物でありながら、現代社会の現象を考察するにあたっても、豊富な示唆を与えてくれる。
③ A. ハーシュマン（矢野修一訳）『離脱・発言・忠誠——企業・組織・国家における衰退への反応』ミネルヴァ書房、2005年。
　　所属する組織などが意にそぐわないときに、人々がとる行為を類型化し、分析した古典。本書は、退職という個人にとっての重大な決断がどのように行われるかを明らかにしている。
④ 渡辺深『「転職」のすすめ』講談社、1999年。
　　アメリカと日本における労働市場の差異に注目しながら、人々が転職する際の情報への接し方について分析している。情報収集における

ネットワークについて簡潔に紹介している。
⑤日本政策金融公庫総合研究所編『新規開業白書』(各年版) 同友館。
　　現代における起業の実情について，大規模なアンケート調査をもとにデータを提供してくれる。経営者の属性，産業，あるいは起業後の困難に関するデータが掲載されているだけでなく，事例の紹介も行われている。

調べてみよう・考えてみよう
①オイルショック以降について，日本における失業率の変化を調べてみよう。失業率の変化の背景にある，社会・経済的な出来事を確認してみよう。
②先輩から就職活動の経験を聞いて，労働市場に参入して労働力の売り手となることがどのようなものか考えてみよう。また，今後の雇用状況について考えてみよう。
③雇用されて企業で働くことは，自分の人生にとってどのような意味があるだろうか。自分が将来してみたい仕事をよく考えたうえで，雇用されて企業で働かなければ，その仕事ができないかどうか考えてみよう。
④「弱い紐帯の強さ」は確かに存在するのであろうか。日常生活において，各自の体験を話し合ってみよう。日常的にそれほど接触することがない友人・知人などから，思いがけない情報が得られた経験はないだろうか。

●引用文献
Granovetter, M. S., 1973, "The Strength of Weak Ties," *American Journal of Sociology,* 78 (6).
Granovetter, M. S., 1985, "Economic Action and Social Structure: The Problem of Embeddedness," *American Journal of Sociology,* 91 (3).
Granovetter, M. S., 1995, *Getting a Job: A Study in Contacts and Career,* 2nd

edition, University of Chicago Press.（= 1998, 渡辺深訳『転職——ネットワークとキャリアの研究』ミネルヴァ書房）

Hirschman, A. O., 1970, *Exit, Voice, and Loyalty: Responses to Decline in Firms, Organizations, and States,* Harvard University Press.（= 2005, 矢野修一訳『離脱・発言・忠誠——企業・組織・国家における衰退への反応』ミネルヴァ書房）

稲上毅, 1981『労使関係の社会学』東京大学出版会。

Inglehart, R., 1977, *The Silent Revolution: Changing Values and Political Styles among Western Publics,* Princeton University Press（= 1978, 三宅一郎訳『静かなる革命——政治意識と行動様式の変化』東洋経済新報社）

経済産業省ソーシャルビジネス推進研究会, 2011『ソーシャルビジネス推進研究会報告書』。

今野晴貴, 2012『ブラック企業——日本を食いつぶす妖怪』文藝春秋。

Marx, K., 1867, *Das Kapital*.（= 1969-70, 向坂逸郎訳『資本論』1～9, 岩波書店）

日本労働研究機構, 2000『フリーターの意識と実態——97人へのヒアリング結果より』日本労働研究機構。

渡辺深, 2008「転職者のジョブ・マッチング過程」渡辺深編『新しい経済社会学——日本の経済現象の社会学的分析』上智大学出版。

第5章 働き方はどう変わってきたのか

技術革新と職場の変化

日産工場の組み立て生産ライン (写真提供:AFP=時事)

企業は効率的な生産やサービスのしくみをつくるためにさまざまなかたちで最新のテクノロジーや管理手法を導入する。これらのテクノロジーは私たちの働き方を変えてきただけでなく、働くことの意味も左右する。

1 仕事とテクノロジー・管理技術

成功する企業とテクノロジー

世界的に成功した企業は特徴的なテクノロジーと管理技術を巧みに利用している。トヨタ自動車は生産労働者が生産ラインで不良品をみつけ出すしくみをつくることで，高い品質を維持しながら世界最大の生産量を実現している。マクドナルドはハンバーガーのつくり方をマニュアルで厳密に決めることで，世界で最も効率的に食事を提供するシステムを確立した。アマゾンは巨大な倉庫に並べられた膨大な商品群のなかから，注文を受けた商品を短時間で探し出すしくみをつくりだした。テクノロジーは，企業に成功をもたらし，私たちの暮らしを大きく変えてきた。

仕事に求められる能力

ではテクノロジーと働く人々との間にはどのような関係があるのだろうか。第1に重要なポイントは，テクノロジーや管理技術が働く者の能力や技能にどのような影響を与えるのかという点である。

これには大きく分けると2つの見解がある（表5-1）。1つの見方は，時代が進み，テクノロジーが進化するにしたがって高い能力，つまり専門的知識や知的な判断力が求められるようになると考える**技能の高度化説**である。たとえば，ベル（Bell 1973 = 1975）はサービス経済化が進展したポスト工業社会（脱工業社会）の段階になると，高度な専門知識をもった科学者やエンジニアなどの専門職が社会で中心的な役割を果たすようになると考えた。

もう1つの見方は，テクノロジーや管理技術が進化すると，単

表 5-1　働く人々と技能についての 2 つの説

	技能の高度化説	脱技能化説
職　種	専門・技術職	半熟練労働者・事務・サービス職
責任と統制	専門知識に基づいた判断業務	決められたルールでの単純反復労働

純で簡単に覚えられるような仕事が拡大し，働く者には高い能力が求められなくなると考える**脱技能化説**である。ブレイヴァマン（Braverman 1974 = 1978）は，現代の企業が使用しているテクノロジーと管理技術によって，複雑な仕事は単純な要素へと分解され，管理者は作業の細部までコントロールするようになり，働く者に高い能力は必要ではなくなると主張した。なお，この章では職場で働く者に求められる業務の遂行力を**技能**と呼ぶことにする。

労働の主観的経験と疎外

働き方への影響を考えるうえで第 2 に重要なポイントは，私たちの働くときの気持ちや感情，つまり**労働の主観的経験**との関係である。同じような製品やサービスであっても，それを生み出すためのテクノロジーや管理技術が異なれば働き方が変わり，これによって仕事に対する働く側の印象も異なってくる。やりがいを感じてより創造的に仕事をこなせることもあれば，退屈で仕事への意欲が減退する場合もある。極端な場合には，その仕事に強い不満を覚え，自分が仕事をしている意味を疑うようになるかもしれない。

このように私たちは自分が行っている仕事に対して常に何らか

の主観的な評価を下しているが,仕事に積極的な意味を見出すことができず,仕事を通して自己を確認できない働き方を社会学では疎外された労働と呼ぶ。疎外概念はそもそもマルクスの理論から援用されたもので,マルクスは私有財産制の資本主義経済のもとでは疎外状況は避けることができないと考えたが,実証的な研究で労働のあり方を考える社会学者は,経済的条件以外にもテクノロジーや管理技術が労働者の疎外状況を左右する大きな要因として効いていると考え,さまざまな調査を行い,職場の環境が私たちの働き方を左右することを明らかにしてきた。以下,具体的なテクノロジーや管理技術の歴史的な発展を,世界的な動向と国内での状況に即してみていくことにしよう。

2 テイラリズムとフォーディズム

近代的管理の誕生

近代的な大量生産システムを実現するために,これまでにも多くの企業がさまざまなテクノロジーと管理手法を導入してきた。そのなかでもテイラーとフォードが考え出した一連のしくみは,生産性を飛躍的に高めただけでなく,私たちの働き方を根本的に変えた点において決定的に重要である。今日でもテイラリズムとフォーディズムは,生産性の高い手法として多くの工場や職場で活用されている。

テイラリズム

テイラリズムとは,フレデリック・テイラー(1856-1915)が開発した科学的管理法と,この方法を継承した人々が実践した管理技術の総称である。19世紀の後半,テイラーは「能率技師」と呼ばれる生産性改善

を請け負うエンジニアであった。当時，テイラー以外の能率技師は，賃金の支払い方を工夫することで，生産性を上げようと試みていた。しかし，当時の工場では，製品の製造方法に熟知した熟練工や職長が仕事の進め方を決めており，彼らと会社の間には相互に不信感があったため，報酬のしくみを変えることのみで生産性を上げることが難しかった。たとえば，労働者がある時間内に多くの製品をつくると，雇い主はコストを下げるために一方的に製品当たりの賃金を引き下げるといった事態がしばしば起こったため，労働者は生産性を向上させることに協力しようとしなかった。

そこでテイラーは仕事量を客観的に設定し，これと賃金を連動させれば，相互の不信感を取り除いて，生産性を上げられると考えた。彼は一流の労働者が間違いやムダを排して行うことができる量を「科学的」に算定し，これを生産の基本単位とし（**課業管理**），この算定は，労働者の経験によるのではなく，エンジニアが科学的に決める専権事項であるとした（**計画と実行の分離**）。そしてこれを標準作業として，作業量が上回ったら賃金を割り増し，下回ったら減額することとした（**差別的出来高給**）。この体制を維持するには多くのエンジニアが必要となるため，機能ごとに職長を配置することとした（**機能別職長制度**）。これがテイラーの科学的管理法である。

フォーディズム

ヘンリー・フォード（1863-1947）は，自らの工場でその経営哲学を実践することでまったく新しい時代をつくり上げた20世紀で最も重要な経営者の1人である。フォーディズムとは，フォードが20世紀初頭に大衆車であるフォードTモデルを安価に量産するために構築

した独特の生産体制，およびその理念を指す言葉である。

　フォーディズムはさまざまな要素から成り立っているが，①機種を限定し，共通化した部品を使用し，生産における複雑さを低減する（**互換式生産方式**），②作業を細分化・単純化することで熟練していない労働者でも簡単に作業を行えるようにする（**作業の細分化**），③ベルトコンベアを使用することで仕事を常に一定のペースで進め，生産量を安定させる（**流れ作業方式**），などが主な特徴である。

　しかし，フォードがこのシステムを工場に導入すると，高い技能をもっていた熟練工は不満をもつようになった。単純労働の繰り返しのため，離職する者が増加し，同社は安定した生産に必要な労働力の調達に苦慮するようになった。これに対して，フォードは仕事の方法を変えるのではなく，当時としては高賃金である「日給5ドル」を支払うこととして労働者の離反を食い止めることを図った。

　フォードはこの生産方式によってフォードTモデルを低コストで飛躍的に量産することを実現し，事業として大きな成功を収めた。この結果，互換式生産，作業の単純化，ベルトコンベア，相対的高賃金などを活用した効率的な生産方法は自動車産業に限らず大量生産を行う多くの産業に普及し，フォーディズムは近代的大量生産システムの代名詞となった。

3 疎外と労働の人間化

> 疎外された労働

第二次世界大戦後,さまざまなテクノロジーや管理技術が職場に導入されていったが,その一方で,職場ではさまざまな問題が顕在化していった。近代産業の多くの工場が,効率性を重視するあまり,仕事を過度に細分化・単純化したため,それを一日中繰り返す労働者の間で不満が蓄積していった。労働者はこの仕事のやり方に不満をもち,それが仕事の生産性,出勤率,転職率にも影響を与え,時には品質の低下や大規模なストライキの要因ともなった。

1960年代から70年代にかけて,これらの問題が多角的に検討され,多くの工場調査が行われるだけでなく,職場の環境を改善するための実験も試みられた。職場の問題には多様な要因があったが,テイラリズムやフォーディズムが重要な要因の1つであると考えられるようになっていった。

> 疎外労働の4つの要素

この時期には,労働者の主観的経験とテクノロジーがどのような関係にあるかが注目され,この関係を疎外概念によって実証的に類型化したのが,ブラウナー (Blauner 1964 = 1971) である。ブラウナーはどのような条件のもとで近代工場のテクノロジーと労働組織は疎外の傾向を強めるのか,また,どのような条件があればそれを緩和したり弱めたりすることができるのかを考察した。彼は疎外概念を,「無力性」「無意味性」「孤立(社会的疎外)」「自己疎隔」という4つの指標でとらえ,疎外が全産業においてどのような状況で生じ

表 5-2　ブラウナーの疎外労働

無力性	仕事や職場に対する統制力の欠如
無意味性	仕事自体に内在的な意味を見出せない
孤　立	集団への所属感の欠如
自己疎隔	仕事自体を目的とすることができない

ているのかを解明するために，印刷工場（伝統的産業），繊維工場と自動車工場（ともに大量生産工場），化学工場（当時としては最新のオートメーション工場）の4つの調査対象を比較した。

　この4つの要素は，それぞれ以下のような内容をもっている（表5-2）。①無力性——仕事や職場の環境に対して統制力が欠如した状態。具体的には，生産手段・生産物，経営方針，雇用条件，作業工程に対する労働者の統制力の欠如。②無意味性——大規模な組織において自分の役割を全体のなかで理解することが困難となり，仕事に目標感をもつことができない状態。③孤立（社会的疎外）——職場におけるフォーマル／インフォーマルなさまざまな社会集団への所属感を感じることが困難な状態。④自己疎隔——仕事をそれ自体として目的とすることができず，報酬を得るための手段としてのみとらえる状態。これらの要素がどのように関係して疎外状況を生み出しているかを，以下，いくつかの産業のタイプ別にみていこう。

テクノロジーと疎外労働

　印刷産業では疎外労働は顕著ではない。伝統的な職場共同体と仕事の仕方を維持していた印刷産業の労働では，すべての領域において疎外状況は弱いもので，労働者は仕事に対して統制

力を保持しており，熟練労働者にふさわしいスキルをもちあわせており，仕事に没入することができていた。

　それに対して，自動車の組み立てラインの労働は典型的な疎外労働である。ラインの仕事は極限にまで単純化され，仕事のサイクルは1分単位で構成されている。毎時間の生産量は50〜60台に上り，同じ1分の作業を1日8時間繰り返す。動く生産ラインが仕事を統制しているため，労働者は仕事量を統制することはできない。

　極度に単調な仕事は強い倦怠感を生み，仕事は報酬を得る手段にすぎず，仕事自体に意味を見出すことが難しく，労働者は無意味性を強く感じていた。彼らはその不満を労働組合などの活動を通して集約し，さまざまな方法でこれを表明していた。

　他方，オートメーション化が進んだ化学工場の労働者は，オペレーションに無力感を感じることはなく，工場内の職務に対して広く職務範囲が設定されているため，工場の全体に対する独特の責任感が生じ，自分の仕事内容と企業全体の目標が結合されていた。自動車ラインの労働者のように疎外を感じてはいないが，印刷労働者のような仕事や職業における自己確認というよりも，組織における自己確認という傾向が強いことが明らかとなった。

労働の人間化　　1960年代から70年代にかけて，労働環境を改善する試みにおいて注目されたのが，**労働の人間化**という取り組みである。労働の人間化とは，働きがいのある職場環境を実現するさまざまな活動の総称である。40年代ごろから欧州やアメリカでこの取り組みが始まると，高い欠勤率や転職率に悩む企業や，先進的な取り組みを研究する研究機関なども加わり，アメリカではIBM，ポラロイド，ゼロッ

クスなど名だたる企業で取り組みが進められた。70年代にはILO（国際労働機関：International Labour Organization）を中心とした活動が活発になり，世界的に関心を集めた。60年代から70年代にかけて資本主義，社会主義の各国でさまざまなかたちで展開された点に特徴がある（奥林 1991）。

　なかでもスウェーデンはこの運動が盛んな国であった。この時期テイラリズムに起因する細分化された単調労働の広がりが1つの要因となり，スウェーデンの労使関係は悪化していた。そこで，スウェーデンの企業では，権限を委譲された**半自律的作業集団**が積極的に導入された。たとえば自動車メーカーのボルボは，フォーディズムに代表されるベルトコンベアによる流れ作業ラインを廃止した工場を新設して世界的に注目された。

　労働の人間化において特徴的な施策は，単調な労働を解消するために担当する職務の範囲を広げる**職務拡大**，仕事に対する個人の権限や責任を拡大する**職務充実**，一定の裁量権限をもちグループで作業を割り当てられる半自律的作業集団などである。

　労働の人間化は，賃金や労働時間といった労働条件に加えて，仕事の具体的な内容や進め方に踏み込んで，働く者の権利を回復しようとする点にその特徴があった。

4 技術革新とオートメーション

オートメーション　　日本は第二次世界大戦後に積極的に海外の技術を導入して産業の近代化を進めてきたが，技術革新の影響が国内で大きな関心を集めたのは，第二

次世界大戦後から1960年代にかけて,大量生産を可能にするための化学や電力などの装置産業にオートメーションが本格的に導入された時期であった。オートメーションとは人間が行う作業を機械で置き換えて自動化する技術体系を指すが,労働との関連でこの技術が注目されたのは,この技術がさまざまな領域に大きな影響を与えると考えられたからである。

とくに関心を集めたのは,①オートメーションによって仕事の仕方はどのように変わるのか,②新しい働き方は,労働者の能力や仕事のやりがいにどのような影響があるのか,③労働のあり方が変化すると,雇用や賃金,そして日本的雇用慣行にどのような影響があるのかであった。

監視労働から管理労働へ　装置産業は,オートメーションを導入する以前から人間の作業を置き換えた装置によって製造プロセスを構成していた。そのようなプロセスにおいて作業者にとって必要なことは,稼働している装置の計器に常に注意を払いながら,問題や異常を早期にみつけ出すこと,そして担当の工程プロセスが次の工程につながるように機器を操作することであった。

この異常の発見や機器の操作方法は製品の品質を左右するが,労働者は所属する職場集団のなかで働きながら経験を積むことで必要な技能を習得していった。このような労働は身体的な負担は少なく,注意や判断が仕事の中心となっているため**監視労働**と呼ばれた。

これに対して,オートメーションの生産プロセスは,働き方との関わりで,2つの点で大きく異なっている。第1に,生産プロセスでは人が関与する余地がほとんどないまでに作業工程が自動

化されていること，第2に，別々であった複数の生産プロセスが全体として1つに統合されていることである。

とくに重要な変化は，オートメーションでは生産工程全体が巨大で，その生産量も桁違いに多いことである。そのため，問題が発生した場合に装置を止めることは技術的には可能ではあるが，一時的にでも特定の箇所のプロセスを止めることは工場全体の生産停止につながり，膨大な損失を生み出す危険をともなう。したがって，労働者の仕事の中心は，計器から生産プロセスの状況を的確に理解し，予想される問題を事前に察知し，これを未然に防ぐことに置かれる。

職務の統合と多能工化

このようにオートメーションに典型的な労働は，身体的な負担はほとんどないものの，注意と判断の間違いが大きな問題につながる点で責任が重く，常に状況を把握し，統制する準備が求められる。このような労働は監視労働と共通点が多いが，プロセス全体に関与し，統制するという点で区別され，**管理労働**と呼ばれる。管理労働には学理的な知識も必要となるので，社内教育で機械，化学，電気に関する基礎的な知識が教育される。

オートメーションを導入した工場では，巨額の投資をして新規設備を導入しているため，稼働率を常に高い水準で維持することを重視した。このため，複数の仕事を集約して1人の人間が遂行可能にする**多能工化**が促進され，他の労働者と共通した作業を担当できるような育成が行われた。これは欠勤などによって設備が停止しないようにするためにも必要な措置であった（松島 1962）。

配置転換による仕事の継承

それでは、オートメーションのもとでは旧来の技能はまったく意味をもたないのだろうか。火力発電所のオートメーション化に関する調査では、旧来の技能が新工場でも活用されたことがあったとされている。旧来の火力発電では、労働者は燃料の圧力を調整する技能を経験から学んでいた。これに対して、新しい火力発電装置では、手動だった作業が自動制御になり、業務内容は監視労働が中心となった。旧来の技能は直接的には新しい装置では使うことができないが、旧発電所の技能が新発電所でも連続しているため、旧発電所のベテラン運転員が監視労働を担うべく新発電所に配置された（司馬 1961）。

労務管理の変化

同じく化学工場を調査した間（1963）によると、オートメーションにおける管理労働は、基礎的な知識を基盤とした一種の判断業務であるといえるが、日常的な仕事内容においては以前の監視労働に比べ生産プロセスに関与する機会は大幅に減少した。開業時にはさまざまな異常が発生し、これらに対する問題解決行動が必要であったが、そのような異常に対するノウハウが蓄積され、生産が安定するようになると、業務自体はさらに単調なものになっていった。

そのため工場は、仕事の内容が単調であっても従業員が意欲をもって取り組むことができるようにさまざまな労務管理上の対策を行った。仕事の中身の違いではなく、それに対して取り組む人間の態度や能力という属人的な基準で評価するしくみをつくり、長期にわたって徐々に昇格・昇進するようにすることで、地道な仕事を毎日こなす労働者に対して就業意欲を維持しようとした。また、人材を採用するために安定した雇用先として他社と同様に

定年年齢を設定することで長期の雇用も保障するようになった。

5　ポストフォーディズム

フォーディズムからの転換

テイラリズムやフォーディズムは，効率性を実現するために労働者の判断を徹底的に排除し，その仕事内容も細分化・単純化することに特徴があった。もちろん，このような作業組織を管理する生産エンジニアなどには高度な専門知識と組織設計能力が求められるため，生産に関わる者全員のスキルが低下するわけではない。しかし，作業に直接従事する者についてみれば，著しく単純化した労働に従事するしくみを生み出していることは明らかである。

これに対して，1980年代から90年代にかけてまったく異なる原理で効率的な生産システムを構築したとして世界的に注目されたのがポストフォーディズムの生産システムである。ここにはいくつかのアプローチが含まれているが，代表的なものとして，トヨタ自動車に代表される**トヨタ生産方式**（リーン生産方式）と，80年代に各国で進展したとされる**柔軟な専門化**についてみていこう。

これらの特徴の第1は，画一的な大量生産体制とは異なる柔軟性を備えた生産のしくみである。フォーディズムは限定された商品数を大量に生産することに特化したシステムであったのに対して，ポストフォーディズムは，市場のニーズに合わせて多様なバリエーションをタイミングよく柔軟に生産することを重視している。ニーズに合わせるといっても受注生産とは異なるため，一定

の規格の範囲でのバリエーションということになるが、フォーディズムに比較すれば格段に多様な品種の生産を行えること、また、そのバリエーションを効率的に生産することを念頭にシステムが構築されている点に特徴がある。

特徴の第2は、柔軟性と高い品質を同時に実現するために労働者に高いスキルを求める点である。すでにみたように労働の人間化では、職務充実などで自由裁量や権限の拡大が試みられていたが、ポストフォーディズムではより効率的なしくみを追求するなかで労働者の能力を積極的に活用することが重視された。

柔軟な専門化　ピオリとセーブル（Piore and Sabel 1984 = 1993）は、コンピュータ制御のNC（数値制御）工作機械を技術的な基盤として、多品種を生産することを可能にした生産体制を**クラフト的生産体制**と呼び、このような生産体制がマーケットの変化に対してフォードシステムよりも適応的にできることから、**柔軟な専門化**と呼んだ。この生産方式は、大量生産システムの一種であるが、プログラム化されたコンピュータを使用することで、多様な製品バリエーションに対応すること、また、コンピュータのプログラミングや生産方法の工夫において労働者の高いスキルを求めていた点において、フォーディズムとは異なると考えられた。

リーン生産方式　トヨタの生産方式とは、同社の大野耐一が構築した効率的な生産システムを指す。多くの特徴をもつが、働き方との関係でみると、労働者に判断業務を割り当てている点でフォーディズムとは異なっている。たとえば、「カイゼン」とは、労働者が自主的に生産上の問題を発見し、これを小集団活動（QC活動等：quality control, 品質管理）にお

いて提言することで、生産上の問題点を労働者の判断によって改良していくという制度である。これはテイラーが生産の問題点についてはエンジニアの専権事項とし、労働者が判断することを認めなかった点とは対照的である。

　また、「アンドンシステム」とは、生産ラインにおいて不具合がみつかったと思われる場合には、生産ラインの労働者がアンドンと呼ばれる紐を引くことにより生産ラインを一時的に停止させる権限を与えたしくみを指す。このシステムの意義は、製品の品質について労働者1人ひとりが責任をもっているということ、また、その責任を自らの判断において行使する権限を公式に認められているという点においてフォーディズムとは大きく異なる点であるとされた。

ネオフォーディズム

世界的に注目されたリーン生産方式であるが、この生産システムがどの程度フォーディズムと異なっているのか、このような生産システムが本当に働きやすい職場を実現しているのか、また、どのように働く意味を回復しているといえるのかについては大きな論争となった。

　批判的な研究者は、リーン生産方式で認められている判断業務や自由裁量は実際にはきわめて限定されたものであり、むしろ高い生産性は労働者に責任を負担させ、高密度で働かせるしくみの結果であると考え、これを新しいフォーディズムという意味を込めてネオフォーディズムと呼んだ。大野（2003）は、国内の自動車メーカーの工場で参与観察を行い、リーン生産の職場において徹底してムダを省いたしくみでは、必要なゆとりでさえも「ムダ」として省かれていくなど、働く者にとって過酷な労働を強いていることを示した。

6 技術革新と日本のものづくり

OA化とME化

オートメーションのあとに登場した最も大きな技術革新がOA化とME化である。1970年代から80年代にかけて，事務職場と生産現場の両方でコンピュータ等の情報機器の導入が進展し，事務職場ではOA化と呼ばれる情報化が広がり，生産現場ではマイクロエレクトロニクス（ME）を加工機械に組み込むことで自動化を図り生産性を向上させるME化が普及した。オートメーションの技術が大規模な投資を必要とした技術革新であったのに対して，OA化とME化はさまざまな企業規模で導入可能であり，中小企業でもME化が進展した。

日本のものづくりとME化

OA化が業務データの処理など事務作業の効率化を目的としていたのに対して，ME化は工場内の生産性の向上にとどまらず，日本のものづくりを大きく変える技術であった。ME化の中心は，生産現場にNCマシンと呼ばれるコンピュータ化された工作機械を導入することである。工作機械とは素材を加工して機械部品をつくる機械のことである。工作機械を使いこなせるようになるには長期の訓練が必要だが，コンピュータが組み込まれたNCマシンでは，プログラムさえあれば熟練工と同じ製品を自動的につくり出せる。

NCマシンが画期的な点は，同一部品の量産を自動化できるだけでなく，プログラミング次第で多様なバリエーションの部品を

生産できることである。ME化が進展した時期は，日本の製造業が国際的に高い競争力を発揮した時期と重なるが，NCマシンは日本企業が柔軟な専門化を行うことを可能にし，マーケットの変動に応じて柔軟に多品種を生産する日本の生産システムが世界的な注目を浴びた（山下 2002）。ME化は中小企業にも普及したことで，日本は重層的なものづくりの産業基盤を形成することになった。

現場主義　ME化はオートメーションに次ぐ大きな技術革新の波として関心を集め，多くの研究が行われた。ME化の大きな議論の焦点は，プログラムによって自動的に部品加工が可能になるNCマシンが生産現場に導入されることで，労働者の技能がどのように変化するのかという点であった。プログラムを行う技術者と半熟練の労働者に二極化するのではないかといわれ，多くの実態調査が行われたが，生産現場の労働者は引き続き高い技能を維持していることが次第に明らかになっていった。

伊藤（1985）はME機器を使う日本の製造業の職場において，仕事の技能がどのように配置されているかを実証した。たとえば，職務内容についてみると，ME機器を導入した当初においては，技術者が主導で職務が編成されるものの，時間の経過とともに生産現場担当者に職務が委譲されていった。プログラミングにおいても一般作業者が担当するようになり，メンテナンスに関しても作業者と保全部門が担当するというように，労働者に高いスキルが求められる職場構造になっていることが明らかにされた。

NCマシンを使う労働者自身がプログラミングを行うのは，日本の特徴である。日仏の工作機械メーカーを比較した調査では，

フランスの労働者がプログラミングを行うのは、プログラマーの不在など偶発的なときに限られるのに対して、日本の労働者はプログラムの大部分を担当し、プログラマーと労働者の情報交換も積極的であることがわかった（竹岡 1993）。

中馬（1998）は日本のメーカーの特徴として、現場労働者に問題解決能力が備わっており、現場で生まれる情報を経営上重視する**現場主義**が存在しているとした。労働者を含めた現場のエンジニアと開発部門をも含めた柔軟な情報のネットワークが存在し、生産現場から貴重な開発上のノウハウが提供される独特の現場主義に基づく開発と人材形成が存在することを示した。

オートメーションが導入された初期には、技術革新の日本的雇用慣行への影響が大きな研究関心であったが、次第にME化の展開の仕方が国によって異なるという多様化の議論が主流となっていった。雇用制度とスキルに関しては、技術革新が与える影響も大きいが、同時に国の固有の制度、人的資源形成のあり方や労使関係も大きな影響を与えることが明らかとなっていった（富田 2011）。

OA化と正社員の減少

日本のものづくりに影響を与えたME化に対して、OA化は雇用に影響を与え、とくにサービス産業では正社員の雇用が減少し、非正規化のきっかけとなった。たとえば銀行業では1970年代後半からOA化が進み、80年代にはATMが本格的に普及するなど、情報化・ネットワーク化が広く展開した。この結果、銀行業では産業全体として正社員の数が減少した。

OA化はどのように銀行の雇用に影響を与えたのだろうか。個別企業の分析から、ATMが普及するほど男性正社員の雇用が減

少すること,OA 化と ATM の普及によって女子正社員が派遣労働者や臨時行員などの非正規雇用(非典型雇用)に置き換わることが明らかにされた(駿河 1991)。

IT 化と職場

職場の情報化は OA 化というかたちで 1970 年代後半から進展してきたが,90 年代以降の情報化である IT 化は,事務職場の効率化にとどまらず私たちの生活を大きく変えた技術革新である。OA 化が大規模な情報ネットワークを基盤としたデータ処理の効率化であったのに対して,IT 化はオープンなネットワークを前提に多様な情報機器が接続されるところに特徴がある。仕事の面でみると,OA 化が特定の反復的で単純な業務をデータ処理によって効率化したのに対して,IT 化は多様な業務と働く者をさまざまなレベルでネットワーク化するところに特徴がある。

テレワーク

テレワークとは職場から離れた場所(tele は「離れる」の意味)で何らかの情報ネットワークを使用することで働く形態を指し,情報化によって,近代化の過程で分離した職場と居住が再び近接するのではないかとして注目されている。テレワークの利点は,企業にとってはオフィス空間を確保せずに,必要な労働力を柔軟に活用できる点にあり,働く者にとっては,勤務地や通勤の制約から解放され,自分の生活の都合に合わせた働き方が可能になることが挙げられる。

このようなテレワーカーは現在どのような状況にあるのだろうか。国土交通省(2014)によると,2008 年から 12 年にかけて,雇用型テレワーカーは 270 万人から 930 万人へ,自営型テレワーカーは 60 万人から 220 万人にそれぞれ拡大したが,13 年には雇用型が 560 万,自営型が 160 万人に減少している。雇用型では正

社員の減少率が高く，これにはとくに男性正社員の減少が最も寄与している。

企業調査ではテレワーカーの需要は限定的である。総務省 (2013) によると，企業のテレワーク導入状況は，2008 年に 15.7％だったものが，12 年に 11.4％と低下し，テレワークを導入していないか導入の予定のない企業は 77.2％から 85.0％に拡大している。

テレワークを導入している企業は「定型的業務の生産性の向上」(45.9％)，「勤務者の移動時間の短縮」(37.3％)，「非常時の事業継続に備えて」(26.5％) をその理由として挙げており，導入をしていないかその予定のない企業は，「テレワークに適した仕事がない」(72.7％)，「情報漏えいが心配だから」(21.0％)，「導入するメリットがよくわからない」(17.0％) と回答している。

業務上の特性を理由に，テレワークを導入する予定がない企業が 8 割近いことからみて，テレワークの利点を活かすことのできる業種や企業は限られていると解釈できる。その一方で，パーソナルコンピュータや多様な情報機器の小型化やネットワーク化の急速な進展にともない，従業員が個人の判断でこれらの機器を活用して仕事を行うことは，今後も拡大していくとみられる。出勤前後に自宅や職場外のカフェなどで情報機器を扱いながら仕事を行うことは，すでに生活の一部となっている。今後は，このような仕事の仕方がどの程度私たちの生活を変えていくのかが大きな焦点となっている。

IT 化とビジネスの変化

キャペリ (Cappelli 1999 = 2001) は情報化によって，外部化やアウトソーシングが進み，企業の人員削減が進むと指摘し

ている。総務省（2008）の調査では，企業間および消費者との間で電子商取引をしている企業の割合は全体の49.6%で，このうち，企業間の取引（B to B）が最も多く38.9%で，一般消費者向け販売（B to C）の15.1%を上回っており，IT化が企業間のビジネスを活性化していることを裏づけている。また，情報化は低コストで物理的・空間的距離を縮めることができるため，グローバル化する企業活動においてITは重要な管理のインフラとなっている。

情報化によって得られる効果は産業により異なっている。総務省（2008）によると，情報化投資をしたことによって得られた効果のうち，最も高いものについてみると，製造業では「生産単位当たりの人件費削減」（50.8%），卸売・小売業では「生産・販売方法の多様化」（51.1%），金融・保険では「商品・サービスの質の向上」（65.3%）となっている。ここから，IT化はサービス産業においては人件費削減効果は低いと考えられていること，また，ITを通して新しいサービスやビジネスのかたちを構想する能力が求められるようになっているといえるだろう。

> マックジョブ

ベル（Bell 1973 = 1975）は第三次産業が発展することにより高度な専門職が拡大すると予測したが，サービス産業化の進展は，低賃金の単純労働も大量に生み出した。リッツア（Ritzer 1993 = 1999）は，マクドナルドの店舗で典型的にみられるテイラリズムとフォーディズムを源流にもつ単純労働の仕事の世界を描いた。仕事は極限まで単純化・定型化され，あらゆる地域性や歴史性が解体された究極の単純労働によって，世界最大の飲食産業が維持されている。単調で低賃金の仕事は象徴的にマックジョブと呼ばれ，現代のもう1つの典型的な労働を形づくっている。

Column ⑤ 電子メールの功罪

　職場で最も活用されているコミュニケーションのメディアは電子メールであろう。メールは誰とでも瞬時に情報を交換でき，職位が異なる人とでも比較的容易にコミュニケーションをとれる点において典型的なITメディアの1つである。

　しかし，メールには問題点も多い。多くの職場では1日平均して50通以上のメールをやりとりすることも珍しくない。また，複雑な案件を処理するには相手との複数回のやりとりが必要となるだけでなく，複数の相手とのやりとりでは必要な返信がなかなか来ないことも多い。このため，メールは職場で最大のストレス源の1つともなっている。

　人は相手の表情や話し方から相手の感情を推測したり，共有した空間や場の状況などから言葉の意図を解釈している。これらは非言語情報と呼ばれ，コミュニケーションの安定化に欠かせない要素であるが，メールにはこれらの非言語情報がほとんど含まれていない。そのためメールは誤解を生み出しやすいメディアでもあり，その利用には注意が必要である。

　このように経済のサービス化は，高度なテクノロジーをもとに，専門性の高い仕事を生み出す一方で，さまざまなタイプの安価な単純労働も生み出し続けている。

テクノロジーと仕事の未来

　これからの働き方はどのように変化していくだろうか。グローバル化にともなう企業間競争の高まりと情報技術の急速な進展は，働き方の変化に影響を与える大きな背景となっている。先進国の企業や組織では，より高い生産性と創造性が求められるだけでなく，労働コストの抑制に対する圧力もかつてなく高まっている。

新しいテクノロジーと管理技術は，より高い専門性とパフォーマンスを支える効果的な道具となる一方で，管理者が職場の仕事を細部まで管理し，より効率的に労働力を活用することを可能にする。この結果，仕事のあり方は，高度な専門性を備えた働き方と，単純化した低コストの働き方に二極化する傾向がさらに強まることが予想される。

　今後の働き方を考えるうえで，もう1つの重要な点は，働く者の技能がどのように形成されるのかという点である。情報技術の進展は国や地域，また組織のなかにおける多様な立場の人々同士をフレキシブルに間断なく結びつけることを可能にする。しかし，情報化が実現する新しいコミュニケーションのスタイルは，時として過剰な情報交換や膨大な情報処理を働く者に求め，情報化が非効率性や働き方の断片化を生み出す危険性も備えている。高度な仕事を遂行するために必要な技能を形成するには，まとまりのある長い時間の仕事経験と訓練が，時代を問わず重要な条件であるとされている。働き方が大きく変化するなかで，いかにして技能を形成していくか，またその職場環境をどのように整えていくのかが，かつてなく大きな課題となっているといえるだろう。

読書案内

① R. ブラウナー（佐藤慶幸監訳）『労働における疎外と自由』新泉社，1971年。
　　疎外概念を実証的に検証した古典。労働の実態に即して明解に疎外状況が説明されている。
② H. ブレイヴァマン（富沢賢治訳）『労働と独占資本——20世紀における労働の衰退』岩波書店，1978年。

脱技能化説を提示し，労働過程という研究領域を確立し，労働研究に大きな影響を与えた。
③ M.J. ピオリ & C.F. セーブル（山之内靖ほか訳）『第二の産業分水嶺』筑摩書房，1993年。
大量生産体制に代わり「柔軟な専門化」を新しい時代の生産システムとして提示した。
④ G. リッツア（正岡寛司監訳）『マクドナルド化する社会』早稲田大学出版部，1999年。
サービス産業中心の現代においてもさまざまな合理化が社会全体で進展することを示した。
⑤佐藤彰男『テレワーク――未来型労働の現実』岩波書店，2008年。
事例をもとに，現代のテレワークの現状と課題を示す。

調べてみよう・考えてみよう
①自分や友人のアルバイト先の経験を話し，どんな管理の方法やテクノロジー（コンピュータや機械技術を用いた効率化）が用いられているか，列挙してみよう。
②自分や友人のアルバイト先の経験を話し，従業員の管理方法について自分がどのように感じるかをお互いに話し合ってみよう。
③会社以外で働くテレワークはどのような場所でみられるか。自分の周囲でそのような働き方をしている人がいるかどうか確認してみよう。
④テレワークをすることのメリットとデメリット，また自分の生活や社会全体にどんな変化があるかを考えてみよう。

●引用文献
Bell, D., 1973, *The Coming of Post-Industrial Society*, Basic Books.（= 1975, 内田忠夫ほか訳『脱工業社会の到来――社会予測の一つの試み』上・下，ダイヤモンド社）

Blauner, R., 1964, *Alienation and Freedom: The Factory Worker and His Industry*, University of Chicago Press.（= 1971，佐藤慶幸監訳『労働における疎外と自由』新泉社）

Braverman, H., 1974, *Labor and Monopoly Capital: The Degradation of Work in the Twentieth Century*, Monthly Review Press.（= 1978，富沢賢治訳『労働と独占資本——20世紀における労働の衰退』岩波書店）

Cappelli, P., 1999, *The New Deal at Work: Managing the Market-Driven Workforce*, Harvard Business School Press.（= 2001，若山由美訳『雇用の未来』日本経済新聞社）

中馬宏之，1998「『現場主義』下の人材育成と情報共有——工作機械メーカー9社の事例から」『経済研究』49（3）。

間宏，1963「オートメーションと労務管理」『日本労働協会雑誌』5（7）。

伊藤実，1985「技術革新の内部化と職務編成」『日本労働協会雑誌』27（10）。

国土交通省，2014『平成25年度テレワーク人口実態調査』。

松島静雄，1962『労務管理の日本的特質と変遷』ダイヤモンド社。

奥林康司，1991『労働の人間化——その世界的動向』有斐閣。

大野威，2003『リーン生産方式の労働——自動車工場の参与観察にもとづいて』御茶の水書房。

Piore, M. J. and C. F. Sabel, 1984, *The Second Industrial Divide: Possibilities for Prosperity*, Basic Books.（= 1993，山之内靖ほか訳『第二の産業分水嶺』筑摩書房）

Ritzer, G., 1993, *The McDonaldization of Society*, Pine Forge Press.（= 1999，正岡寛司監訳『マクドナルド化する社会』早稲田大学出版部）

司馬正次，1961『オートメーションと労働——火力発電所における実証的研究』東洋経済新報社。

総務省，2008『平成19年通信利用動向調査報告書（企業編）』。

総務省，2013『平成24年通信利用動向調査報告書（企業編）』。

駿河輝和，1991「銀行業のコンピュータ化の雇用への影響」『日本労働研究雑誌』33（7）。

竹岡敬温，1993「工作機械におけるNCテクノロジーの導入・日仏比較」竹岡敬温・高橋秀行・中岡哲郎編『新技術の導入——近代機械工業の発展』同文館。

富田義典，2011「ME化——『ME革命』・『IT革命』とは労働にとって何であったか」『日本労働研究雑誌』53（4）。

八幡成美, 1999「オートメーションと労働:解題」『リーディングス日本の労働 11:技術革新』日本労働研究機構。
山下充, 2002『工作機械産業の職場史 1889-1945 ──「職人わざ」に挑んだ技術者たち』早稲田大学出版部。

第Ⅱ部

「働くこと」の現在

第6章 若者が働くまで

学校から仕事へ

合同企業説明会に詰めかけた就活生たち（写真提供：朝日新聞社）

　世界各国の若者が、安定した仕事に就いて一定の社会的地位を得るのが難しいという問題に直面している。日本ではこれまで問題は比較的小さかったともいわれるが、近年、若者をとりまく状況は大きく変化している。日本に特徴的な若者雇用のしくみはどのように生まれ、どのように変わってきたのだろうか。近年の変化は、私たちにどのような問いを投げかけているだろうか。

1 新規学卒採用

新規学卒採用の状況　2012年の1年間に，転職者も含めて日本で新たに職を得た人のうち，7人に1人はこの年に学校を卒業して就職した新規学卒者だった。29歳以下に限れば3割以上，さらに常用労働者に限定すれば4割以上となる。企業規模が大きいほど，若年入職者に占める新規学卒者の割合が高い（厚生労働省 2013a）。

新規学卒就職者の学歴は，高学歴化にともない大きく変化してきた（図6-1）。1950年代には中学校卒の若者が主役だったが，60年代には高校卒業者がその座を奪い，およそ30年間，新卒労働市場の中心を占め続ける。90年代後半になると，4年制大学卒が高校卒を上回った。2013年の新規学卒就職者数は，大学卒37.5万人，高校卒18.3万人，大学院修士課程卒5.6万人，短期大学卒4.5万人，高等専門学校卒0.6万人，中学卒0.4万人となっている（文部科学省 2013）。少子化を受け，新規学卒就職者の数そのものが1960年代のピーク時に比べ半分以下に減っていることも，この間の大きな変化である。以下では，現在多数を占めている高卒者と大卒者についてみていくことにしよう。

学校を卒業して就く仕事の中身は，学歴や性別，時代によっても違う。過去20年間の変化は図6-2 a・bのようになる。

高卒男子では，生産工程従事者・労務作業者が1993年時点でも過半を占めていたが，近年ではさらにその割合が増えて6割に迫っている。その他の職種ではサービス職の1割が最多であり，

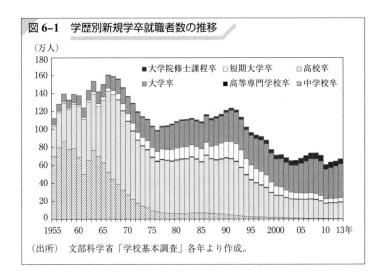

図6-1 学歴別新規学卒就職者数の推移

(出所) 文部科学省「学校基本調査」各年より作成。

高卒男子にとっての就職とはブルーカラー職種に就くことという意味合いが一層強まっている。

 高卒女子の場合は，1993年時点では4割を超えていた事務職比率が，近年では2割を切っている。2013年の状況をみると，サービス職が全体の3分の1強で最多，2割強の生産職がこれに次いでおり，この2つの職種に就く者の割合は20年前と比べてそれぞれ2.1倍，1.6倍増加した（図6-2a）。

 大卒では，男女とも専門的・技術的職業が全体の3割以上を占める傾向は変わっていない。大卒男子をみると，1993年には4割弱と最多だった事務職が全体の4分の1まで減っている。代わって増加しているのが販売職およびサービス職で，とくに93年から2003年の間での伸びが大きい。

 大卒女子では，やはり1993年時点で全体のほぼ半数を占めて

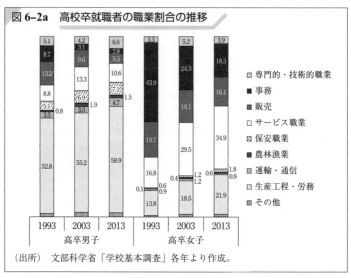

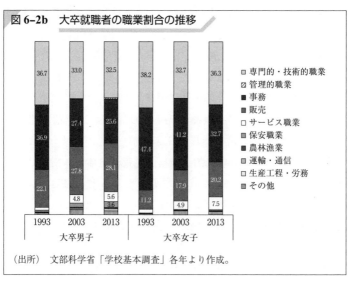

いた事務職の減少が目立つ。男子同様，増加傾向にあるのは販売職とサービス職であり，販売職の割合は20年間でほぼ倍増し2割を超えた（図6-2b）。

　大卒就職者の場合，図6-2bに示された職業大分類のレベルでは高卒就職者ほど男女に差がないようにみえるが，男子でも女子でも3割以上を占める専門的・技術的職業の内訳はかなり異なる。2013年でみると，大卒男子では技術者が59.7％，大卒女子では保健医療従事者が42.2％で，それぞれ最多となっている（文部科学省 2013）。

新規学卒採用とは何か　　新規学卒一括採用は，企業が学校を卒業したばかりの若者を学歴別に雇用し，企業内で育成していく雇用慣行である。そこでは，長期の雇用保障を前提とする代わりに仕事の内容や勤務地は基本的に個々人に「割り当て」られ，若者はそのつど自分に割り当てられた仕事をこなしながら一人前の働き手となっていくよう期待される。担当職務があらかじめ特定されているわけではないので，具体的な職務能力というよりは「訓練可能性」や積極性，協調性などが採用基準とされる傾向が強くなり，しばしば学歴が訓練可能性の合理的指標とみなされる（岩田 1981）。

　若者が在学中に求職活動を行い，卒業と同時に仕事の世界に入っていくしくみには，求職側の若者と求人側の企業だけでなく，学校や政府が積極的に関わってきた。新規学卒採用の慣行自体は必ずしも日本に固有のものというわけではないが，この慣行が一部のエリートだけでなく幅広い層でみられること，個々人の就職過程への学校や政府の関わりが目立つことが，諸外国と比べた日本の特徴となっている（労働政策研究・研修機構 2012a）。

企業はなぜ，すでに仕事の実績がある人ではなく，一人前になるまでにコストのかかる未経験の若者を，しかも日本のような社会では一度雇えば容易に解雇できない正社員として，雇おうとするのだろうか。若者にとっても，卒業前の短期間で決めた就職先に，仕事の内容も職場の様子もあまりよくわからないまま飛び込んでいくのは，大きなリスクではないだろうか。その背景には，次のような日本的企業観と，それに基づく日本的雇用システムがある。

　日本的企業観では，企業は仕事の集まりではなく人の集まり（コミュニティ）である。そこでは，「就職」といってもそれは仕事をみつける機会ではなく，いずれかの企業コミュニティのメンバーシップを得る機会だということになる（濱口 2009）。このような考え方を前提にすれば，新規学卒採用は企業にとって，当該企業コミュニティに帰属感を抱き，その一員として将来力を発揮してくれる人を採用する機会という意味をもつ。そのような人は長く働いてくれるだろうし，だとすれば一人前になるまで面倒をみる費用も長期的には取り戻せると期待できる。若者にとっては，経済的にある程度安定した人生設計を描きながら，いつも希望どおりとはいかなくてもさまざまな仕事の経験を積む機会も得られる。

　新規学卒採用は長期雇用や年功的な処遇体系と並んで，企業と働き手の相互信頼のしくみともいえる日本的雇用システムの重要な要素として機能してきた。

新規学卒採用慣行の歴史的形成

　新規学卒採用慣行の歴史は，日本における学歴主義の歴史と深く関わっている。近代日本は，産業化で先行したヨーロッ

パに比べ，進学機会が社会に広く開放された学校システムを形成した。19世紀から20世紀にかけての世紀転換点以降，財閥系の大企業が帝国大学や高等商業学校，私立大学出身者を事務職として定期採用し始めて以来，1920年代には製造業の技術者も含め，高等教育，中等教育を受けたホワイトカラー層で新規学卒採用の慣行が成立し，官僚組織だけでなく民間企業にも早い段階で学歴主義が浸透した。学校には人事課や就職課などが置かれ，企業との一定の結びつきのもとで組織的に学生の就職斡旋が進められていった（天野 2006）。

戦後復興期には，必要労働力の確保という目的を掲げ，行政が全国規模での「調整」役を担って新制中学卒の若者と職場を結びつけた。高度経済成長期に新規学卒就職の主役が新制中学卒から高校卒に入れ替わり，それまで労働力を大量の臨時工によってまかなっていた大企業ブルーカラー職にも高校卒業者が就くに至り，新規学卒採用は（大卒女子という例外を除いて）広く一般化する。その過程で学卒就職への労働行政の関わりは後退したが，学校と企業が積極的に関係を築くしくみは戦前から引き継がれ，卒業後すぐの就職をサポートした（菅山 2011）。大卒（男子）に関しては，企業が個人からの求人応募を直接には受け付けず特定大学に求職者の推薦を依頼する推薦依頼大学制度，またその後の指定校制度が，1960年代から70年代にかけて企業と学校の結びつきを象徴した（苅谷 2010）。

とくに，学校と企業の信頼関係を前提とした「推薦指定校制」「校内選考」「一人一社制」などの慣行に基づく高校就職のしくみは，高学歴化の時代にあっても日本の高卒者の低失業率を支える「日本的高卒就職システム」として注目を集めた（苅谷 1991）。

2　近年の就職の変化

学卒非正規雇用と無業　　新規学卒採用は少なくとも男性に関しては広く社会的規範となったかにみえたが，近年そのあり方に変化がみられるようになっている。「学校卒業後すぐの正社員就職」と「職場への定着」という2つの面から，それぞれみていこう。

新規学卒採用の変化の1つの側面は，学校卒業後に就いた最初の仕事が非正規雇用である若者の増加である。非正規雇用は少なくとも1980年代から拡大の傾向にあったが，90年代半ばから2000年代初めにかけて，とくに若年層で増加が目立った（総務省「労働力調査」）。

2012年の「就業構造基本調査」に基づく推定によれば，初職が非正規雇用（非典型雇用）だった人の割合は，1980年代後半に高校を卒業した人では女性で2割弱，男性で1割弱だったが，2000年代前半の卒業者では女性で4割強，男性でも3割弱にまで上昇した（図6-3）。その後はやや減少傾向にあるものの，最近でも高卒後仕事に就いた女性の約3割，男性の約2割が非正規雇用である。大学卒は高校卒に比べ初職非正規雇用の割合は少なかったが，とくに男性で近年まで増加基調が続いており，最近の卒業者では大卒男子と高卒男子の差はほとんどみられない。高卒，大卒ともに，男女差は縮小傾向にある（労働政策研究・研修機構 2014）。

1980年代の好況期に現れ，当初は自由な働き方を選ぶ若者と

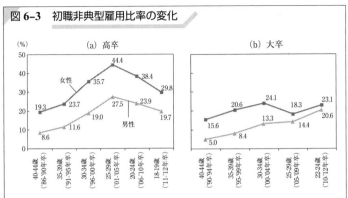

図 6-3　初職非典型雇用比率の変化

(注)　「非典型雇用」はパート，アルバイト，労働者派遣事業所の派遣社員，契約社員，嘱託，その他正規の職員・従業員でない者。卒業年は年齢に基づく推定年。
(出所)　労働政策研究・研修機構 2014 のデータに基づき作成。

いう意味で肯定的に用いられた「フリーター」という言葉も，90年代からの不況期を経て意味合いが変化した。

　フリーターと並んで注目を集めるようになったのが無業の若者である。文部科学省「学校基本調査」によれば，新規学卒就職のしくみから外れ，就職も進学もせずに卒業する若者の割合は2000年代前半にピークとなり，高校卒で1割，大学卒で2割を超えた。

　「学校に行っておらず，仕事もしておらず，職業訓練中でもない」16〜18歳の若者を「ニート」(Not in Education, Employment or Training：NEET)と呼び政策的支援を行ったイギリスの取り組みから示唆を得て，2000年代前半の日本でも，学校とも職場ともつながりをもたない若者の存在に社会的関心が集まった（玄田・曲沼 2004）。

Column ⑥　若年雇用をめぐる国際的な動き

　ILO（国際労働機関）の推計によれば2013年の世界の若者の失業率は12.3％，失業者数にして7300万人と，依然として高い水準にある。非正規雇用で働く若者も多く，若年雇用の状況は各国共通の関心事となってきている。

　2011年の第2回G20雇用労働大臣会合（フランス・パリ）では若年雇用の問題が大きく取り上げられ，若者の雇用機会を質量両面で確保するため公的政策の積極的に果たすべき役割が議論されている。同年のG20カンヌ・サミットで立ち上げられた雇用タスクフォースに最初の作業課題として指示されたのも，若年雇用に関する状況分析と政策提言だった。タスクフォースの提言を受け，12年の雇用労働大臣会合（メキシコ・グアダラハラ）でまとめられた成果文書では，若者の雇用をめぐる現在の状況は若者自身の人生にも社会全体にも深刻な影響を及ぼしうるという認識のもと，若年雇用対策を強化する方策として，(a) 質の高い実習制度など学校から仕事への移行を支援するプログラム提供の促進，(b) キャリアガイダンスやスキル蓄積支援の提供，(c) 若年者への起業支援，(d) 成功事例活用のための国際協力，(e) 国際機関に対する協力要請などが盛り込まれた。

　これらの動きに呼応して世界の若者自身も声を上げている。毎回のG20サミットに合わせて開かれるY20サミットでは，G20各国の若者代表団がグローバル社会の直面するさまざまな課題について意見交換し，G20リーダーへの提言を行ってきた。2012年のY20サミット（メキシコ・プエブラ）では若年雇用問題が重要課題の1つとされ，若者のための優良な雇用機会創出などが提案された。14年サミット（オーストラリア・シドニー）でも，雇用主に対する若者雇用のインセンティブ提供や若者のエンプロイアビリティを向上させるための教育の充実などを求めている。

政府はニートを「15～34歳人口のうち社会活動（就業，通学，家事，求職活動）をしていない者」ととらえており，この定義によれば1992年に約48万人，年齢人口比で1.9%だったニートは，2002年には約65万人，同2.6%へと増加した。この意味でのニートには女性よりも男性のほうがなりやすい（労働政策研究・研修機構 2005）。

> 早期離職傾向の強まり

　変化のもう1つの面は，やはり1990年代，職に就いて数年以内に離職する人の割合が上昇したことである。学卒就職後3年以内の**離職率**が中学卒で7割，高校卒で5割，大学卒で3割に達した状況を指して「七・五・三現象」という言葉が広まった。近年，中学卒と高校卒ではやや定着化の傾向もみられるが，大学卒では大きな変化はなく，依然として多くの若者が最初の職場を早期に離職している（厚生労働省 2013b）。

　学歴にかかわらず，早期離職率は従業員規模が小さいほど高く，また業種別では「宿泊業，飲食サービス業」「教育，学習支援業」「生活関連サービス業，娯楽業」といった業種で高い。これらの企業に就職する者の割合が，全体の離職率に影響を与えている（厚生労働省 2013b）。

　離職の動向は通常，景気との関連が強い。好況時にはよりよい転職先がみつけやすいため転職が盛んになり，不況時は逆になる。しかし1990年代半ば以降，若者の離職率は長期不況下にもかかわらず増加した（中澤 2011）。流動性の高い非正規雇用が増加したためばかりでなく，正社員として就職した層の離職率が高まったこともその要因だった（吉田 2011）。

　初職の離職理由を若者にたずねた近年の調査によれば，「仕事

が合わなかった」と回答した若者が25％ほどで最も多く,「労働時間・休日・休暇の条件がよくなかった」「賃金の条件がよくなかった」「人間関係がよくなかった」がこれに次いでいる。雇用形態別にみると,正社員では「労働時間・休日・休暇の条件がよくなかった」,非正規雇用では「仕事が合わなかった」を挙げる若者が多い（複数回答,厚生労働省 2010）。

　初職を離職することの意味は,次に別の仕事に就いているかどうか,次の仕事がどんな仕事かによっても変わってくる。前職が正社員である場合もそうでない場合も,次の仕事が非正規雇用である傾向が長期的に強まっており,とくに前職が非正規雇用の場合,1992年以降に入職した層では次の職も非正規雇用である場合が正規雇用である場合よりも多くなっている（中澤 2011）。

学卒時の状況がその後の就業状況に与える影響

　最初の仕事が非正規雇用である若者の割合が増えたとしても,その多くがのちに正社員になっているなら,新規学卒採用のしくみは結局のところ,それほどゆらいでいるわけではないということかもしれない。では,実際に学卒時に非正規雇用だった若者はその後どうなっているのだろうか。卒業後正社員として就職しない若者の割合という点で1つのピークだった2000年代前半の卒業者に注目し,卒業後10年ほど経った時点の様子をみてみよう。実態は性別や学歴によって大きく異なる。

　この時期に高校を卒業した男性の20代後半時点での状況をみると,非正規雇用が2割,無業が1割程度である。非正規雇用の内訳は,「卒業後一貫して非正規雇用」が15％,「正社員から非正規」が5％ほどである。一方で,正社員以外の雇用形態から正社員になった人が1割近くいる。初職が正社員でなかった人も3

分の1程度がこの年齢までに正社員になったと考えられるが、それでも20代後半までの仕事経験が非正規雇用のみの人の割合や、20代後半時点で無業の割合は1990年代後半の卒業者より増えている。大卒男性の場合は、30代前半の時点で10%弱が非正規雇用、5%が無業であった。初職が非正規だった人の半数程度がこの年齢までに正社員になっている。

　同じ時期に卒業した女性をみると、高卒女性では、20代後半の非正規雇用率は5割に、専業主婦を除く無業率は2割に迫る。3割が卒業後一貫して非正規雇用で、やはり1990年代後半の卒業者より増加している。非正規雇用からスタートした人でのちに正社員になったのは7人に1人であった。大卒女性の30代前半の状況をみると、非正規雇用が3割程度、無業（専業主婦を除く）が1割程度である。非正規雇用の人のなかでは、正社員から非正規雇用に移った人の数が、一貫して非正規雇用だった人の数を上回っている。初職が非正規雇用だった人のうち、正社員に変わっているのは3人に1人程度である（労働政策研究・研修機構 2014）。

　大都市の20代を対象とした2011年の調査によれば、フリーター経験者のうち正社員になろうとしたことがある者は男性で7割を超え、女性でも6割に上るが、実際に正社員となったのは男性でその6割、女性では5割弱にとどまっている（労働政策研究・研修機構 2012b）。

3 変化の背景

正社員としての就職機会の減少

2節で挙げた変化の背景をいくつかの角度からみてみよう。

まず挙げられるのは正社員としての就職機会の減少である。1990年代初めには3倍を超えた高卒求人倍率（卒業前年の7月時点）は，90年代終わりには1倍を下回る（厚生労働省 2014）。この間，高校生の就職希望者数は大学進学率の上昇もありほぼ半減したが，求人はそれ以上に落ち込んだ。大卒求人倍率（卒業約1年前）も同じころ1倍前後にまで低下したが（リクルートワークス研究所 2014），これには，求人数の減少に加えて大学卒業者数の増加も関わっている。新卒採用の抑制はとくに大企業でみられたが，企業業績や従業員の年齢構成によっても違いがあった（原 2005）。

就業機会は求職側・求人側双方による相手方の選択基準や評価によって，また制度的要因によっても影響を受ける。求職側からみると，高校卒では，指定校制度や一人一社制度など従来からの慣行が希望の求人があっても応募できない層を生み，全体としての求人・求職の状況以上に正社員就職の機会を狭めているとの指摘がある（文部科学省・厚生労働省 2002）。大卒では「自由応募」をうたう人気企業・大企業に希望が集中しがちとなったことなどが，機会の制約に拍車をかけた。業種別の求人倍率にも大きな差がある。

求人側から求職側に対する評価に関しては，大卒採用状況の厳

しさとその理由を企業にたずねた調査（マイナビ 2014）や，高卒新入社員の質の評価をたずねた調査（東京経営者協会 2009）からみる限り，若者の働き手としての質に厳しい評価を下す企業は少なくない。

就職機会の減少は希望にかなった就職先をみつけられない若者の増加を意味し，このことが不況期にもかかわらず高まった早期離職傾向の背景にあるとの見方もある（黒澤・玄田 2001）。

制度の弱まり 　新規学卒就職に対する制度的関与やその効果の弱まりも指摘できる。

高校卒では求人・求職の急激な縮小の結果，学校と企業の安定した実績関係や高校の進路指導のあり方が変化し，従来の制度でカバーされにくい者が増加した（労働政策研究・研修機構 2008）。

そのなかで制度にも変化がみられる。たとえば，就職機会の減少に対応するため，高校側が事前調整のうえで推薦する生徒を決定するのではなく，「自由応募」した者のなかから求人企業側が独自にスクリーニングを行うケースが増加している。行政も，「指定校」の考え方をできるだけ薄め，広く求人情報を提供する方向を打ち出してきている。求人状況の良好な地域における専門高校のように，従来型の制度がうまく機能し続けている部分もあるが，卒業者に占める就職者の割合がわずか2割に減少するなかで，高卒就職制度は変容を余儀なくされている（労働政策研究・研修機構 2008）。

大卒では，就職部や研究室を通じた大学の就職斡旋機能が 1970 年代から次第に弱まり，就職活動は個人化していった。97 年には，業界団体と大学の間で就職活動の開始時期を定めた就職協定が廃止され，採用・就職活動の早期化・長期化傾向が強まっ

ていく。同じころインターネットの利用も広がり，個人化はさらに進んだ。

　オープンエントリーをうたう企業が増加するなかでインターネット利用が進んだ影響は，知名度の高い企業に希望が集中する傾向が一層強まった点にとどまらない。直接の斡旋機能が弱まるなかでも，大学にはさまざまな情報やカウンセリングなどの就職支援機能，OB・OG とのつながりといった資源がある。インターネットを通じた就職活動が普及したことで，学生が自分の通う大学のもつこれらの資源を積極的に活用しなくなり，就職活動を途中であきらめるケースが増加したという指摘もある（労働政策研究・研修機構 2012a）。学生個人にかかる就職活動の負荷が増している（本田 2010）。

　このように大卒，高卒のいずれでも，さまざまな環境変化から従来の制度的しくみが効果を発揮しにくくなっている面がある。

正社員就職の意味の相対化　さらに，若者にとっての正社員就職の意味の相対化がある。1990 年代以降，就職先を選んだ理由として「仕事のおもしろさ」を挙げる若者が目立って増加し，80 年代から最多である「能力・個性を活かせる」という理由と並んで上位を占めるようになった（日本生産性本部・日本経済青年協議会 2014）。

　具体的な仕事内容に対する意識が高まるなかで正社員としての就職機会が狭まれば，正社員にこだわっていてはますます希望する仕事に就くのが難しくなる。一方で非正規雇用は拡大し，仕事内容からみれば若者にとってより魅力的でありうる非正規雇用の選択肢も増えた。ますます多くの仕事が非正規雇用として提供されるなら，正社員にこだわり，やりたくない仕事でがまんするよ

り，非正規雇用でも，より魅力のある仕事がしたいと思う若者が増えてもおかしくない（上林 2003）。実際，パートやアルバイトとして働く若者はそれ以外の雇用形態で働く若者に比べ，「やりたい仕事なら正社員でもフリーターでもこだわらない」という人が多い（労働政策研究・研修機構 2012b）。

　正社員以外の雇用形態で働く若者はまた，正社員の若者と比べて，「若いうちは仕事よりも自分のやりたいことを優先させたい」「いろいろな職業を経験したい」といった意識も強い（労働政策研究・研修機構 2012b）。正社員として就職するよりも非正規雇用で仕事を得たほうがこれらの希望が叶いやすいと考える若者にとっては，このような意識も非正規雇用という選択を促すだろう。

　非正規雇用はまた，仕事以外にやりたいことと両立させやすく，卒業時にまだ進路をはっきり決められない，決めたくない者には**モラトリアム**の意味ももちうる（小杉編 2002）。働き始めた当初なら，正社員との時間当たりの収入差もそれほど大きくない（労働政策研究・研修機構 2014）。非正規雇用の処遇改善の動きも新卒非正規雇用のハードルを低くする。

4　問題と対応
●若者と雇用の未来へ

移行過程としての問題と対応

　若者と雇用をめぐるこのような状況については，さまざまな議論がなされてきた。どんな観点から若者の状況をとらえるかによって，提起される問題も提案される処方箋も異なってくる。これまで出されてきた主な問題提起の視点と対応の試みをみてみ

よう。

　まず，**学校から職業への移行過程**という視点からの議論がある。この観点では，学校を卒業して安定した職に就くというモデルを前提に，若者が安定した職に就けない，就かない状況は自立した人間への若者の発達過程が阻害された状況だととらえられる。また，とくに男性の場合，就業状態は家族形成とも関連が深く（非正規の男性は未婚率が高い），就労問題を超える問題も指摘されている。

　この観点は多くの場合，社会には若者を教育する責任があるという考えとセットになっており，若者が職業を得て自立した生活をしていくために学校教育の果たすべき役割が問われることになる。1999年，「**キャリア教育**」の語が中央教育審議会（中教審）答申に初めて登場して以来，大学におけるインターンシップやキャリアカウンセリングの充実などが社会的課題として掲げられてきた。大学による直接の職業斡旋機能が弱まるなか，大学キャリアセンター／就職部による支援は拡充の傾向にある。

　2003年の「若者自立・支援プラン」を受けて，日本版デュアルシステム（企業での実習と座学を並行して実施する職業訓練システム）の専門高校を中心とするモデル導入，社会的・職業的自立のために必要な能力養成の大学設置基準への追加，企業の側からの各教育段階でのさまざまな支援プログラムの提案などがなされてきた。カリキュラムのうえでも職業と「接続」のよい教育を提供することが，学校教育の社会的使命の1つとみられるようになってきていることがわかる。

　教育機関による若者の移行支援という視点からは，「**格差**」に対する関心も大きくなる。大卒就職は当初から「学（校）歴主義」

的性格が強く,指定校制,OB/OG を活用したインフォーマルな採用システムなどが学校歴によって就職に格差をもたらすしくみとして批判されてきた(苅谷 2010)。自由応募とされる現在の採用制度のもとでも,少なくない企業がいわゆる「ターゲット校」を設定している(平野 2011)。

　高卒の場合は従来,指定校制度というかたちで学校間格差が組み込まれていたが,求人が限られるようになると指定校以外の生徒にとって就業機会の制約となる側面が顕在化し,新たな対応が模索されているのは先にも触れたとおりである。

マッチング市場としての問題と対応

　若者を「労働資源」とみて,労働市場を通じた効率的配分によって生産性を高める必要性という観点から,問題が提起されることもある。若者は長期にわたって経済に貢献しうる可能性が高いうえ,**少子高齢化**,グローバル化の進展が労働力の効率活用の重要性を一層高めているとされる。

　このような観点からみると,学卒就職は仕事(職)と若者との重要なマッチング機会であり,問題なのは雇用機会があってもそれに合う働き手が得られず効率的な経済活動ができないミスマッチ状態だということになる。ミスマッチの概念には通常,未充足の求人がある一方,他方で職をみつけられない求職者がいる量的ミスマッチと,仕事内容と働き手の相性が合わない質的ミスマッチが含まれる(川田・佐々木 2012)。

　マッチング概念は基本的に,特定の能力をもつ求職者と特定の仕事機会の存在を前提としている。これに対して日本の新規学卒採用のしくみは,個々人の能力や仕事の内容は必ずしも固定したものではなく長期的にみて変わりうるという考えに基づいており,

マッチングの概念をあてはめるのは本来難しい部分もある(濱口 2012)。しかし,先にもみたように若者の間では勤務先で従事する仕事内容への関心が一貫して高まっており,採用側もある程度「即戦力」となりうる人材の獲得に力を入れるようになってきているなら,それに応じてマッチングという切り口の説得力も増す。

このような観点からはまず,労働市場で相手とうまく出会いにくい主体に対する支援が重要になる。求職側では,一斉就職活動の波にうまく乗れなかった学生・生徒や,大卒就職市場で不利になりがちな層や高卒就職システムにカバーされにくくなった層の若者,既卒者などである。行政による支援には厚生労働省の新卒応援ハローワークやジョブサポーター制度,わかものハローワーク,経済産業省のジョブカフェなどがある。中小企業庁による新卒者就職応援プロジェクト,地域中小企業の人材確保・定着支援事業は,求人側,とくに大手企業に比べ採用で不利になりがちな中小・中堅企業に対する行政支援の例である。

仕事内容に関する情報と,求職者の経験や能力に関する情報の,双方の透明性を向上させることも重要になる。採用企業が求職者に対して仕事内容をより明確に示す制度には,**職種別採用やインターンシップ制度**がある。厚生労働省の**ジョブカード制度**は,求職者の職務経験や訓練歴を明確にし,正当な評価を助けることを目的としている。また,求人側・求職側双方にとって,マッチングの質は実際には一定期間仕事をしてみないとわからないことが多い。この点に対応しうるしくみとしては**トライアル雇用**に対する政策支援などがある。

社会的包摂としての問題と対応

若者と雇用をめぐる近年の状況は，社会的包摂の観点からも重要な問題を提起している。従来の新規学卒採用は，特定の職場で正社員・正規職員の「資格」を得ることこそが，（とくに子どもでも高齢者でもない男性の場合）社会の真っ当なメンバーとなる道だという見方のうえに成り立ってきた。

このような見方とセットになってきたのは，非正規雇用は既婚女性，フルタイム学生，もしくは高齢者など付加的に働く人のためのものという前提である。このような前提が非正規雇用者の処遇に反映され，**社会的排除**といってもよいような状況が許容されてきた面もある。希望しても卒業後正規の仕事に就けない若者，とくに男性が増加したことは，特定の職場から正規のメンバーシップを得ていない人々の状況に社会の目を向けさせる1つのきっかけとなった（太郎丸・亀山 2006）。

このような観点からは，雇用という点で社会がどのような選択肢を用意し，若者を社会的協働の新たなメンバーとして迎え入れようとしているかが問われる。非正規雇用の労働条件の改善，非正規雇用や無業の状況から正規雇用への移行機会の確保，正規雇用における長時間労働の是正や多様な正社員制度の導入などは，雇用世界が若者を受け入れる選択肢の多様性と質を確保していくのにも役立つと考えられる方策の例である。近年なされてきた，若者の「燃えつき」や「使い捨て」に対する問題提起（熊沢 2006）や，就職後のキャリア見通しまでも含めた積極的高卒進路保障の提言（筒井 2006）も，このような文脈で理解できる。

これらの対応は基本的に職場レベルで実施されるものだが，改善の取り組みへの公的な後押しもある。たとえば，若者の「使い

捨て」が疑われる全国の事業所に対する行政による重点監督と是正勧告，パートタイム労働法における差別的取り扱い禁止の拡大，労働者の正規雇用転換などを支援するキャリアアップ助成金制度の創設などの動きである。

若者の雇用をめぐる従来の制度がゆらいでいるとすれば，私たち——そこには社会の未来である若者の皆さんも当然含まれている——は，それに代わるよりよい社会的信頼のしくみをどう築いていけるだろうか。

① 太郎丸博編『フリーターとニートの社会学』世界思想社，2006年。
　社会移動，社会的ネットワーク，働くことをめぐる意識など，さまざまな社会学的視点からフリーターやニートの実態を明らかにする論考集。
② 熊沢誠『若者が働くとき——「使い捨てられ」も「燃えつき」もせず』ミネルヴァ書房，2006年。
　日本の雇用世界のしくみと現状を背景に，多様な状況にある若者たちの状況を改善しうる新たな労使関係のあり方を展望する。
③ 小杉礼子『若者と初期キャリア——「非典型」からの出発のために』勁草書房，2010年。
　「若者が一人前になるまでの過程」を「初期キャリア」ととらえ，実態分析と政策提言を行う。
④ 苅谷剛彦・本田由紀編『大卒就職の社会学——データからみる変化』東京大学出版会，2010年。
　1980年代末から2000年代初頭にかけての大卒就職の変容を，労働市場の状況，就職活動プロセス，大学就職部の役割などに着目して多面的に描き出す。

⑤菅山真次『「就社」社会の誕生——ホワイトカラーからブルーカラーへ』名古屋大学出版会，2011年。

　　日本で新規学卒採用というしくみが広まった歴史的過程を，企業，学校，行政それぞれの立場を視野に入れつつ克明に跡づける。

調べてみよう・考えてみよう

①現在の就職（採用）活動の様子を調べ，学生，企業それぞれの立場からみた問題点や解決策を話し合ってみよう。

②大学を卒業して就職した身近な人に，その人が学校を卒業した当時の就職の様子をたずねてみよう。いまとどう違っていただろうか。男性と女性ではどのような違いがあっただろうか。

③あなたの出身の都道府県の高卒就職の状況（求人倍率，充足率など）を調べ，全国の平均と比べてみよう。出身都道府県の状況は，どのような要因で説明できるだろうか。改善の方策についても考察してみよう。

④OECDやILOによるレポートなどの資料を用いて，世界の若者の雇用について調べてみよう。各国の状況にはどのような共通点や相違点があるだろうか。その背景や取り組みについてもみてみよう。

● 引用文献

天野郁夫，2006『教育と選抜の社会史』筑摩書房。

玄田有史・曲沼美恵，2004『ニート——フリーターでもなく失業者でもなく』幻冬舎。

濱口桂一郎，2009『新しい労働社会——雇用システムの再構築へ』岩波書店。

濱口桂一郎，2012「雇用ミスマッチと法政策」『日本労働研究雑誌』626。

原ひろみ，2005「新規学卒労働市場の現状——企業の採用行動から」『日本労働研究雑誌』47 (9)。

平野恵子，2011「企業からみた学力問題——新卒採用における学力要素の検証」『日本労働研究雑誌』53 (9)。

本田由紀，2010「日本の大卒就職の特殊性を問い直す——QOL問題に着目して」

苅谷剛彦・本田由紀編『大卒就職の社会学——データからみる変化』東京大学出版会。
岩田龍子, 1981『学歴主義の発展構造』日本評論社。
上林千恵子, 2003「大都市フリーターの行動と価値観——少数者としての高卒若年者」『社会志林』50 (1)。
苅谷剛彦, 1991『学校・職業・選抜の社会学——高卒就職の日本的メカニズム』東京大学出版会。
苅谷剛彦, 2010「大卒就職の何が問題なのか——歴史的・理論的検討」苅谷剛彦・本田由紀編『大卒就職の社会学——データからみる変化』東京大学出版会。
川田恵介・佐々木勝, 2012「雇用ミスマッチの概念の整理」『日本労働研究雑誌』54 (9)。
小杉礼子編, 2002『自由の代償／フリーター——現代若者の就業意識と行動』日本労働研究機構。
厚生労働省, 2010「雇用の構造に関する実態調査（若年者雇用状況調査)」。
厚生労働省, 2013a「平成 24 年雇用動向調査」。
厚生労働省, 2013b「新規学卒者の離職状況（平成 22 年 3 月卒業者の状況)」『労働市場分析レポート』23。
厚生労働省, 2013c「若者の『使い捨て』が疑われる企業等への重点監督の実施状況」。
厚生労働省, 2014「平成 26 年度『高校・中学新卒者の求人・求職状況』取りまとめ」。
熊沢誠, 2006『若者が働くとき——「使い捨てられ」も「燃えつき」もせず』ミネルヴァ書房。
黒澤昌子・玄田有史, 2001「学校から職場へ——『七・五・三転職の背景』」『日本労働研究雑誌』43 (5)。
マイナビ, 2014「2015 年卒 平成企業新卒内定状況調査」。
文部科学省, 2013「平成 25 年度 学校基本調査」。
文部科学省・厚生労働省, 2002『「高卒者の職業生活の移行に関する研究」最終報告』。
中澤渉, 2011「分断化される若年労働市場」佐藤嘉倫・尾嶋史章編『現代の階層社会 1 格差と多様性』東京大学出版会。
日本生産性本部・日本経済青年協議会, 2014「平成 26 年度新入社員『働くこと

の意識』調査結果」。

リクルートワークス研究所,2014「第31回 ワークス大卒求人倍率調査」。

労働政策研究・研修機構,2005『若者就業支援の現状と課題——イギリスにおける支援の展開と日本の若者の実態分析から』(労働政策研究報告書 No.35)。

労働政策研究・研修機構,2008『「日本的高卒就職システム」の変容と模索』(労働政策研究報告書 No.97)。

労働政策研究・研修機構,2010『高校・大学における未就職卒業者支援に関する調査』(JILPT 調査シリーズ No.81)。

労働政策研究・研修機構,2012a『学卒未就職者に対する支援の課題』(労働政策研究報告書 No.141)。

労働政策研究・研修機構,2012b『大都市の若者の就業行動と意識の展開——「第3回若者のワークスタイル調査」から』(労働政策研究報告書 No.148)。

労働政策研究・研修機構,2014『若年者の就業状況・キャリア・職業能力開発の現状②——平成24年版「就業構造基本調査」より』(JILPT 資料シリーズ No.144)。

菅山真次,2011『「就社」社会の誕生——ホワイトカラーからブルーカラーへ』名古屋大学出版会。

太郎丸博・亀山俊朗,2006「結論と今後の課題——どのような政策と研究が必要か」太郎丸博編『フリーターとニートの社会学』世界思想社。

東京経営者協会,2009「『平成21年3月新規高校卒業予定者に関するアンケート調査』集計結果」。

筒井美紀,2006『高卒就職を切り開く——高卒労働市場の変貌と高校進路指導・就職斡旋における構造と認識の不一致』東洋館出版社。

吉田崇,2011「初期キャリアの流動化と所得への影響」佐藤嘉倫・尾嶋史章編『現代の階層社会 1 格差と多様性』東京大学出版会。

第7章 多様化する働き方

非正規雇用

非正規雇用の人が多く働くファストフード店（写真提供：時事通信フォト）

私たちの生活を便利にしているさまざまなサービスは，多くの非正規雇用者によって支えられている。現代の日本では，企業に雇用されて働く人々の3人に1人が非正規雇用者である。

1 進む雇用形態の多様化

雇用形態の多様化とは　雇用形態の多様化とは、企業および労働市場全体において、**正規雇用**以外のさまざまな雇用条件の働き方が増えることをいう。日本では過去30年の間に、雇用形態の多様化が進んだ。正規雇用が1990年代後半をピークに減少傾向に転じたのに対して、パートやアルバイト、**契約社員、派遣労働者**などの非正規雇用の人数は一貫して増加を続けている。役員を除く雇用者に占める非正規雇用者の割合は2013年平均で36.3％と、雇用される者の4割近くに達している（図7-1）。

この傾向は程度の差があるものの、先進国に広くみられる現象である（大沢・ハウスマン 2003）。一例として、就業者に占める短時間労働者（週30時間未満）の割合の変化を挙げておく。1995年から2012年までの間に、イギリス（22.3％→24.9％）やドイツ（14.2％→22.1％）、イタリア（10.5％→17.8％）、韓国（4.3％→10.2％）で増加している。もっとも、同期間においてアメリカ（14.0％→13.4％）やフランス（14.2％→13.8％）、スウェーデン（15.1％→14.3％）では減少している（労働政策研究・研修機構 2014a）。

非正規雇用とは　どのような雇用形態が非正規雇用に分類されるかを知るためには、まず正規雇用を定義しておく必要がある。本章では、①雇用契約期間の有無、②勤務時間がフルタイムかパートタイムか、③雇用主からの直接雇用か間接雇用かという3つの基準に照らして考えておく。正規

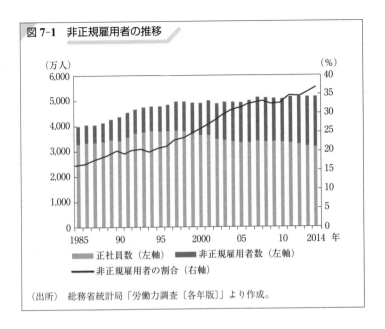

図 7-1 非正規雇用者の推移

（出所） 総務省統計局「労働力調査〔各年版〕」より作成。

雇用は，①雇用契約期間の定めがない，②フルタイム勤務，③直接雇用の3点をすべて満たす雇用形態である。この3つの条件のうちどれかが欠けていれば，非正規雇用に分類される。雇用期間の定めがあったり（有期雇用契約），パートタイム勤務であったり，間接雇用であったりすれば，非正規雇用である。

さまざまな非正規雇用

非正規雇用にはさまざまな形態があり，互いに対応する雇用形態の呼称が企業の間で同一であるとも限らない。それに加えて，同じ呼称や類似の概念を想定していても，日本の政府統計においてすら，名称や定義が混在することもある。総務省統計局「労働力調査」（2013年）に基づき計算すると，非正規雇用者のうち68.0％は女性が占めて

いる（総務省統計局 2014）。以下では，日本で代表的な雇用形態について概観する。

(1) パート・アルバイト

パートとは文字どおりにはパートタイム労働者，すなわちフルタイム労働者の対義語としての，短時間労働者を指す呼称である。アルバイトはドイツ語の労働に由来する言葉であり，日本語では学生など，仕事が主でない若年層による短時間労働を指すことが多い。日本の政府統計では，パートやアルバイトに相当する用語が混在している（脇坂 1998）。

厚生労働省「賃金構造基本統計調査」などでは，「短時間労働者」の定義として「1日の所定労働時間が一般労働者より短い者あるいは1日の所定労働時間が同じであっても1週の所定労働日数が一般労働者より少ない者」が用いられている。「労働力調査」などでは，勤め先での呼称に基づき，「パート」や「アルバイト」の人数が把握されている。また「労働力調査」における週間就業時間35時間未満の短時間雇用者を，パート・アルバイトとして考えることもある。パートタイム労働法では「短時間労働者」の定義が，パートタイム労働者のそれとして用いられている。

「労働力調査」（2013年）のパート・アルバイトの定義に基づき計算すると，非正規雇用者の69.3％をパート・アルバイトが占めており，そのうち77.2％が女性である。また，勤務先でパートと呼ばれていても，フルタイム勤務者以上の労働時間で働く者もいる。長時間働く「呼称パート」は，疑似パートや身分パートとも呼ばれることがある。

(2) 契約社員・嘱託

契約社員とは，企業と直接雇用の関係にある有期雇用者である。

類似の概念として**嘱託**がある。嘱託は定年退職後に有期で再雇用された従業員を指すことが多い。自動車産業における有期雇用の組立工は，期間工や期間従業員と呼ばれる。「労働力調査」(2013年) に従うと，契約社員と嘱託の合計のうち43.6％が女性であり，男性が56.4％を占めている。女性の割合の高い非正規雇用者にあって，男性のほうの割合が大きい点が特徴的である。

(3) 派遣労働者

派遣労働者は，人材派遣会社などの派遣元に雇用されながら，派遣先企業の指揮命令を受けて働く，間接雇用の労働者を指す。人材派遣業には，**特定労働者派遣事業**と**一般労働者派遣事業**の2種類がある。特定労働者派遣事業は派遣元に一定期間以上雇用されている常用労働者（派遣元企業の正社員など）のみを派遣する。一般労働者派遣事業は派遣先がみつかるまで，派遣元との雇用関係が派遣を希望する登録者に生じない，**登録型派遣**を行う。ただし，一般労働者派遣事業は常用労働者も派遣できる。また派遣先への職業紹介を前提とする，**紹介予定派遣**もある。紹介予定派遣は，一般労働者派遣事業と有料職業紹介事業の双方の特徴を兼ね備えている。

「労働力調査」(2013年) に基づくと，非正規雇用者のうち6.1％が派遣労働者である。そのうち58.6％を女性が占めている。人材派遣事業や次に触れる業務請負事業は，求人広告や公共職業安定所，民間有料職業紹介などとともに，労働力の需給調整機能を担っている（佐藤 2014）。

(4) 業務請負

そのほかの非正規雇用の形態として，**業務請負**の労働者が挙げられる。業務請負の労働者は，業務請負業者に直接雇用されて，

業務請負契約の発注元の企業内で働く。業務請負業者は発注元企業の業務を請け負って，労働者は発注元企業の施設や設備を使って働く。派遣労働者との違いは，業務請負の労働者は雇用主である業務請負会社から指揮命令を受ける点にある。包装・梱包作業や清掃業務，製造業の生産現場などで業務請負が活用されている。業務請負事業の歴史は古く，業務請負の労働者はかつて社外工と呼ばれていた。

雇用ではないが非正規雇用に近い働き方として，**個人請負**がある。個人請負は自営業主の一種である。個人請負では業務をほかの個人や企業から請け負っており，特定の企業と雇用契約があるわけではない。保険外交員や飲料メーカーの戸別販売員などで個人請負が多い。

産業・職業による違い 雇用形態の多様化の程度は産業によって異なる。自営業層の多い第一次産業を除いて，非正規雇用者の比率が高い産業（大分類）を「労働力調査」（2013 年）に基づき計算すると，「宿泊業，飲食業」(73.6%)，「生活関連サービス業，娯楽業」(54.3%)，「卸売業，小売業」(47.9%)，「医療，福祉」(38.0%)，「不動産業，物品賃貸業」(37.7%) など，となっている（総務省統計局 2014）。第三次産業で雇用形態の多様化が進んでいるといえる。

自営業層の多い農林漁業従事者を除く職業別（大分類）では，「運搬・清掃・包装等従事者」(66.6%)，「サービス職業従事者」(60.8%)，「販売従事者」(40.3%) などで，非正規雇用者の比率が高くなっている。単純労働や販売・サービス労働において，雇用形態の多様化が進んでいる。

> **多様化をどう表現するか**

本章では正規雇用と非正規雇用の二分法に基づいて，雇用形態の多様化を表現している。組織のなかで明確に特定されている正社員（企業など）や正職員（官公庁や団体など）を正規雇用者，それ以外を非正規雇用者とみなせば，雇用形態の分類が容易である。

これに対し，「正規」という言葉に，「規範的な正しさ」や「正当なメンバー」というニュアンスが含まれているとして，この表現を避けて，**典型雇用**と**非典型雇用**の二分法が用いられることもある。この表現はより中立的な概念として使用されている。典型雇用は正規雇用とほぼ重なる概念だと考えられている。しかしこの二分法にも問題が含まれている。たとえば，パート・アルバイトが従業員のほとんどを占める飲食店にとって，量的に最も典型的な労働者はパート・アルバイトである。また，現在の日本では女性の半数以上がパートや派遣労働などの非正規雇用に従事しており，彼女たちにとっては非正規雇用こそが最も典型的な雇用形態である（仁田 2003）。

また，労働力需要の発生に応じて活用される労働という意味で，**コンティンジェント労働**という言葉が使われることもある。さらには雇用保障がない雇用という意味で，**不安定雇用**という語が用いられることもある（鈴木 1997）。加えて，正規雇用者に一般的なフルタイム勤務に対して，パートタイム勤務を**短時間労働**として分類することがある。ただし企業でパートと呼ばれていても，正規雇用者と同等以上の時間を働く者もいる。いずれにせよ，雇用形態の多様化のどのような点を重視して議論するのかについて，自覚的になることが必要である。

2 なぜ企業は非正規雇用を活用するのか

柔軟な企業モデルと雇用ポートフォリオ

なぜ企業は雇用の多様化を進めるのだろうか。それを説明するモデルの1つが,**柔軟な企業モデル**である（Atkinson 1985）。ここで**柔軟性**（フレキシビリティ）とは,企業が自社の経営資源の総量や社内での配分を固定するのではなく,意図的にそれらを変動させる能力のことを指す。労働力ないしは人的資源に関する柔軟性は,①**機能的柔軟性**,②**数量的柔軟性**,③**金銭的柔軟性**の3つに大別される。

機能的柔軟性は,企業活動の変化に対応して,従業員のタスクを調整する企業の能力である。たとえば,従業員にさまざまな業務を担当させたり,ほかの業務へ配置転換させたりすることが,これに該当する。数量的柔軟性は,労働力需要の変動に対して雇用量を変動させる企業の能力である。業務の繁忙な時間帯に要員を多く配置し,そうでない時間帯の要員を少なくすることが,この例である。金銭的柔軟性は,企業の財務の変動に応じて,賃金などの労働費用を調整する企業の能力である。たとえば,企業業績が好調なときに賞与を増やし,そうでないときは賞与を減額することが,これに相当する。

正社員は機能的柔軟性の対象となることと引き換えに,長期的な雇用保障が得られる。それに対して非正規雇用者は数量的柔軟性の対象となる。日本ではそれに加えて,非正規雇用者が労働費用のかかる正社員に代わる労働力として,金銭的柔軟性の対象と

されることがある。

日本では類似のモデルとして，1995年に日本経営者団体連盟（当時，現・日本経済団体連合会）が，**雇用ポートフォリオ**を提示した（新・日本的経営システム等研究プロジェクト編 1995）。ポートフォリオは書類かばんを指す言葉に由来する。現在では，分散投資した金融商品の組み合わせを意味する金融用語としても一般的に用いられている。したがって雇用ポートフォリオとは，異なる種類の人的資源を，それぞれの特色を活かしつつ組み合わせて雇用するように，企業へ提唱するモデルであるといえる。

このモデルは企業の労働力を，①長期蓄積能力活用型グループ，②高度専門能力活用型グループ，③雇用柔軟型グループの3つに分けている。①のグループは正社員にほぼ相当する。有期雇用である②や③のグループをそれぞれの特性に基づいて利用し，柔軟な雇用を実現することを目指している。

雇用形態による活用理由の違い

厚生労働省「雇用の構造に関する実態調査（就業形態の多様化に関する総合実態調査）」(2010年) は，非正規雇用を活用する理由を事業所に調査している（厚生労働省 2011, 図7-2）。パートタイム労働者では「賃金の節約のため」(47.2%)，「1日，週の中の仕事の繁閑に対応するため」(41.2%)，「賃金以外の労務コストの節約のため」(30.8%) が多い。契約社員では「専門的業務に対応するため」(41.7%)，「即戦力・能力のある人材を確保するため」(37.3%)，「賃金の節約のため」(30.2%) が多い。派遣労働者では「即戦力・能力のある人材を確保するため」(30.6%)，「専門的業務に対応するため」(27.0%)，「景気変動に応じて雇用量を調節するため」(24.7%) が多い。

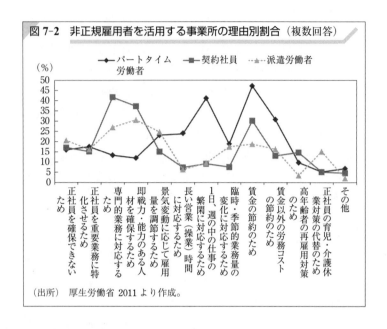

図7-2 非正規雇用者を活用する事業所の理由別割合（複数回答）

（出所）厚生労働省 2011 より作成。

　いずれの雇用形態も，数量的柔軟性を目的として活用されている。とくにパートタイム労働者では，それに加えて金銭的柔軟性の対象ともされている。また契約社員や派遣労働者は，雇用ポートフォリオモデルにおける高度専門能力活用型グループのような活用をされることが少なくない。パートタイム労働者は，主に雇用柔軟型グループとして活用されている。

サービス経済化の進展　　以上の説明は雇用形態の多様化の要因を，企業経営の観点から機能的に説明したものである。加えて，企業経営をとりまく環境的な要因にも注目する必要がある。非正規雇用者の重要な増加要因のひとつは，第三次産業の規模と就業者数が拡大する**サービス経済化**の進展である。

日本の雇用者数の変化を産業別にみると，第二次産業は1980年代から減少してきたのに対して，第三次産業はそれ以前から増加を続けてきた。すでにみたように，非正規雇用者の割合の高い産業は第三次産業に多い。非正規雇用者の割合が高い第三次産業が成長すれば，全体として雇用形態の多様化が進展する。

なぜ第三次産業では，非正規労働者が多く雇用されるのだろうか。それは「サービスという商品」の特性に要因がある。サービス財は基本的な特徴として，無形でありかつ在庫として保管することができない。サービス財には，生産と消費が同時に行われる特徴がある。サービスの需要は変動的で，1日，週，月，年において分散的かつ周期的に変動する。飲食店であれば食事の時間に顧客が集中し，平日と休日・祭日でも需要が異なる。宿泊業では繁忙期が年間で一定の時期に集中する。

変動的な需要に対して，製造業であれば商品を在庫しておくことで，生産に必要な労働力を抑えることができる。これに対して第三次産業では，労働力需要が最大のときに合わせて要員を常に抱えていると，需要の小さいときに過剰な要員を抱えてしまい，その分の労働コストがむだとなる。労働力需要の変動に対応して，非正規雇用の量を変動させることが，企業にとって労働コストの観点から一般的である。

解雇規制と非正規雇用 非正規雇用は雇用の調整弁として使われる側面がある。このため，正規雇用者に対する解雇規制が強い国では，有期雇用など短期の雇用者の割合が高まることが指摘されている。有期雇用など短期の雇用者（テンポラリー雇用者）の割合（2005年）を，経済協力開発機構（OECD）の統計データベース（http://stats.oecd.org/#）で算出すると，日本

14.0%,ドイツ14.2%,フランス13.9%に対して,アメリカ4.2%,イギリス5.8%であった。解雇規制が強い日本,ドイツ,フランスでは割合が高く,解雇規制が弱いとされるアメリカやイギリスでは割合が低い。

　もっとも,解雇規制だけでは非正規雇用の割合の違いを説明できない。サービス経済化の進展,社会保障のしくみ,正規雇用における女性の地位など,多様な観点から考察する必要がある(大沢・ハウスマン 2003)。

3　企業による非正規雇用の活用

パート・アルバイトの基幹化

　非正規雇用者の割合が高い企業や事業所では,業務のかなりの部分を非正規雇用者に依存している。このような企業や事業所では,非正規雇用者は補助的作業に従事する労働者にとどまることなく,基幹的な業務を担っている。これをパート・アルバイトの**基幹化**と呼ぶ。総務省統計局「経済センサス」(2009年)に基づいて計算すると,「ハンバーガー店」は常用雇用者のうち94.9%も非正規雇用者で占められている(総務省統計局 2011)。

　小売業・飲食店を対象にした1990年代後半の調査では,パート・アルバイトに正社員と同じように働いてもらう意向の店長が増えつつあった(佐藤 2000)。小売業では,レジ業務や生鮮品,惣菜の加工,対面販売,定番商品の発注,商品の陳列の変更,部下の管理など,さまざまな仕事にパートが活用されている(本田 2010)。いまやパート・アルバイトの業務は,単純作業や補助的

作業にとどまらない。

こうしたパート・アルバイトの基幹化は，**標準化やマニュアル化**，近年では情報技術の活用など，特殊な技能をもたない者でも，短期間に習得が可能とする業務のしくみを企業が蓄積してきたことにより，実現されている。

たとえば，鮮魚や精肉などの生鮮品の加工は，チェーンストアが日本に登場したばかりの 1960 年代には，鮮魚店や精肉店での仕事の経験がある「職人」が担っていた。当時の「職人」は高度な技能を背景に店舗のなかで強い立場にいて，ときにはそれが業務の支障となることもあった。チェーンストア企業が「職人」の職務を分析し，1980 年代には現在のように，パート・アルバイトであっても鮮魚や精肉を扱えるしくみが整えられた（本田 2010）。

正規雇用と非正規雇用の職域分離　パート・アルバイトの基幹化が進む一方で，正規雇用と非正規雇用との間で，担う仕事の違いが維持されることも少なくない。一般的に正規雇用者は責任が大きく，高度な判断や管理・監督をともなう仕事を担うが，非正規雇用者がこうした仕事を担うことは少ない。しかし細かく検討するとこの職域分離の程度は企業によって異なる。

管理・監督的な地位に就くまでのキャリア初期の段階では，正社員は非正規雇用者と同じ仕事を担うことがある。また，正社員が非正規雇用者と同じ仕事をする期間も，企業によってまちまちである。正社員が入社後早い段階で管理・監督的な役割を担う企業では，非正規雇用者は現場の第一線の仕事を幅広く任される傾向にある。他方で，正社員を第一線で長く活用する企業のなかに

は，非正規雇用者の仕事の範囲を狭く限定するところもある（佐野 2009）。

非正規雇用者を活用するための人事制度

非正規雇用者の基幹化を図る企業では，賃金制度や評価制度を工夫している。賞与・報奨金，定期昇給制度，正社員への登用制度，昇進・昇格制度などが代表的である（佐藤 2000）。こうした制度は，非正規雇用者の仕事への意欲を高め，能力に応じて処遇するために実施されている。なかにはパートを店長に登用する小売業者もある。

厚生労働省「雇用の構造に関する実態調査（パートタイム労働者総合実態調査）」（2011年）によれば，正社員と非正規雇用者の両方を雇用している事業所のうち，非正規雇用者の正社員転換推進措置は41.5%で導入している。賞与は37.3%の事業所でパートへも支払われており，非正規雇用者に対する人事考課・評価と定期昇給はそれぞれ，36.4%，27.8%の事業所で実施されている（厚生労働省 2012）。

非正規雇用者と労働組合の組織化

日本の労働組合の大部分は企業別労働組合である（→第3章）。企業別労働組合といっても，労働組合員の中心は正社員である。パート・アルバイトや契約社員など，非正規雇用者を組合員としている企業別組合は少ない。厚生労働省「労使関係総合調査（労働組合基礎調査）」（2013年）によれば，雇用者全体のうち労働組合員の占める割合である労働組合組織率は，2004年で18.1%，2013年で17.7%だった。同じ年のパートタイム労働者の組織率は，それぞれ4.8%と6.5%だった（厚生労働省 2013）。パートタイム労働者の組織率は増えつつあるものの，雇用者全体の組

織率よりかなり低いままとなっている。

　非正規雇用者の割合の高い企業に組織されている労働組合では，正社員だけでなくパート・アルバイトや契約社員の組織化も進めている。その大きな背景として，労働組合が**過半数代表**の資格を失うことへの懸念がある。日本の労働法は，企業が労働条件の変更をする場合，事業所で働く従業員の過半数を組織している労働組合か，それがない事業所では従業員の過半数を代表する者と，書面での協定を結ぶことを数々の領域で義務づけている。**法定労働時間**（原則1日8時間，1週40時間）を超える時間外労働についての協定が，その代表例である。

　労働組合員でない従業員が事業所に増えると，企業別労働組合は過半数代表の資格を失う。企業との交渉力や従業員への影響力の低下を防ぐため，企業別労働組合は社内で働く非正規雇用者の組織化を進めることになる。労働組合に組織されていない非正規雇用者の組織化を進める，企業外の労働組合も存在する。企業外の労働組合が企業内の未組織労働者へ影響を及ぼし，労使関係の安定をゆるがすことを未然に回避することも，非正規雇用者を組織化する企業別労働組合のねらいの1つである（呉 2012）。

非正規雇用者の正社員化

　正社員への転換制度によって，個々の非正規雇用者を正社員化する施策とは別に，非正規雇用者をまとめて正社員化することがある。パート・アルバイトの基幹化とは，正反対の施策であるともいえる。非正規雇用者の正社員化には，大きく分けて2つの方法がある。1つは，非正規雇用者を対象とした業務の採用枠を，正社員の採用枠へ転換する方法である。もう1つは，すでに在籍している非正規雇用者を，一括して正社員へ転換する方法で

> **Column ⑦　正社員化の動き**
>
> 　2014年ごろから非正規雇用者の正社員化への動きが目立つようになってきた。ファーストリテイリングは，傘下のユニクロで非正規雇用の約3万人のうち，約1万6000人を地域限定の正社員にする方針を明らかにした（『日本経済新聞』2014年4月11日朝刊，15面）。また，スターバックスコーヒージャパンは，約800人の契約社員を正社員に転換することを発表した（『日本経済新聞』2014年2月27日夕刊，3面）。これらの動きは，小売業や飲食店でとくに顕著な人手不足に対応したものである。
>
> 　運輸業の全日本空輸でも，客室乗務員を契約社員ではなく20年ぶりに正社員で募集することになった。長期雇用や昇給，昇進を保障し，優秀な人材の確保をねらっている（『日本経済新聞』2013年8月20日朝刊，11面）。
>
> 　正社員化への動きは近年に限ったことではなく，高度経済成長時代の景気拡大期にも製造業でみられた現象である。今回の動きも景気回復にともなう現象との解釈も可能である。しかし，中長期的には少子高齢化による労働力人口の減少により，日本の労働力不足ならびに優秀な人材の確保が懸念されている。正社員化や地域限定など正社員の多様化がどの程度進むか，今後の動きが注目される。

ある。

　ある鉄道・バス会社ではすべての契約社員を正社員化した。この例では企業主導によるというよりも，正社員と契約社員との**均等・均衡処遇**を求める企業別労働組合との交渉によって，契約社員の正社員化が実現している（河西 2011）。企業主導による非正規雇用者の正社員化も増えつつある。その目的は，人手不足の解消や，従業員に長期雇用や昇進の機会を保障することにより，モチベーションを高めて働いてもらうことにある（→ Column ⑦）。

4 非正規雇用者とライフスタイル

雇用形態による選んだ理由の違い

非正規雇用に対して，2つの対立する評価が存在する。1つは就業機会が不安定で，賃金など労働条件が低く，仕事の技能水準が低いとする，否定的な評価である。もう1つは就業機会を拡大し，正社員よりも柔軟な働き方を提供するという，肯定的な評価である（佐藤 1998）。いずれの評価が妥当かを判断する手がかりとして，厚生労働省「雇用の構造に関する実態調査（就業形態の多様化に関する総合実態調査）」(2010年）に基づき，非正規雇用者が自分の雇用形態を選んだ理由をみておく（厚生労働省 2011, 図 7-3）。

パートタイム労働者では，「自分の都合のよい時間に働けるから」(50.2%)，「家計の補助，学資等を得たいから」(39.6%)，「家庭の事情（家事・育児・介護等）や他の活動（趣味・学習等）と両立しやすいから」(30.9%) が，理由として多く挙げられている。パート・アルバイトは，自分のほかの活動と両立しながら，家計や学費を補助する収入の得られる雇用形態として選ばれている。

「労働力調査」(2013年）をもとに算出すると，パートのうち女性が89.0%であり，そのうち配偶者のいるパート（いわゆる**主婦パート**）が77.0%を占めている（総務省統計局 2014）。主婦パートの**中心的生活関心**（Dubin 1956）は家庭にあるため，家庭を優先する働き方が選ばれている。学生のアルバイトも，学業を優先する働き方として選ばれている。

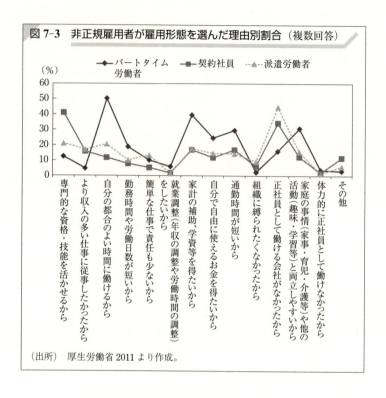

図7-3 非正規雇用者が雇用形態を選んだ理由別割合（複数回答）

（出所）厚生労働省2011より作成。

　契約社員では「専門的な資格・技能を活かせるから」(41.0%)，「正社員として働ける会社がなかったから」(34.4%)，派遣労働者では「正社員として働ける会社がなかったから」(44.9%)，「専門的な資格・技能を活かせるから」(21.1%)が，理由として多く挙げられている。この2つの雇用形態は，専門的な資格や能力・経験があり，正社員を希望しながらも，やむをえず選んでいる人が多い。

　非正規雇用に対する否定的な評価と肯定的な評価という2つの

対立する評価は、どちらが正しいということではない。また雇用形態ごとに選ばれる理由には違いがある。そのため、非正規雇用をひとくくりにしてその働き方を一般化して評価することはできないといえる（佐藤・小泉 2007）。

学生アルバイトとフリーター

非正規雇用を担うグループの1つとして、学生アルバイトがある。アルバイトという日常的に使われるこの言葉には雇用労働だけでなく、家庭教師のように個人で業務を請け負う、個人請負的な働き方も含まれる。企業による非正規雇用としての学生アルバイトの活用は、かつてのような家庭教師や塾講師など教育産業にとどまらず、小売業や飲食店、娯楽業など第三次産業の全体に広がっている。また学生アルバイトは期間限定的な利用にとどまらず、企業にとって恒常的な労働力として活用が広がっている（佐藤 1988）。

総務省統計局「就業構造基本調査」（2012年）に基づき計算すると、高校以上の在学者に占める、通学を主とする有業者の割合は17.6％だった（総務省統計局 2013）。大学生では31.5％、大学院生では25.0％を占めている。この数字は一時点での調査の結果であり、学生生活の間にアルバイトを経験する者の割合は、より高いと思われる。

フリーターも若年層の労働力として活用が広がっている。フリーターの定義は調査や分析方法により異なるが、おおむね、学生や主婦ではない30歳代前半までの若年非正規雇用者を指す。フリーターは1990年代以降に増加したが、その大きな要因として、景気低迷により新規学卒一括採用が緩むなど、正社員としての雇用機会が縮小したことが挙げられる。とくに高卒者には正社員と

しての雇用機会が少なくなっている（→第6章）。大学など高等教育卒業者の割合が増えたため，高卒者の採用を抑制し，大卒者の採用へ比重を移す企業も増えている（小杉 2010）。

雇用形態と家族形態・家計

非正規雇用で柔軟な働き方の利点を享受している人々もいれば，やむなく不安定な就業機会に甘んじている人々もいる。「就業構造基本調査」（2012年）から，雇用形態別・年齢別の未婚率を性別で算出したのが，図7-4である。この図から明らかなように，男性の非正規雇用者の未婚率が，年齢を経ても高い水準でとどまっている。女性の非正規雇用者は30歳代後半以降で，ほかのカテゴリーに比べて未婚率が低くなっており，男性とは正反対の傾向を示している。

日本では現在も女性の家事・育児の負担が大きい。逆に，家計を支える中心的な担い手は，男性とされることが多い。就業機会や収入が安定しない男性非正規雇用者は，正規雇用者よりも未婚率が高い。また未婚の男性非正規雇用者では，女性と交際する者も少ない傾向にある。その結果，男性の非正規雇用者の増加は，少子化を進める1つの要因となっている（松田 2013）。女性正規雇用者は同性の非正規雇用者だけでなく，男性正規雇用者よりも未婚率が高い。長い労働時間など正規雇用者に求められる働き方と，現在の日本で女性に期待される家事・育児などの役割が両立しないことが，女性正規雇用者の晩婚化や未婚化の一因である。

家計の主な収入源を，「雇用の構造に関する実態調査（就業形態の多様化に関する総合実態調査）」（2010年）に基づいて算出すると（厚生労働省 2011），男性は「自分自身の収入」が正社員97.7%，非正規雇用者が82.3%に対して，女性はそれぞれ55.2%と29.6%

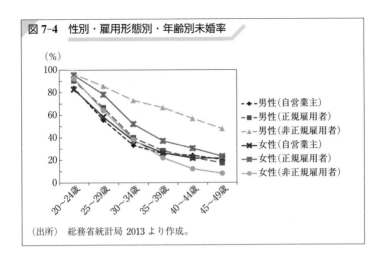

図 7-4　性別・雇用形態別・年齢別未婚率

(出所)　総務省統計局 2013 より作成。

である。女性では「配偶者の収入」がそれぞれ 34.4％ と 59.7％ である。つまり，男性では雇用形態を問わず，家計を本人の収入に依存している一方で，女性は正社員であっても配偶者の収入に依存している者が多い。

　また，男性の非正規雇用者のうち，家計の主な収入源を「親の収入」とする者が 13.5％ も占めており，今後，親の加齢にともなう家計の収入の減少が懸念される。非正規雇用者は若年層だけでなく，1990 年代以降の景気低迷を経験した 30 歳代後半以降の壮年層でも増えている。男性だけでなく，配偶者のいない女性の非正規雇用者を含め，正社員への転換制度や昇給のしくみを整備し，雇用や収入の安定をはかることが求められるゆえんである（労働政策研究・研修機構 2014b）。

非正規雇用者の能力開発と「学びの習慣」

日本では企業内教育訓練に恵まれた正社員に比べ，非正規雇用者には能力開発の機会が少ない。非正規雇用者であっても高学歴者は「学びの習慣」があるため，自己啓発によって正社員への移行を達成する者も少なくないが，「学びの習慣」がない非正規雇用者を含めて，企業外の機関によって提供される能力開発の機会を，一層整備することが求められている（小杉 2010）。

アルバイトを通じて「働くこと」について学ぶことはできる。とはいえ，非正規雇用者の能力開発の機会は限られているため，学生時代に「学びの習慣」をつけることが，長い職業生活を送るにあたって重要であるといえるだろう。

読書案内

①佐藤博樹・鎌田彰仁編『店長の仕事――競争力を生みだす人材活用』中央経済社，2000 年。
　小売業，飲食店の店長を対象とした調査に基づき，パートやアルバイトの活用方法について分析している。
②佐藤博樹・小泉静子『不安定雇用という虚像――パート・フリーター・派遣の実像』勁草書房，2007 年。
　調査データに基づきながら，非正規雇用の多様な働き方の実態や，働く人々の意識について明らかにしている。
③本田一成『主婦パート 最大の非正規雇用』集英社，2010 年。
　非正規雇用のなかで最も多い主婦パートの厳しい労働実態を，パート労働研究の第一人者が実態調査に基づきながら解説している。
④河西宏祐『全契約社員の正社員化――私鉄広電支部・混迷から再生へ (1993 年～2009 年)』早稲田大学出版部，2011 年。

民間の鉄道・バス会社が労使交渉を通じて契約社員を正社員化することになった経緯を，徹底的な調査に基づき分析している。

⑤佐藤博樹・大木栄一編『人材サービス産業の新しい役割――就業機会とキャリアの質向上のために』有斐閣，2014年。

人材サービス事業について，派遣労働者や請負労働者といった働く側と，人材派遣会社や業務請負会社といった事業を展開する企業側の，双方の視点から調査・分析している。

調べてみよう・考えてみよう

①アルバイト先や勤務先で，パートやアルバイトの基幹化がどの程度進んでいるか，調べてみよう。

②アルバイト先や勤務先で，正社員と非正規雇用者の間で，仕事の内容や働き方，賃金，必要な技能，責任がどのように異なっているか考えてみよう。

③非正規雇用の拡大は，企業，労働者，社会のそれぞれにとって，どのような利点と問題があるかを考えてみよう。

④あなたは仕事が楽しいだろうか，つらいだろうか。その楽しさやつらさはどこから来ると思われるか。企業や上司が従業員を管理する方法，人間関係，賃金や労働時間，休憩・休暇など労働条件，仕事の内容，顧客との関わり方などから考えてみよう。

● **引用文献**

Atkinson, J., 1985, *Flexibility, Uncertainty and Manpower Management* (IMS Report No.89), Institute of Manpower Studies, University of Sussex.

Dubin, R., 1956, "Industrial Workers' Worlds: A Study of the 'Central Life Interests' of Industrial Workers," *Social Problems*, 3 (3).

本田一成，2010『主婦パート 最大の非正規雇用』集英社。

河西宏祐，2011『全契約社員の正社員化――私鉄広電支部・混迷から再生へ（1993年～2009年）』早稲田大学出版部。

小杉礼子，2010『若者と初期キャリア──「非典型」からの出発のために』勁草書房。

厚生労働省，2011「平成22年雇用の構造に関する実態調査（就業形態の多様化に関する総合実態調査）」。

厚生労働省，2012「平成23年雇用の構造に関する実態調査（パートタイム労働者総合実態調査）」。

厚生労働省，2013「平成25年労使関係総合調査（労働組合基礎調査）」。

松田茂樹，2013『少子化論──なぜまだ結婚，出産しやすい国にならないのか』勁草書房。

仁田道夫，2003『変化のなかの雇用システム』東京大学出版会。

呉学殊，2012『労使関係のフロンティア──労働組合の羅針盤〔増補版〕』労働政策研究・研修機構。

大沢真知子，スーザン・ハウスマン，2003「序章」大沢真知子，スーザン・ハウスマン編，大沢真知子監訳『働き方の未来──非典型労働の日米欧比較』日本労働研究機構。

労働政策研究・研修機構，2014a『データブック国際労働比較2014』労働政策研究・研修機構。

労働政策研究・研修機構，2014b『壮年非正規労働者の仕事と生活に関する研究──現状分析を中心として』労働政策研究・研修機構。

佐野嘉秀，2009「非典型雇用の人材活用──非典型雇用の仕事とその割り振り」佐藤博樹編『叢書・働くということ④ 人事マネジメント』ミネルヴァ書房。

佐藤博樹，1988「学生アルバイトの活用と就業の実態」『季刊労働法』149。

佐藤博樹，1998「非典型的雇用の実態──柔軟な働き方の提供か？」『日本労働研究雑誌』462。

佐藤博樹，2000「変貌する店長と『仕事世界』」佐藤博樹・鎌田彰仁編『店長の仕事──競争力を生みだす人材活用』中央経済社。

佐藤博樹，2014「労働市場における需給調整の担い手としての人材サービス産業」佐藤博樹・大木栄一編『人材サービス産業の新しい役割──就業機会とキャリアの質向上のために』有斐閣。

佐藤博樹・小泉静子，2007『不安定雇用という虚像──パート・フリーター・派遣の実像』勁草書房。

佐藤博樹・鎌田彰仁編，2000『店の仕事──競争力を生みだす人材活用』中央経済社。

佐藤博樹・大木栄一編，2014『人材サービス産業の新しい役割——就業機会と
　　キャリアの質向上のために』有斐閣．
新・日本的経営システム等研究プロジェクト編，1995『新時代の「日本的経営」
　　——挑戦すべき方向とその具体策』日本経営者団体連盟．
総務省統計局，2011「平成21年経済センサス 基礎調査」．
総務省統計局，2013「平成24年就業構造基本調査」．
総務省統計局，2014「平成25年労働力調査」．
鈴木宏昌，1997「非典型的雇用とコンティンジェント労働」『季刊労働法』183．
脇坂明，1998『職場類型と女性のキャリア形成〔増補版〕』御茶の水書房．

第8章 働く時間と個人の時間

労働時間のしくみとワークライフバランス

(写真提供:アフロ)

現代の私たちにとって時間の問題は切実だ。働く人々の多くは時間に追われながら,仕事をこなしたり家族での役割を果たしたりしている。近代以前の社会では働くことは生活全体のリズムの一部だったが,雇用者となった人々は生活の都合とは関係なく,一定時間を職場に拘束されるようになったのである。1日24時間という普遍的な時間を基準とする職場のリズムは,共同体や家族,個人のリズムとの間に潜在的な葛藤を抱え込み,さらには人々の生活のリズム自体を規定していくことにもなった。

1 仕事の時間

労働時間に関わる制度　労働時間とは，制度的には労働者の行為が使用者の指揮命令下に置かれている時間を指す。日本では，**労働基準法**（以下，労基法）によって労働時間の上限が定められており，これを**法定労働時間**という。法制定以来，法定労働時間は長らく1日8時間，週48時間であったが，1987年の法改定により週40時間労働制が段階的に実施されることとなり，97年には一部の小規模特例事業所を除き全面適用となった。2001年からは特例事業所についても週46時間から週44時間に短縮されている。

法定労働時間を超える労働時間が**時間外労働時間**である。法定労働時間を超えて使用者が労働者を働かせるには，労働者の過半数で組織される労働組合等と使用者が労使協定で合意し，所轄の労働基準監督署に届け出ることが必要である。その場合も無制限に延長できるというわけではなく，1週15時間，1カ月45時間，1年360時間以内などの基準が設けられている。

労働者に時間外労働をさせる場合，使用者は割増賃金を支払わなければならない。現行の割増率は25％以上（月60時間を超える時間外労働の場合は50％以上），休日労働では35％以上である。午後10時以降の深夜労働の場合は，通常の割増分に加えてさらに25％以上の割増賃金の支払い義務がある。

所定労働時間とは，各事業所等の就業規則で定められた始業時刻から就業時刻までの時間（休憩時間を除く）である。この間に労

Column⑧ ディーセントな労働時間

1919年の第1回ILO総会。第1号条約として採択されたのは労働時間に関する条約（「工業的企業に於ける労働時間を1日8時間かつ1週48時間に制限する条約」）だった。労働時間の問題は当初から，労働をめぐる国際的ルールづくりの大きな関心事だったことがわかる。産業社会の到来以来，長時間労働を抑制し，毎週の休日や有給休暇を確保して働き手の健康を守ることは，重要な社会的課題であり続けてきた。

一方で，労働時間のルールを決めるにあたりどんな価値を重視すべきかについては，時代とともに新たな考え方も付け加わってきた。近年提唱された「ディーセントな労働時間」の理念（Messenger 2004）には，現代の1つの到達点をみることができる。

「ディーセントな労働時間」の考え方は，「ディーセント・ワーク」の理念をもとにしている。ディーセント・ワークとは「自由，公平，安定，尊厳を満たす条件のもとで人々が生産労働の機会を得ることができ，権利が守られ，適切な水準の報酬が得られ，かつ社会保障が提供されている状態」（ILO 1999）を指す。ディーセントな労働時間の考え方ではディーセント・ワークの理念を実現しうる労働時間のあり方が目指され，人々の労働時間の状況を評価する軸として①働き手の健康，②家族生活との両立，③男女平等，④生産効率，⑤労働時間を働き手自身が決められる余地の5つが提案されている。

もちろん，これらの価値はいつも互いに調和するとは限らず，1つの価値を推進した結果，別の価値が阻害されてしまうといったこともありうる。また，ここで示されているのはあくまで1つの提案にすぎず，もっとよい案を探す努力は常に必要だろう。それでも，私たちが自分たちの働く時間のあり方を振り返る際，ディーセントな労働時間の考え方は議論の有益な出発点になるのではないだろうか。

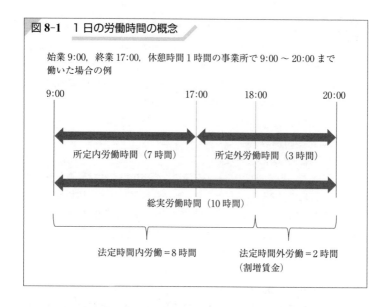

図8-1　1日の労働時間の概念

働した時間を**所定内労働時間**という。所定労働時間を超えた労働時間が**所定外労働時間**である。所定内労働時間と所定外労働時間の合計を**総実労働時間**という（図8-1）。

　労働時間には休日（労働義務のない日）や休暇（労働義務を免除される日）のあり方も影響する。労基法では休日について，使用者は労働者に週1日以上の休日を与えることとしている（**法定休日**）。法で定められた休暇（**法定休暇**）には，労基法で定める年次有給休暇，生理日の就業が著しく困難な女子に対する休暇（生理休暇），産前・産後休業のほか，育児・介護休業法で定められた育児休業および介護休業がある。もちろん，これらの休日・休暇制度は非正規雇用の労働者にも適用される（条件が一部異なる場合がある）。

　年次有給休暇は心身の疲労を回復しゆとりある生活を保障する

ために有給で付与される休暇で，使用者は6カ月以上継続勤務し8割以上出勤した労働者に対して年間10日の休暇を与えなければならない。その後は勤続に応じてさらに10日までの加算が定められている。

産前休業は請求に応じて6週間（多胎妊娠の場合は14週間）まで取得できる。産後8週間を経過しない女性は，使用者は原則として就業させてはならない。育児・介護休業法では，申し出により，原則として1歳未満の子を養育する男女労働者は育児休業を，また家族を介護する労働者は要介護状態の家族1人につき通算93日まで介護休業を取得できると定めている。また3歳未満の子を養育する男女労働者で育児休業を取得していない者，要介護状態の家族を介護する者で介護休業を取得していない者から申し出があった場合，使用者は所定労働時間の短縮措置を講じなければならない。

以上のような法定休暇以外にも，企業レベルで各種の特別休暇制度が設けられている場合がある。

労働時間の柔軟化 労基法では1日，1週の労働時間が規制されているが，いくつかの場合に規制の柔軟な適用が認められている。**変形労働時間制**では，一定の単位期間について，単位期間における週当たり平均労働時間に対して規制が適用される。変形労働時間制の単位時間の選択肢は，労働時間短縮が政策課題となった1980年代以降，何度かの法改正を経て拡大されてきた。変形労働時間制を採用するには，就業規則で定めるか労使間の協定が必要である。

広義の変形労働時間制には**フレックスタイム**制が含まれる。フレックスタイム制とは，労働者が自身の始業・終業時刻を自由に

決められる制度である。必ず就業していなければならないコアタイムを設けることもできる。時間外労働の有無は，清算期間における労働時間の合計で判断される。現在，約半数の労働者が，何らかの変形労働時間制度を適用されている（厚生労働省 2014）。

賃金が支払われる労働時間の算定には実労働時間を用いるのが原則であるが，一定の業務を行う労働者を対象として，実際に働いた時間ではなく，所定時間働いたとみなす「みなし時間」を用いることが認められている。これがみなし労働時間制である。みなし労働時間制の対象となる業務は，労働時間の算定が困難な業務や，業務遂行が大幅に労働者の裁量に委ねられていて，賃金が労務の提供に対する対価というより仕事の質や成果に対する報酬として理解されるような業務だと考えられている。

具体的には，営業など**事業場外労働に関するみなし労働時間制**，一定の専門職種の労働者を対象とする**専門業務型裁量労働制**，経営の中枢部門で企画，立案，調査，分析業務を行う労働者を対象とする**企画業務型裁量労働制**がある。みなし労働時間が法定労働時間を超える場合や深夜業となる場合には，割増賃金の支払いが必要となる。現在は労働者の8％ほどに，何らかのみなし労働時間制が適用されている（厚生労働省 2014）。

このほかの労働時間制度柔軟化の動きには，1997年の男女雇用機会均等法改正時に労基法の女性保護規定（労働制限規定）の一部が見直され，女性の時間外・休日労働，深夜業に関するそれまでの制限が撤廃されたことがある。

労働時間の推移

1980年代の日本では，欧米先進諸国との間で貿易摩擦問題が深刻化していた。それを受け，86年に首相の私的諮問機関「国際協調のための経

済構造調整研究会」の報告書（いわゆる「前川レポート」）が「欧米先進国並みの年間総労働時間の実現と週休2日制の早期完全実施」に言及し，翌年の報告書で労働者一人当たり平均年間労働時間を1800時間以内とする数値目標が示された。

　政府が労働時間把握に主に用いている厚生労働省「毎月勤労統計調査」（非農林業被雇用常用労働者，事業所規模30人以上）によれば，平均総労働時間は1960年代以降減少傾向にはあったものの，80年代当時でも男性で2100時間超，女性でも1900時間を超えており，90年代後半になってようやく，目標とされた1800時間を切った。

　ただし性別でみると，女性では近年，1500時間台となっているのに対し，男性では2000年代に入っても1900～2000時間前後で推移しており，男女の乖離が広がってきている。その背景には，雇用者に占める短時間労働者の割合の増加がある。短時間労働者の多くが女性であることが，労働時間の男女差となって表れている。

　ここからもわかるように，全体の平均労働時間からだけでは労働時間の実態は必ずしもみえてこない。また，「毎月勤労統計調査」のような事業所調査では公式に把握された労働時間のみが回答されるため，いわゆる「サービス残業」があってもカウントされないという問題もある。そこで，国勢調査と同じく世帯調査であり，雇用形態・年間就業日数別の労働時間がわかる総務省統計局「就業構造基本調査」のデータ（2012年）を用いて，労働時間の分布をより詳しくみてみよう（総務省統計局 2013）。

　正規の職員・従業員をみると，年間就業日数250日未満の人では男女とも週労働時間35～42時間が最も多いが，250日以上働

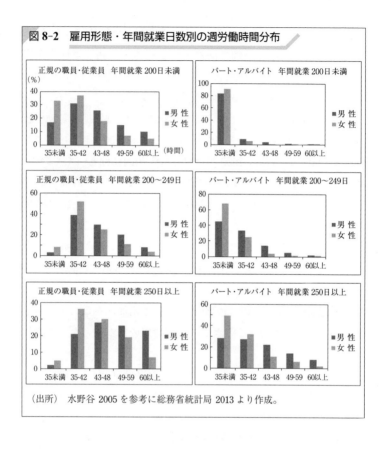

図8-2 雇用形態・年間就業日数別の週労働時間分布

（出所） 水野谷 2005 を参考に総務省統計局 2013 より作成。

いた男性では43時間以上の割合が顕著に増えており，60時間以上も2割を超えている（図8-2）。年250日は年間を通して週5日働いた日数に相当し，これ以上の日数働いた人は正規雇用の男性の69％，女性の55％を占める。

パートやアルバイトとして働く人の週の労働時間は，年間就業日数200日未満の人では男女とも35時間未満が大半を占めるが，

200〜249 日の人では男性で，250 日以上の人では男女とも，35 時間以上働く人がマジョリティとなっている（図 8-2）。年間労働日数が 200 日未満の人が男女とも最も多いが，男性の約 3 割，女性の約 2 割は年間 250 日以上働いている。

> **長時間労働**

2000 年代前半から半ばにかけ，短時間労働者が増加する一方で，週 60 時間以上も働く長時間労働者の割合も高まっていることに注目が集まり，**労働時間の二極化傾向**が指摘された。グローバル化，情報化，消費社会化，雇用の非正規化，金融化などが，現代における労働時間の延長圧力を生み出している（森岡 2013）。

「労働力調査」（2013 年）で最近の状況をみると，雇用者でも男性の 13.1%，女性の 2.8% が週 60 時間以上働く長時間労働者である。とくに長時間労働者の割合が高いのは 30 代から 40 代の男性で，30〜34 歳 16.4%，35〜39 歳 17.4%，40〜44 歳 17.3%，45〜49 歳 16.0% と，この年代の男性の 7 人に 1 人に上る（総務省統計局 2014）。

労働政策研究・研修機構が 2005 年に行った調査によれば，職種別では営業・販売，技術系専門職（研究開発・設計・SE など），現場管理・監督，輸送・運転などの職種で，業種別では建設業，運輸業，卸売・小売業などの業種で，労働時間が長い。また，時間管理制度のない職場や，裁量労働制・みなし労働時間制を適用されている人で労働時間が長い傾向にある（小倉 2007）。

同じ調査で，残業する理由を複数回答でたずねたところ，上位 3 つは「そもそも所定労働時間内では片付かない仕事量だから」(59.8%)，「自分の仕事をきちんと仕上げたいから」(41.0%)，「仕事の性格上，所定外でないとできない仕事があるから」(35.7%)

で,以下「最近の人員削減により人手不足だから」(27.1%),「取引先との関係で納期を間に合わせないといけないから」(24.0%),「事業活動の繁閑の差が大きいから」(17.2%)が続いた。「上司や仲間が残業しているので,先に帰りづらいから」「残業手当が欲しいから」といった回答は比較的少ない。回答者の4人に1人が業務量の多さと仕事へのこだわりの両方を理由として挙げており(小倉 2007),長時間労働の背景には仕事の事情と個人の仕事意識とが絡み合っているようだ。

週休2日制の普及はとくに土曜・日曜の労働時間短縮に貢献するが,休日増加と同時に業務量が削減されたり業務効率が改善されたりしなければ,その分,平日の労働時間が長くなるだけになる。実際,フルタイム雇用の男性をみると,過去30年あまりで平日に1日10時間以上働く人の割合が増加してきたことが指摘されている(黒田 2009)。また,年次有給休暇の1人当たり平均取得日数は9日程度にとどまっている(厚生労働省 2014)。

2 個人の時間

生活時間 働く人々の生活全体を時間の観点から把握すると何がみえてくるだろうか。5年ごとに行われている総務省統計局「社会生活基本調査」のデータ(2011年)から,日本人の生活時間を確認してみよう。生活時間とは人々が各種の活動に費やしている時間のことである(総務省統計局 2012)。

この調査は人々の1日の活動を3種類に分類して把握している。

一次活動は睡眠や食事など生理的に必要な活動，二次活動は社会生活を送るうえでの義務的な性格の強い活動，三次活動はこれら以外で各自の自由時間に行われる活動である。具体的な項目は，一次活動として睡眠，身の回りの世話，食事が，二次活動として通勤・通学，仕事，学業，家事，介護・看護，育児，買い物が，三次活動として（通勤・通学を除く）移動，テレビ・ラジオ・新聞・雑誌の視聴講読，休養・くつろぎ，学業以外の学習・自己啓発・訓練，趣味・娯楽，スポーツ，ボランティア活動・社会参加活動，交際・付き合い，受診・診療，その他が挙げられている。

有業者に限って平日の生活時間をみると，男性の平均は一次活動が9時間54分，二次活動9時間47分，三次活動4時間19分，女性では一次活動が10時間6分，二次活動9時間28分，三次活動が4時間26分である。

仕事および通勤時間を仕事関連時間，家事や介護・看護および育児時間を家事関連時間として平日の二次活動をさらに細かくみてみると，有業男性では仕事関連時間が9時間19分に対し家事関連時間が14分，有業女性では仕事関連時間が6時間25分，家事関連時間が2時間26分となっている。5年前の調査と比較すると，有業女性の仕事関連時間が9分減少しているのが目立つ。仕事関連時間と家事関連時間を広義の労働時間ととらえると，この意味での総労働時間は有業男性で9時間33分，有業女性で8時間51分となる。

無業者（主に家事をしている人や主に学業を行っている人を含む）も含めて日本人全体の平日の生活時間をみると，男性の仕事関連時間は6時間30分，家事関連時間は33分で計7時間3分，女性は仕事関連時間3時間17分，家事関連時間3時間32分，計6時間

49分となっている。5年前と比べ，平均では男女とも仕事関連時間が減少している（男性では16分減，女性では8分減）。

「セカンドシフト」の現状

平均的な生活時間の水準は，短時間労働者の増加や少子・高齢化などの構造的要因の影響を受ける。そこで考察対象をより限定し，個々の生活実態により即した生活時間をみてみよう。ここでは一例として，未就学児を育てている有配偶男女雇用者の二次活動時間を取り上げる。家事・育児は共働き家庭の妻の「セカンドシフト」(Hochschild & Mashung 1989 = 1990) と呼ばれてきたが，日本の現状はどうなっているだろうか。

表8-1は，「社会生活基本調査」のデータによって，自身と配偶者の就労状態の組み合わせの主なカテゴリー別に，未就学児を育てる有配偶男性（夫）と有配偶女性（妻）の生活時間をみたものである（参考のため，無業の妻をもつ有業の夫，および有業の夫をもつ無業の妻の数値も載せてある）。就労状態については，週当たり労働時間が35時間以上をフルタイム，35時間未満を短時間とした。仕事関連時間として仕事時間および通勤時間，家事関連時間として家事時間，育児時間，および介護・看護時間を取り上げている。

仕事関連時間と家事関連時間の合計を広義の総労働時間とすると，2011年時点で総労働時間が最も長いのは，フルタイムの夫をもち自身もフルタイムで働く妻で，70時間ちょうどであった。妻も自身もフルタイムの夫が約69時間でこれに次いでいる。総労働時間が最も短いのは無業の妻（夫有業）で56.5時間，次いで短時間の妻（夫フルタイム）で63時間となっている。

2006年からの増減をみると，総労働時間を最も大きく増やしているのが妻も自身もフルタイムの夫で，3.2時間の増加となっ

表 8-1 未就学児を育てる夫・妻の週当たり仕事関連時間と家事関連時間（自身の就労状態・配偶者の就労状態別）

(単位：時間)

			2006年	2011年	増減
夫	フルタイム (妻フルタイム)	仕事時間	53.8	55.2	1.4
		通勤時間	5.5	6.3	0.8
		家事時間	2.1	2.2	0.1
		育児時間	4.2	5.1	0.9
		介護・看護時間	0.2	0.1	-0.1
		総労働時間	65.8	69.0	3.2
	フルタイム (妻短時間)	仕事時間	56.0	55.9	-0.1
		通勤時間	6.2	6.5	0.3
		家事時間	0.8	1.2	0.4
		育児時間	2.5	3.6	1.1
		介護・看護時間	0.1	0.0	-0.1
		総労働時間	65.6	67.2	1.6
	有業 (妻無業)	仕事時間	54.7	55.8	1.1
		通勤時間	6.3	6.8	0.5
		家事時間	0.8	1.1	0.3
		育児時間	3.7	4.3	0.6
		介護・看護時間	0.1	0.1	0.0
		総労働時間	65.7	68.0	2.3
妻	フルタイム (夫フルタイム)	仕事時間	36.3	31.5	-4.8
		通勤時間	4.0	3.9	-0.1
		家事時間	17.0	16.7	-0.3
		育児時間	13.5	17.7	4.2
		介護・看護時間	0.5	0.2	-0.3
		総労働時間	71.4	70.0	-1.4
	短時間 (夫フルタイム)	仕事時間	20.7	21.1	0.4
		通勤時間	2.7	3.2	0.5
		家事時間	22.6	23.1	0.5
		育児時間	14.6	15.3	0.7
		介護・看護時間	0.4	0.4	0.0
		総労働時間	60.9	63.0	2.1
	無業 (夫有業)	仕事時間	0.1	0.1	0.0
		通勤時間	0.0	0.1	0.1
		家事時間	28.5	28.2	-0.3
		育児時間	26.6	27.7	1.1
		介護・看護時間	0.4	0.4	0.0
		総労働時間	55.5	56.5	1.0

(出所) 総務省統計局「社会生活基本調査」各年より作成。

ている。内訳をみると，仕事関連時間を週当たり2.2時間増加させながら，家事関連時間も0.9時間増加させている。家事関連時間の増加のほとんどは育児時間の増加である。

逆に，総労働時間が最も大きく減少しているのが夫も自身もフルタイムの妻である。育児時間を4.2時間増加させている一方，仕事関連時間を週当たり4.8時間と大幅に減らした。家事時間，介護・看護時間もやや減り，トータルで1.4時間の減少となっている。

その結果，2006年時点では5.6時間あった両者の総労働時間の差は，11年には1.0時間まで縮小した。

生活時間配分の制約条件

一般に個々人の生活時間配分は，一定の制約条件のもとでの個人の選択の結果と考えられる。たとえば仕事時間の配分なら，個人の選択を制約する条件には，その人に開かれた仕事機会のあり方，働くことに付与された社会的意味や期待などの社会的条件のほか，職場や家族の状況，またその個人にとって仕事以外に時間を使わなければならない活動などが含まれる。個々人はこれらの制約条件のもとで，仕事に時間を配分するかどうか，配分するとすればどのくらいの時間を配分するかを決めているとみることができる。

ただし，何が仕事時間配分の制約条件であるかは，それほど客観的なものではないという面もある。たとえば，ある社会ではパートタイムで働ける機会が少なく，フルタイム労働者には長時間労働が少なくないとする。これらの条件は，仕事にいくらでも時間を使ってよいと考える人にとってはとくに職探しの制約とはならないが，育児に専念するために一度退職したがいまは子育てと

両立できるかたちで仕事をしたいと思っている人などには，仕事再開の制約として働く。

　税制における配偶者控除のような制度も，フルタイムで働くことを当然のこととする既婚者には何ら制約にならないが，家庭生活を重視し，家庭での役割との兼ね合いで仕事を位置づけている人の場合は，仕事への生活時間配分に影響しうる。

　男性には「仕事時間の制約」があって，家事・育児のための時間がとりづらいのだといわれることもある。しかし先の表8-1でみる限り，有業の妻とともに未就学児の子育てをしているフルタイム男性の仕事時間は，妻がフルタイムでも短時間でも近年ではほとんど変わらないが，家事関連活動の時間をみると，妻がフルタイムの男性は妻が短時間の男性に比べて1.5倍となっている。しかも，妻がフルタイムの男性は仕事関連時間を増やしながら家事・育児時間も増やしているのである。逆に，フルタイム就業の妻は育児時間を増やす代わりに仕事関連時間を大幅に減らしている。労働時間を何か「客観的な制約」だと考えてしまうと，これらのデータを必ずしもうまく説明できない。

　「家事・育児があるので自由に働けない」といういい方も同じである。フルタイムの妻が家事関連活動に割いている時間は無業の妻に比べ週20時間以上も少ない。妻がフルタイムの夫の家事関連時間は妻が無業の夫と比べて週2時間ほど多いだけであることを考えれば，無業の妻にとっては働くことへの制約でありうる家事時間も，フルタイムの妻にとってはそうでない可能性がある。

　何が生活時間配分に対する制約かは，最終的にはその人自身の考え方，意味づけに応じて変わる。ただ，その考え方や意味づけ自体，個人の性向とその人の置かれた環境の影響とが絡み合って

形成されるとすれば、人々の生活時間の配分には社会と個人の複雑な関係が反映しているといえる。

3 ワークライフバランス

> **ワークライフバランスの論点**

政府の主導による政労使合意のかたちで2007年に初めて定められた**仕事と生活の調和（ワーク・ライフ・バランス）憲章**は、「誰もがやりがいや充実感を感じながら働き、仕事上の責任を果たす一方で、子育て・介護の時間や、家庭、地域、自己啓発等にかかる個人の時間を持てる健康で豊かな生活ができる」社会を目標に掲げている。憲章には多様な事柄がうたわれているが、ワークライフバランスの理念の主要な柱は、長時間労働の解消および家庭責任と仕事の両立支援である。

長時間労働の問題から考えてみよう。本章でもみてきたように、長時間労働には必ずしも職場の都合で個人に押し付けられたものとばかりはいえない場合もある。それでも、長時間労働はさまざまな理由から問題にされてきた。

長時間労働は、たとえ本人に自覚がなくても心身の健康を損ないやすい。過労死や過労自殺の問題も依然としてなくなっていない（森岡 2013）。職場で過ごす時間が長いと、職場の外で地縁関係や趣味縁関係などを築き維持する機会が減り、ひいてはセカンドライフにおける孤立にもつながりかねない。家族などその人にとって大切な人のための時間ももちづらくなる（小倉 2007）。心身の健康、職場以外の社会的ネットワークや居場所、大切な人々

と過ごせる時間をだれもが必要としていると私たちが考えるなら，長時間労働の削減は重要な社会的課題だろう。

実際，週40時間以上働く正社員のほとんどが，いまよりも労働時間を減らしたいと考えている（厚生労働省 2011）。

ワークライフバランス施策のもう1つの柱は，家庭責任と仕事の両立支援である。「両立」という言葉は漠然としているが，家庭での役割を仕事時間に対する制約と考えて働く人に関する問題だと理解すると，よりはっきりする。

家族のケアはもちろん当事者にとって意味ある活動だが，次世代が適切に再生産されていくことや，先行世代が必要なケアを受けながら人生をまっとうできることには，社会を形づくる私たちすべてにとっての価値がある。一方で，収入を得て働くことも個人や社会にとって重要な活動だとすれば，女性であれ男性であれ，自分の時間とエネルギーを使って家族のケアを積極的に引き受けようとする人が，そのことを理由に働く機会を奪われたり，仕事上の働きを正当に評価されなくなったりするなら，私たちは社会としてそれを問題とみなし，対処していくべきだということになる。

> 長時間労働の解消

長時間労働解消のため，政府レベル，また職場レベルでさまざまな施策が実施されてきた。

仕事と生活の調和憲章制定に合わせて，「健康で豊かな生活のための時間が確保できる社会」に向け，労働時間等の課題について労使が話し合いの機会を設けている割合，週労働時間60時間以上の雇用者の割合，年次有給休暇取得率などに数値目標が設定された。時間外労働規制も強化されてきており，2010年の法改

正では，1カ月60時間を超える時間外労働の割増賃金率がそれまでの25％以上から50％以上に改められた（中小企業は当面の間免除）。また，年休をより取得しやすくするため時間単位での取得も認められるようになった。

職場レベルでも，業務効率化や時間外労働に関する労使協議，数値目標の設定，「ノー残業デー」の徹底，終業時刻の目標設定など，長時間労働抑制のための施策を導入している事業所は多い（日本経済団体連合会 2014）。

先にみたように，残業をする理由で最も多いのが業務量の多さであることからすれば，職場での残業を難しくしても持ち帰り仕事が増えただけということにならないためには，業務内容や割り当ての見直しが不可欠になる。しかし，仮に必要性が低いと考えられた仕事を削減したとしても，業績や実績を上げていくために別の仕事が増えるなら，仕事の負荷はけっして減らない。長時間労働が常態となっている職場では，「業務効率化」によって仕事を減らし労働時間を削減するという道筋には限界があるかもしれない。

1人ひとりの働き手の視点からみれば，長時間労働を解消するため最終的に重要なのは，仕事以外に自分の時間を使うべきだと思える活動がどのくらいあるかだろう。すぐには思いつかないという人にとっては，強制的に職場を離れさせるさまざまな施策も，仕事以外に自分にとって意味ある活動に目を向けるきっかけになりうる（石田・寺井 2012）。家族のなかで果たす役割は，仕事時間に対する重要な制約の1つである。

また，とくに心身の健康を損なうほどの長時間労働をしている人の場合には，本人の様子に一番関心を払っている家族など身近

な人が，積極的に休息をとるようすすめるなどの役割を果たすべきだろう．

> **家族のケアを時間制約とする働き方**

家族のケア役割を時間制約としながら働く人には，一度退職して家事・育児に専念したのち，パートタイム労働者として復帰する人が多い．パートタイム労働で働ける仕事機会の量や多様性，労働条件の質は依然として，両立を支える環境として重要である．

自身の時間を積極的に使って家族をケアしながら仕事も継続したいという人を助ける制度の代表が，**育児・介護休業制度**である．これまでのところ制度の利用者は圧倒的に女性が多いが，育児休業を取得して家族のために時間を使いたいと考える男性は少なくない（佐藤・武石 2004）．

しかし，雇用保険から一定の給付金が支払われるものの，使用者に休業期間中の賃金支払い義務はなく，家計責任を担っている人にとっては休業による経済的損失が休業取得の妨げになりうる．社会的にも重要な活動に従事するための休業であることを認めて休業中の所得補償を社会的により充実させられれば，家計の主な担い手となっている男性にとっても，従来とは異なる時間の使い方はさらに現実的な選択肢になる．また，たとえ実際の休業が数日，1週間といった短期間であっても，ケア役割のメイン担当者にとってパートナーの休業取得がもつ象徴的な意味は小さくないだろう．

短時間勤務や在宅勤務のような制度も，家族のためにできるだけ時間を使いながら働きたい人用の制度として活用できる．2003年に制定された次世代育成支援対策推進法は，国や地方公共団体

とともに事業主に対しても，家庭役割と仕事の両立支援のための行動計画を策定するよう求めている。

事業所レベルではまた別の課題がある。家族のケア役割を時間制約とする働き方に，職場としてどう対応するかという課題である。この課題はとくに，そのような働き方がこれまで主流でなく，働き手の時間制約意識をあまり気にしてこなかった職場で大きい。

育児休業や短時間勤務制度を利用したらその組織ではもう一切キャリア・アップできないといったことがあれば，多くの人は問題だと思うはずだ。他方，たとえば独身者や子どものいない人，ケア役割を他の家族や市場サービスに委ねて仕事に専念している人たちと比べて優遇されているとか，周りの負担増に目をつぶっているなどと受け止められかねない対応では，一緒に働く人々の納得が得られないだろう。

業務や職務割り当ての見直し，フォロー体制の整備やフォローする人々に報いるしくみづくり，すべての人が納得できる評価制度の構築など，事業所レベルの課題は多い。これらへの対応は一見，職場にとって負担と感じられるかもしれないが，家族のケアを時間制約とする働き方を職場に受け入れることで，業務をより合理的に行えるようになったり，フォローする人々にとっても新たな仕事に挑戦する機会となったりするなど，職場にとってもメリットとなりうる（佐藤・武石 2010）。職場の納得があってこそ，家族のケアを時間制約として働きたい人も安心してそうできる。

ただし，家族のケアを時間制約とする働き方をどの程度受け入れられるかは，仕事の性質によっても変わってくる。進め方にそもそも制約の大きい仕事であれば，仕事以外の時間制約をもつ働き方とはなじみにくい。仕事の進め方には多分に慣習的なものも

ありうるとはいえ，家族のケアを時間制約とする働き方をどの程度，どのように受け入れるかという問いへの答えは，最終的にはそれぞれの職場でみつけていかなければならないだろう。

① 森岡孝二『過労死は何を告発しているか——現代日本の企業と労働』岩波書店，2013年。

　長時間労働の問題を象徴する過労死に焦点を当て，現代日本社会で過労死を生み出すさまざまな構造的背景を具体例を交えて考察する。

② 小倉一哉『エンドレス・ワーカーズ——働きすぎ日本人の実像』日本経済新聞出版社，2007年。

　労働政策研究・研修機構が行ったアンケート調査の詳細な分析とインタビュー事例をもとに，長時間労働者の働く世界の実態に迫る。

③ 佐藤博樹・武石恵美子『職場のワーク・ライフ・バランス』日本経済新聞出版社，2010年。

　抽象的な理念ではなく企業にとっても働く人々にとっても職場をよりよくしていくための理念としてワークライフバランスをとらえ，取り組みの具体的指針を示す。

④ A.R.ホックシールド（坂口緑・中野聡子・両角道代訳）『タイム・バインド（時間の板挟み状態）働く母親のワークライフバランス——仕事・家庭・子どもをめぐる真実』明石書店，2012年。

　時間に追われる生活のなかでストレスの場と化した家庭から逃避し職場を居場所とする人々の世界を，「ファミリー・フレンドリー」をうたう，あるアメリカの大企業で働く人々の事例をもとに描く。

⑤ 真木悠介『時間の比較社会学』岩波書店，2003年。

　私たちの時間意識を振り返り，現代に働く私たちにとってもはやあたりまえとなった時間意識とは異なる意識に基づく世界を展望するた

めの，格好の出発点。

調べてみよう・考えてみよう

①身近な人が働いている職場や自分のアルバイト先の職場を事例に，労働時間が長くなりやすい条件を考察してみよう。その職場で長時間労働がみられる場合，どんな対策がとられているだろうか。

②あなた自身の生活時間の記録をつけ，時間の使い方を振り返ってみよう。日本学生支援機構「学生生活調査」の全国の大学生のデータなどと比べて，あなたの時間の使い方にはどんな特徴があるだろうか。

③「社会生活基本調査」「NHK国民生活時間調査」のデータを用いて，男女の生活時間をさまざまな角度から比較してみよう。

④家族のケアを時間制約とする働き方になじみやすい仕事とそうでない仕事を，それぞれできるだけ多く挙げ，どんな仕事の特徴がなじみやすさやなじみにくさと関係しているか考えてみよう。

● 引用文献

Hochschild, A. R. and A. Mashung, 1989, *The Second Shift: Working Parents and the Revolution at Home*, Viking.（＝ 1990, 田中和子訳『セカンド・シフト（第二の勤務）――アメリカ共働き革命のいま』朝日出版社）

Hochschild, A., 1997, *The Time Bind: When Work Becomes Home and Home Becomes Work*, Metropolitan Books.（＝ 2012, 坂口緑・中野聡子・両角道代訳『タイム・バインド（時間の板挟み状態）働く母親のワークライフバランス――仕事・家庭・子どもをめぐる真実』明石書店）

ILO (International Labour Organization), 1999, *Decent Work*, Report of the Director-General, International Labour Conference, 87th Session.

石田光男・寺井基博, 2012『労働時間の決定――時間管理の実態分析』ミネルヴァ書房。

厚生労働省, 2011「平成22年雇用の構造に関する実態調査（就業形態の多様化に関する総合実態調査）」。

厚生労働省, 2014「平成25年就労条件総合調査」(http://www.mhlw.go.jp/

toukei/list/11-23.html)．

黒田祥子，2009「日本人の労働時間は減少したか？――1976-2006年タイムユーズ・サーベイを用いた労働時間・余暇時間の計測」ISS Discussion Paper Series J-174，東京大学社会科学研究所．

Lee, S., D. McCann, and J. C. Messenger, 2007, *Working Time around the World: Trends in Working Hours, Laws and Policies in a Global Comparative Perspective*, International Labor Organization.

Messenger, J. C. ed., 2004, *Working Time and Worker's Preferences in Industrialized Countries: Finding the Balance*, Routledge.

水野谷武志，2005『雇用労働者の労働時間と生活時間――国際比較統計とジェンダーの視角から』御茶の水書房．

森岡孝二，2013『過労死は何を告発しているか――現代日本の企業と労働』岩波書店．

日本経済団体連合会，2014「企業のワーク・ライフ・バランスへの取組み状況――ワーク・ライフ・バランス施策の推進に関する企業事例集」(http://www.keidanren.or.jp/policy/2014/022.html)．

小倉一哉，2007『エンドレス・ワーカーズ――働きすぎ日本人の実像』日本経済新聞出版社．

佐藤博樹・武石恵美子，2004『男性の育児休業――社員のニーズ，会社のメリット』中央公論新社．

佐藤博樹・武石恵美子，2010『職場のワーク・ライフ・バランス』日本経済新聞出版社．

総務省統計局，2012「平成23年社会生活基本調査」(http://www.stat.go.jp/data/shakai/2011/index.htm)．

総務省統計局，2013「平成24年就業構造基本調査」(http://www.stat.go.jp/data/shugyou/2012/)．

総務省統計局，2014「平成25年労働力調査」．

第9章 社会のなかの性別役割分業

ジェンダーと仕事

(写真提供：アフロ)

男性であることや女性であることは、多くの社会的場面で意味をもっている。「働くこと」の世界もまた例外ではない。本章では、狭義の仕事だけでなく家庭で行われる家事やケアワークも含め、男女間の分業の実態をさまざまな角度から確認したうえで、社会のなかの性別役割分業に対して私たちはどう考え行動するのがよいか、問いを投げかけたい。

1 雇用世界における性別の意味とその変遷

戦後日本型雇用モデルと性別分業型家族

1つの企業に雇われるすべての人に「従業員」という同じ身分を与え，基本的な部分では平等に処遇する雇用モデルは，戦後日本の象徴だった。その背景にあったのが，賃金は仕事の対価であるだけでなく，家族を含めた生活を支えるものでもあるので，働く人々は生活していくために必要な賃金（生活給）を受けられるべきだとする考え方である（笹島 2011）。職場での役割や位置づけは違っても，働いて家族を支えるという点ではみな同じ立場にある。勤続年数に従って賃金が増えるべきなのは，年齢とともに家族も増え，生活に必要なお金が増えていくからだ――。このような生活給の考え方は戦前から一部にはみられたが，敗戦後，多くの人々が共通に生活の困難を経験したことで，職場にとって大きな意味をもつようになった。

　生活給の考え方は必ずしも女性を排除するものではない（河西 1999）。多くの家族は戦争で働き手を奪われ，女性が一家の生計を支えることも珍しくなかった。それでも生活給の考え方にはやはり，家族は「夫が養い，妻が守る」という**性別役割分業**の想定が暗黙のうちに含まれていた。戦後からの復興，高度経済成長期と，賃金水準が次第に上昇していくなかで，この暗黙の想定と女性に対して生活給を支払うこととの矛盾が，徐々に意識されていくようになる。この矛盾を解消するため，およそ高度経済成長末期までの多くの職場でとられたのは，意識的に女性のキャリアに

制限を設ける方法だった。そのわかりやすい例が女性の**結婚退職制**である。その一方で，男性は，専業主婦である妻の支えを得て「後顧の憂いなく」働き，生活よりも仕事を優先して職場に貢献するようますます期待されていくことになった。

　結婚退職制に対して，女性の一部からは裁判も含めた異議申し立てがなされ，1960 年代までには次第に疑問視もされていくようになる（鹿野 2004）。しかし，雇用者化が劇的に進行した戦後社会では，結婚したら職場を離れ，家庭を守るというライフスタイルを多くの女性が受け入れた。それまで，職業に就かないことは限られた階層の家庭の女性の特権であり，そのような家庭では日常の家事は使用人に任せるのが普通だった。戦後，サラリーマンと結婚し核家族家庭の主婦となった女性たちには，自分以外に家事をしてくれる人はいなかったが，次第に豊かになっていく社会で専業主婦として家庭を守るという生き方は，農業や生産労働などに就きながら家事・育児もこなさなければならない人生に比べ，けっして魅力に乏しいものではなかっただろう。

　ごく少数ではあったが 4 年制大学卒の学歴をもつ女性たちにとっては，一般企業で働く機会が非常に限られていたことも大きい。これらの女性たちが魅力的と感じるような仕事がなかなかなかったこともあるが，女性は一般に 20 歳代半ばまでには結婚し，会社勤めなら結婚で辞めるものと考えられていた時代には，働き始めるタイミングとして大学卒業後というのはいかにも遅すぎた。職業を重視した女性たちの多くは，教員を中心とする専門職に就いた（原・盛山 1999）。

男女雇用機会均等法以降

戦後, 進学率の上昇と女性の主婦化にともなって女性労働力率は特徴的なM字型となり, いわゆるM字の底も徐々に低下した (図9-1)。女性が再び労働力化し始めるのは1970年代半ばである。女性の4年制大学進学率もこの頃10%を超えた。

企業も女性に対して一律に補助的な役割を与え続けることに疑問をもち始め,「女性労働力の活用」が雇用管理のテーマとして浮上する。女性の地位向上を目指す国際的な動きへの対応もあり, 1986年に**男女雇用機会均等法**(以下, 均等法) が施行された。経営の視点からみても, 意欲と能力のある女性に基幹従業員への道を開くことは企業利益に合致しうる。均等法の施行は, とりわけ高学歴の女性にとって,「働かなくてすむのは特権」という考え方が過去のものとなったことを象徴的に示した。「よい仕事」に就くことが, 男性にとってと同じく高学歴女性にとっても価値ある事柄となっていく。

それまでの経緯もあり, 女性を一様に男性と同じ枠で処遇するのには無理があると考えられた職場では, いわゆる**コース別雇用管理制度**の導入が進んだ。経済が低成長期に入り, 男性に対しても辞令1つでどこへでも行って働くというような仕事中心の働き方を一律には求め難くなったとの認識から, 転勤のない雇用管理区分を設ける動きはすでに始まっていた。その延長線上に導入されたのが, 転居を必要とする転勤も含む経験のなかで基幹従業員として育成される雇用区分 (総合職) と, 定型的な職務を中心に担う雇用区分 (一般職) を区別する雇用管理である。条件を満たせば, 女性でも基幹従業員として働ける可能性が示されたのだったが, 結果的には総合職のほとんどを男性が, 一般職のほとんど

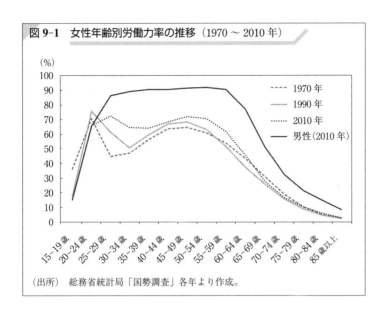

図 9-1　女性年齢別労働力率の推移（1970 〜 2010 年）

（出所）　総務省統計局「国勢調査」各年より作成。

を女性が占めることになった（渡辺 2001）。

　1980 年代はまた，女性の**非正規雇用**が顕著に増加した時期でもある。結婚・出産後，子育てが一段落したら再び雇用労働に従事するといういわゆる主婦パートの活用は，高度経済成長期から徐々に進んでいた。女性雇用者に占める非正規雇用者の割合は 80 年代半ばに 3 割を超え，その後も増加が続いている。派遣労働を解禁する労働者派遣法も均等法とほぼ時を同じくして施行され，女性では事務系の職場を中心に導入が広がった。

ワークライフスタイルの多様化と共生の課題　　1990 年代以降，「失われた 20 年」と呼ばれる時代のなかで職場がどの程度変化したかについては議論があるが，性別分業との関わりでは，次の 3 点が重要である。第 1 に長期雇用慣行

のゆらぎ，第2に男性若年層の非正規雇用者の増加，第3にワークライフバランスの考え方の広まりである。

　これらに対して社会的注目が集まった結果，戦後日本の象徴だった——どの程度現実であったかは別として——男性正社員長期雇用モデルは，人々のなかでかつてほど安定しえなくなった。これがもたらすのは，「働くこと」において性別がもつ意味の相対的低下（Hakim 2007）である。男性であることが一定の安定した雇用機会を得られることを意味しなくなると同時に，ワークライフバランスの考え方は働く人1人ひとりに，働くことや家族役割を担うことが自分にとってもつ意味や，パートナーとどのような分業関係を志向するかの問い直しを迫る。

　この問題は女性にとってはずいぶん前から，あるいはこれまでずっと，大きな問いだったが，いまや男性にも無視しえないものとなった。何が自分にとってのワークライフバランスであるかについての人々の考え方は，男性の間でも女性の間でも多様である。

　職場の側では，家庭での役割を重視しつつ就業する人々が周辺部だけでなく基幹部分にも入り込むにつれて，互いに異なるワークライフスタイルをとる人々がいかに共生していくかが問われ始めている（Hakim 2000）。

2　仕事と家事・育児の性別役割分業

有償労働と無償労働　働くこととは普通，収入をともなう活動に従事することだと理解されている。しかし私たちが日々の暮らしを整え，次世代を育て，助けを必要と

する人々の心身をケアする活動である家事，育児，介護・看護といった活動も，社会を成り立たせるための重要な「働き」である。

有償で行われる労働（有償労働，ペイドワーク）に対し，収入はともなわないが社会的に有用な労働を**無償労働**（アンペイドワーク）と呼ぶことがある。何らかの活動が無償労働と呼ばれるとき，そこには通常，「その活動は金銭的対価こそ支払われていないが社会的意義のある活動であり，そのような活動とそれに携わる人々の働きを正当に評価すべきだ」という意味合いが込められている。

無償労働も含めた性別役割分業の現状を，いくつかの観点から確認したい。まず，時間の観点から社会全体での性別分業をみてみよう。仕事時間に家事・育児・介護に費やした時間を合わせて広義の労働時間と考え，総務省統計局「社会生活基本調査」(2011年)のデータから16〜64歳層の週当たり延べ労働時間をみると，男性全体で17億9436万時間（仕事時間17億305万時間，家事関連時間9131万時間），女性全体で17億9373万時間（仕事時間9億18万時間，家事関連時間8億9355万時間）となっている（総務省統計局2012）。男性の仕事時間は女性の約2倍，女性の家事時間は男性の約10倍だが，仕事時間と家事関連時間を合わせた広義の労働時間でみると，男女の労働分担がほぼ等しくなっているのは興味深い。

無償労働の価値を貨幣価値として示す試みから，男女の分担状況をみることもできる。日本でも1997年以降，内閣府が無償労働の貨幣価値の推計を公表している。2011年のデータを用いた推計によれば，無償労働（家事，介護・看護，育児，買い物，社会活動）の貨幣価値は最大で138.5兆円，対GDP比で30%程度に上ると試算された。性別分担状況をみると女性が8割以上を担って

いるが，男性の貢献も一貫して増加傾向にある。活動内容別にみると，社会活動では男性の貢献度が5割を超えている（内閣府 2013）。

カップル単位の性別役割分業の実態と意識 ここで，社会全体でみた男女の分業からカップル単位の分業へと目を移そう。

夫がサラリーマンの世帯に限って，夫と妻の就業状態の組み合わせ別に世帯割合の推移をみると（図9-2），10年前は全体の40％ほどだった「夫フルタイム・妻非労働力」の世帯が33％に減少し，代わって「夫フルタイム・妻短時間」の世帯が増加している。「夫・妻ともフルタイム」の世帯はほとんど変化がない。「夫が外で仕事をし，妻が家庭を守る」という戦後型性別役割分業を実践する夫婦は，「夫フルタイム・妻非労働力」という組み合わせに限れば減少傾向にあるものの，「夫フルタイム・妻短時間」というかたちを含めれば，依然として多くの世帯で実践されていることがわかる。

家庭内の性別役割分業は個々人，とくに女性の職業キャリアに大きく影響している。第1子出産前に有職だったおよそ8割の女性のうち，半数以上（元の勤めが常勤だった人で4割，パート・アルバイトだった人で8割以上）が出産半年後には無職となっており（厚生労働省 2012），未就学児を育てる女性のうち約半数が仕事をもたず家事・育児に専念している（総務省 2013）。育児休業についても取得者の96％は女性である（厚生労働省 2013）。

性別役割分業に関する意識をみると，「夫は外で働き，妻は家庭を守るべきである」という考え方に賛成する人の割合は，減少傾向にあったものの近年では増加がみられ，50％を超えている（内閣府 2012）。未婚女性に理想のライフコースをたずねた調査で

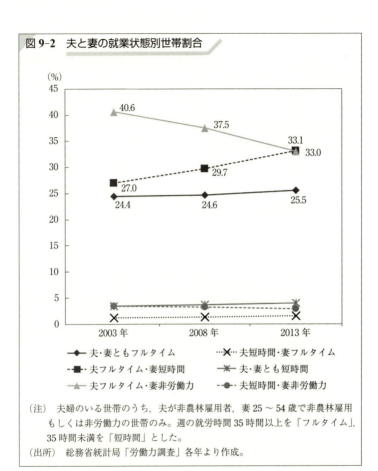

図 9-2　夫と妻の就業状態別世帯割合

(注)　夫婦のいる世帯のうち,夫が非農林雇用者,妻 25〜54 歳で非農林雇用もしくは非労働力の世帯のみ。週の就労時間 35 時間以上を「フルタイム」,35 時間未満を「短時間」とした。
(出所)　総務省統計局「労働力調査」各年より作成。

も,専業主婦希望が 19.7%,結婚・出産時に退職し子育て後に再び仕事をもちたいとする者が 35.2% と,少なくとも半数以上の女性がパートナーとの性別役割分業を前提としたライフコースを理想としている(国立社会保障・人口問題研究所 2011)。出産前後に仕

第 9 章　社会のなかの性別役割分業　　237

事を離れた女性にその理由をたずねたところ，一定数が両立の難しさや退職勧奨を挙げる一方，最も多く半数以上の女性が子育てに専念したかったと回答している（厚生労働省 2012）。

生活のための収入を得る，家事をするなどの役割ごとに，夫と妻のどちらが主に責任をもつべきかを 20 ～ 34 歳の男女にたずねた調査では，家事は主に妻が責任をもつべきとの回答は 45％，育児は主に妻が責任をもつべきとの回答は 1 割ほどにとどまるものの，世帯の収入には夫が主に責任をもつべきとの回答は 2000 年代初めでも 53％に上る。若年世代でも，稼得役割に関しては主に夫の責任と考えている人が依然としてマジョリティである（厚生労働省 2003）。フルタイム勤務の女性でも，最終的な生計維持責任を自分も夫と分かち合っていると考えているわけでは必ずしもないようだ（小笠原 2005）。

| 性別役割分業の諸理論 | 実態としても意識としても性別役割分業が広範に支持されている理由を説明する主な理論には，フェミニズムの**家父長制理論**と経済学の**合理的選択理論**がある。

家父長制理論によれば，性別役割分業は女性の抑圧を意味する（上野 2009）。女性に家事・育児という無償労働を割り当てることで，男性中心の社会が利益を得ているのだというのである。この考え方によれば，性別役割分業を支持する女性が少なくないのは，家父長制社会が女性たちをそのように社会化するからということになる。

合理的選択理論は，世帯単位で運営効率を高めるための合理的判断の結果として，人々が性別役割分業を選択しているのだと考える（Becker 1981）。一般に男性の賃金が女性の賃金に比べて高

い社会では,男性が外で働き女性が家事・育児を担う分業体制をとることで,効用を最大化することができる。そのため,人々は性別役割分業を行うとみるのである。

一方,近年,社会学の分野から提起されたのが**選好理論**(Hakim 2000)である。選好理論は,とくにさまざまな構造的制約条件が取り除かれてきた現代先進諸国では,性別役割分業は人々がそれぞれの価値観に基づいて実践するものになっているとみる。多くの男女が性別役割分業を実践するのは,男女がそれぞれの役割を果たすことに引き続き価値を見出しているからだというのである。この理論はまた,性別役割分業型のパートナーシップを志向しない人など,性別役割分業との距離が人によって多様であることも,積極的に説明できる。個々人の価値観自体は,その人の生まれもった性向と環境要因とがあいまって形成されると考えられる。

3 性別職域分離
●仕事の性別役割分業

職域分離の基本概念 労働者の属性による仕事の違いを**職域分離**という。性別という属性によって職域に違いがある状況が**性別職域分離**である。性別職域分離も,人種などに注目する他の職域分離と同様に考えることができる。前節では,社会全体として有償労働と無償労働との間で性別分業がみられることを確認した。本節では有償労働の性別分業についてみていきたい。有償労働における性別分離は,男女の賃金格差にも関わっている。

ある職域に注目した場合,その職域にある特定の属性の者しか

Column ⑨ ワークライフスタイルの多様性

　本文でも参照したイギリスの社会学者ハキム（Hakim 2000）は，仕事と家庭にどのように関わりたいかに関する選好（ワークライフスタイル選好）を「家庭中心型」「状況適応型」「仕事中心型」の3つに分類している。家庭での家事・育児等の活動を優先するのが家庭中心型，仕事を優先するのが仕事中心型，優先順位をあらかじめはっきりさせるのではなく，そのときどきの状況に応じて仕事にも家庭にも携わろうとするのが状況適応型である。このうち家庭中心型と状況適応型が，何らかの性別役割分業を前提にした選好になる。ハキムは膨大な既存研究の分析から，21世紀初頭の先進諸国では，家庭中心型が女性の10〜30％，状況適応型が40〜80％，仕事中心型が10〜30％を占めると予測した。言い換えれば，何らかの性別役割分業を支持する女性がどの社会でも7割から9割のマジョリティだということである。

　実際，ハキム自身がイギリスとスペインを対象に1990年代の終わりに実施した調査でも，家庭中心型，状況適応型，仕事中心型の選好をもつ人の割合はイギリス女性でそれぞれ17％，69％，14％，スペイン女性で17％，70％，13％と，予測が裏づけられた（Hakim 2003）。同じヨーロッパであるが歴史も社会的条件も異なる2つの国で，数字がほぼ一致しているのも興味深い。日本での調査は行われていないが，これに近い調査として，たとえば国立社会保障・人口問題研究所「出生動向基本調査」の独身女性のデータ（2010年）をハキムの枠組みに当てはめてみると，家庭中心型，状況適応型，仕事中心型の割合はそれぞれ20％，66％，8％となり（不明以外），ハキムの予測とほぼ合致する。もしも異なる社会間で選好分布に一定の共通性があるなら，それはなぜだろうか。また，女性に比べて大きく研究が遅れている男性は，ワークライフスタイルや性別役割分業についてどんな選好をもっているのだろうか。引き続き明らかにされるべき課題は多い。

雇用されていないとき，その職域は**完全分離**しているという。反対に，その職域における各属性の者の割合が，労働市場全体に占める各属性の者の割合に等しいとき，その職域は**完全統合**されているという。多くの職域は，両者の中間に位置している。

　ある属性の者が多く就いている職域と別の属性の者が多く就いている職域に「階層上の地位」における上下関係があるとき，その分離をとくに**垂直分離**と呼ぶことがある。これに対して，上下関係のない分離を**水平分離**という。ただし，「階層上の地位」はさまざまな基準で把握しうるので，何が垂直分離で何が水平分離であるかは，必ずしも客観的に決まっているわけではない。たとえば，総合職には男性が多く一般職には女性が多いという状況を，ある人は垂直分離とみるかもしれないが，別の人は水平分離と考えるかもしれない。

性別職域分離の実態　職域分離をとらえるにはいくつかの方法がある。労働市場全体の職域分離の程度を把握するため，最もよく使われるのが**分離指数**と呼ばれる指標である。これは，もともと人種による居住地分離を把握するために開発された方法であり，職域分離の状況が完全統合の状態からどの程度乖離しているかを示す。この指標では，ある社会の労働市場を全体としてみた場合の分離度が1つの数値で示されるので，国際比較によく用いられる。国際比較でみると，分離指数でみた日本の性別職域分離の程度は諸外国と比べて小さい（Anker 1998）。

　個々の職域における性別職域分離については，**女性出現率**によって最も単純に把握することができる。女性出現率は，ある特定の職業の女性割合と全就業者中の女性割合との比であり，1を上回っている場合はその職業が平均よりも女性の就きやすい職業で

あることを，1を下回っている場合にはその職業が平均よりも女性の就きにくい職業であることを示す。2010年の国勢調査職業大分類のデータで女性出現率をみると，最も高いサービス職の1.5から，最も低い「建設・採掘従事者」の0.05まで幅がある。

就業者全体の女性割合を基準に，職業を全体の平均よりも女性割合の少ない職業（「男性職」），平均と同程度の職業（「統合職」），平均よりも女性の多い職業（「女性職」）の3つに分類する方法（Hakim 1993）も，社会の性別職域分離の状況を把握するうえで有益である。国勢調査職業小分類のデータで1985年と2005年を比較すると（筆者による算出），男性職従事者が36.3％から33.7％に，統合職従事者が39.1％から22.8％へと減少する一方，女性職従事者が24.6％から43.5％へと大きく増加している。女性に限ってみてみると，女性就業者のうち女性職に従事する人の割合は，1985年の45.4％から2005年の70.0％へと顕著に増加している（図9-3）。つまり，女性が女性の多い職業で働く傾向が強まっている。この間，全就業者に占める女性の割合は38.9％から41.9％へと増加しているが，女性労働力が増えることで必ずしも職域統合が進むわけではないことがわかる。

垂直分離という点で注目されてきたのが，管理職における性別分離である。2013年の「雇用均等基本調査」によれば，従業員10人以上の企業における管理職の女性割合は係長相当職で13.8％，課長相当職で6.9％，部長相当職で4.9％，役員で17.5％であり，女性管理職の割合は依然として少ない。ただし1980年代からの推移をみると，係長相当職では2000年代前半から，課長相当職，部長相当職では2000年代後半から増加幅が大きくなってきており，分離は徐々に縮小する傾向にある。管理職の女性

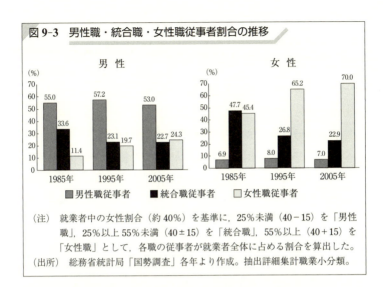

図9-3 男性職・統合職・女性職従事者割合の推移

(注) 就業者中の女性割合（約40％）を基準に，25％未満（40－15）を「男性職」，25％以上55％未満（40±15）を「統合職」，55％以上（40＋15）を「女性職」として，各職の従事者が就業者全体に占める割合を算出した。
(出所) 総務省統計局「国勢調査」各年より作成。抽出詳細集計職業小分類。

割合は企業規模が小さいほど高く，業種別では医療・福祉，生活関連サービス業・娯楽業，教育・学習支援業，宿泊業・飲食サービス業で高くなっている（厚生労働省 2014）。

　雇用形態の観点から性別職域分離をみることもできる。女性雇用者（役員を除く）に占める非正規雇用者の割合は2000年代前半以降5割を超え，現在は非正規雇用者全体の7割弱を女性が占める（総務省統計局 2014）。非正規雇用者のうち約半数がパートタイマーであり，その圧倒的多数が女性であることが大きい。これに対して正規雇用者では，女性割合が約3割で，男女比率が逆転する。雇用形態による職域分離は，仕事の種類の違いと考えれば水平分離だが，処遇の格差に注目すれば垂直分離とみることもできる。

なぜ性別職域分離がみられるか

なぜ性別による職域分離がみられるのだろうか。その要因は、そもそも性別職域分離が生まれる要因と、一度性別職域分離が生まれたのちにその分離が維持される要因とに分けて考えることができる。

性別職域分離が生まれる要因には、制度的要因（特定の仕事の働き手に関する社会制度としての性別制約）と、個別の雇用主・被雇用者に関する要因がある。雇用主が特定の性別の者を多く雇用したり昇進させたりするのは、必ずしも単に一方の性別を優遇するためや、他方の性別への差別感情からとは限らない。一方の性別の者を雇用する判断にはさまざまな社会的・構造的要因が関わっている（Cohn 1989）。また、男女間に雇用主にとって重要な何らかの差があり、個々人を個別に判断するのはコストが大きいか、そもそも難しいとき、一方のグループを優先するのが雇用主の視点からみて合理的だと考えられることがある。このような判断に基づく選別は**統計的差別**（Phelps 1972）と呼ばれてきた。

また、働く人の側に着目すれば、男女の興味関心や性向、能力の違い（生得的な要素と環境からの影響とがあわさったもの）の影響のほか、家庭における性別役割分業、ライフスタイルに関する価値観の男女差（現状では両立志向の価値観は女性に多く、仕事中心の価値観は男性に多い）の影響がある。人々が自分の関心、家庭での役割、価値観と両立しやすい仕事を選ぶことが、性別職域分離につながりうる。

一度生まれた性別職域分離が維持される要因としては、仕事の**性別ステレオタイプ**や**職場文化**が注目される。性別職域分離が生まれると、そこで働く人のイメージがほとんど無意識のうちに一

方の性別に固定されがちになる (Shinar 1975)。これが仕事の性別ステレオタイプであり，仕事を希望する側や採用や配置・昇進を判断する側，さらに顧客や取引先などもその影響を受ける。

また，一方の性別の人が多い職場では，仕事のリズムからコミュニケーションの様式まで，その性別の人に特徴的な行動様式や職場慣行がしばしば発達する。これらの職場文化は職場に一定の一体感や効率性をもたらしたり，働く人々の肯定的なジェンダー・アイデンティティの源泉になりうるが，とくに職場で非典型的な性別の人にとっては居心地が悪かったり，なじみにくかったりすることも多い (Cockburn 1983)。性別ステレオタイプや職場文化は，その職場で非典型的な性別の人にとって参入障壁となったり，職場への定着を難しくしたりする。

4 性別役割分業は問題か

性別役割分業をどうみるか

ここまで性別役割分業の実態を確認してきた。では，ペイドワークとアンペイドワークの性別分業や性別職域分離を，私たちはどう考えるべきだろうか。これらは，なるべくなくしていくべきものなのだろうか。

社会の性別役割分業に対して私たちはどのような態度をとるべきかは，これまで主に3つの視角から論じられてきた。第1は，性別役割分業そのものを個々人の可能性への不当な制約とみる視角である。この議論では，性別役割分業はそもそもなくすべきものだとされる。

第2は，性別役割分業が生じる過程に着目する視角である。この議論では，もしも性別役割分業が人々自身の選択の結果ではなく，制度のあり方や社会化によって事実上，人々に強制されているものなら，できる限りなくすべきだと考える。

　第3は，性別役割分業がもたらす帰結に着目する視角である。この議論では，性別役割分業それ自体が問題であるというよりも，性別役割分業があることで私たちにとって何か望ましくない事態が生じているなら対処が必要だと考える。たとえば，性別役割分業が少子化を助長したり女性の労働力供給を抑制して経済成長が制約されたりすることを懸念する議論がある。

　ここでは，私たちの働く世界のあり方に与えうる影響という観点から，性別役割分業を考えてみよう。人々が多様な性別役割分業を実践していること自体は，各自の生き方であってとくに問題ではないと考えるとしても，性別役割分業によって適切な労働条件が結果として確保されにくくなるようなことがあれば，注意しなければならない。ここでは個人が実践する性別分業を念頭に，いくつか例を挙げてみる。

　第1に，個人の家庭内分業状況によって，適切といえない労働条件が押し付けられたり受け入れられたりしてしまう可能性が考えられる。たとえば「家計補助的に働くパートタイマーだから賃金は安くてもかまわない」「家のことは任せられる人がいるのだから，育児休業など必要ないし長時間労働も問題ない」といったように，性別役割分業は人々に不適切な労働条件を受け入れさせるみえない圧力となりうる。個人としてどんな役割分業を引き受けているのであれ，そのことで私たちの社会の働き手にふさわしい労働条件が確保されなくてもよいとされてしまうとしたら問題

だろう。育児や介護などのアンペイドワークに専念している人の場合なら，たとえば「育児に専念できるのだから社会的サポートなどとくに必要ない」という理由で支援の枠からもれてしまうような状況がそれにあたる。

　第2に，分業が前提となっていると，ある時点の個々人の選択が固定化されやすくなり，個人が希望しても状況を変える機会を得にくくなることが考えられる。ある時点でいかにその人が納得していようと，いったん特定の分業形態と連動する立場を引き受けたら二度とほかのチャンスを得られないような社会は，よい社会とはいえない。たとえば，一度育児のために離職したら，正社員として再び就労する機会が事実上閉ざされてしまうような状況は，問題とすべきだろう。

　第3に，一般的な性別役割分業の状況は，統計的判断に用いられることで個々人の機会に影響しうる。たとえば，一般に女性は男性に比べ育児期に一度退職・休業したり，勤務を調整したりする可能性が高いことを理由に，継続勤務が望まれる職の採用にあたって女性が敬遠されたり，男性に育児休業は不要と考えられてニーズが認識されなかったりする場合である。次世代の再生産は，就労と同じく，個人の人生にとってだけでなく社会的にも重要な活動であることを考えれば，次世代の再生産に自分自身の時間を使って積極的に関わる可能性が，雇用の入り口で機会を閉ざす判断材料となったり，就労しながら次世代再生産に積極的に関わりたい人にその機会が認められなかったりするのは望ましくない。

社会としての対応　性別役割分業はなくしていくべきだとする考えもありうるが，働く世界に与える影響という点からは，適切な労働環境をきちんと確保する方策が

あれば，必ずしもそう考えなくてもよくなる。ここでは，そのような方策について考えてみよう。

基本的な働く条件の整備に関しては，まず，法制度のかたちで労働者としての普遍的な権利や使用者の義務を確認する方法がある。労働基準法，最低賃金法，男女雇用機会均等法，パートタイム労働法，育児・介護休業法，次世代育成支援対策推進法などは，そのような法制度の例である。

ただし，法制度はあくまでも社会の基本的枠組みを定めるものにすぎない。個々の職場の状況に働きかけるには，最終的にはその職場の多様な働き手の間での，また労使間での対話を通じ，職場に関わる人々が相互に納得できるようなかたちで，変化を模索していく以外の早道はないだろう。もちろん，当事者間の話し合いではどうしても解決に至らない場合のために，斡旋や調停など社会的問題解決の制度が整っていることも重要である。

個々人が特定の立場に固定化されやすくなるという問題に対しては，コース転換，パートタイムとフルタイム間の転換，非正規雇用から正規雇用への転換，転職，再就職，起業など，ライフキャリアの途中での必要に応じた路線変更を社会的に支援するしくみによって一定の対処ができる。個人間の性別役割分業は，最終的には当事者間の交渉問題に帰着するが，ライフキャリアの変更を支援する多様な社会的しくみが整えられていれば，個々人がそれぞれパートナーとのよりよい関係を模索する後押しとなるはずだ。

ケア労働に従事するための勤務調整の可能性を理由とした機会制約の問題についてはどうだろうか。私たちは，それぞれの職場の一員であると同時に，より広い社会の一員でもあり，次世代育

成や先行世代のケアに重大な関心をもっている。その関心がよりはっきりと意識されれば、次世代育成や先行世代のケアに自ら関わろうとする人々に対する私たちのまなざしは大きく変わる。少なくとも、ケア労働のための勤務調整可能性を理由にあらかじめ機会を奪うような雇用判断は、再考を迫られるだろう。

いずれにしても、性別役割分業という観点は、仕事の世界をとらえなおし、そのよりよいあり方を考える、格好の機会を提供してくれる。

① 石井クンツ昌子『「育メン」現象の社会学――育児・子育て参加への希望を叶えるために』ミネルヴァ書房、2013年。
　豊富なデータに基づき、性別役割分業の現状を確認するとともに、人々によるよりよい生き方と協働関係の模索の試みを追う。
② 上野千鶴子『家父長制と資本制――マルクス主義フェミニズムの地平』岩波書店、2009年。
　性別役割分業は社会にとってどんな意味をもつのか。フェミニズムの観点からの思考の試み。
③ 木本喜美子・深澤和子編『現代日本の女性労働とジェンダー――新たな視角からの接近』ミネルヴァ書房、2000年。
　仕事の現場で、性別はどう意味をもっていくのか。性別の意味が職場の働き方に影響するさまざまな事例を紹介。
④ 首藤若菜『統合される男女の職場』勁草書房、2003年。
　鉄道業、運輸業など、従来男性のものだった職場に女性が参入する過程を、事例調査に基づいて明らかにする。
⑤ 永井暁子・松田茂樹編『対等な夫婦は幸せか』勁草書房、2007年。
　多様な社会科学の立場から、現代の性別役割分業やその変化、より

よいパートナー関係のあり方を考える。

調べてみよう・考えてみよう

① あなたが将来,誰かとパートナー関係をもつとしたら,パートナーとの間にどのような分業関係を築きたいだろうか。結婚したり子どもをもったりしたあと,働き方を変えたいだろうか。ゼミやクラスで話し合ってみよう。同じ性別の人でも,考えにどのくらい幅があるだろうか。話し合った結果を,国立社会保障・人口問題研究所「出生動向基本調査」などのデータと比較してみよう。

② あなたが現在アルバイトをしている職場や,身近な人が仕事をしている職場には,どんな性別職域分離がみられるだろうか。性別分離がみられるとしたら,どんなしくみで分離が生まれたり維持されたりしているか,多様な角度から考えてみよう。性別分離があまりみられない職場なら,その理由を考えてみよう。

③ 女性の少ない職場で働いている女性や男性の少ない職場で働いている男性,管理職として活躍している女性や育児休業を取得した男性など,社会全体の性別分業の状況からみるとマイノリティの立場にある人に,そのような選択をした理由,やりがいや苦労などについて聞いてみよう。

④ 社会の性別役割分業はなくしていくべきだろうか。社会にとって,性別役割分業がもつメリットとデメリットの観点から考えてみよう。

● 引用文献

Anker, R., 1998, *Gender and Jobs: Sex Segregation of Occupations in the World*, International Labor Organization.

Becker, G. S., 1981, *A Treatise on the Family*, Harvard University Press.

Cockburn, C., 1983, *Brothers: Male Dominance and Technological Change*, Pluto Press.

Cohn, S., 1989, *The Process of Occupational Sex-Typing: Feminization of Clerical Labor in Great Britain 1870-1936*, Temple University Press.

Hakim, C., 1993, "Segregated and Integrated Occupations: A New Approach to Analysing Social Change," *European Sociological Review*, 9 (3).

Hakim, C., 2000, *Work-Lifestyle Choices in the 21st Century: Preference Theory*, Oxford University Press.

Hakim, C., 2003, *Models of the Family in Modern Societies: Ideals and Realities*, Ashgate.

Hakim, C., 2007, "The Politics of Female Diversity in the 21st Century," J. Browne ed., *The Future of Gender*, Cambridge University Press.

原純輔・盛山和夫, 1999『社会階層——豊かさの中の不平等』東京大学出版会。

鹿野政直, 2004『現代日本女性史——フェミニズムを軸として』有斐閣。

河西宏祐, 1999『電産型賃金の世界——その形成と歴史的意義』早稲田大学出版部。

国立社会保障・人口問題研究所, 2011「第14回出生動向基本調査 結婚と出産に関する全国調査 独身者調査の結果概要」(http://www.ipss.go.jp/ps-doukou/j/doukou14_s/doukou14_s.asp)。

厚生労働省, 2003「第1回21世紀成年者縦断調査(国民の生活に関する継続調査)の概況」(http://www.mhlw.go.jp/toukei/saikin/hw/judan/seinen02/index.html)。

厚生労働省, 2012「第1回21世紀出生児縦断調査(平成22年出生児)の概況」(http://www.mhlw.go.jp/toukei/saikin/hw/shusshoujib/01/)。

厚生労働省, 2013「平成24年度 雇用均等基本調査」(http://www.mhlw.go.jp/toukei/list/71-24.html)。

厚生労働省, 2014「平成25年度 雇用均等基本調査(確報)」(http://www.mhlw.go.jp/toukei/list/71-25r.html)。

内閣府, 2012「男女共同参画社会に関する世論調査」(http://survey.gov-online.go.jp/h24/h24-danjo/index.html)。

内閣府, 2013「家事活動等の評価について—— 2011年データによる再推計」(http://www.esri.cao.go.jp/jp/sna/sonota/satellite/roudou/contents/pdf/kajikatsudoutou1.pdf)。

小笠原祐子, 2005「有償労働の意味——共働き夫婦の生計維持分担意識の分析」『社会学評論』56 (1)。

Phelps, E. S., 1972, "The Statistical Theory of Racism and Sexism," *The American Economic Review*, 62 (4).

笹島芳雄, 2011「生活給——生活給の源流と発展」『日本労働研究雑誌』53（4）。

Shinar, E. H., 1975, "Sexual Stereotypes of Occupations," *Journal of Vocational Behavior*, 7（1）.

総務省統計局, 2012「平成 23 年社会生活基本調査」（http://www.stat.go.jp/data/shakai/2011）。

総務省統計局, 2013「平成 24 年就業構造基本調査」（http://www.stat.go.jp/data/shugyou/2012/index.htm）。

総務省統計局, 2014「労働力調査 長期時系列データ」（http://www.stat.go.jp/data/roudou/longtime/03roudou.htm）。

上野千鶴子, 2009『家父長制と資本制——マルクス主義フェミニズムの地平』岩波書店。

渡辺峻, 2001『コース別雇用管理と女性労働——男女共同参画社会をめざして〔増補改訂版〕』中央経済社。

第Ⅲ部

「働くこと」の変化と課題

第10章 グローバル化と働くこと

外国人労働者と海外勤務者

中国に進出した日本企業（写真提供：Imaginechina／時事通信フォト）

この章では，経済のグローバル化に焦点を当てて，グローバル化の結果，企業や労働者に現れている影響について考察する。日本の企業が海外に進出したとき，社会的・文化的背景を異にする労働者を雇用して，うまく生産が行えるであろうか。あるいは，日本社会が外国人労働者を迎えるときに，社会的・文化的摩擦は起こらないのであろうか。

1 グローバル化とは何か

グローバル化の概念　グローバル化という概念は，どちらかといえば流行語のようにメディアにおいて使われるようになったもので，必ずしも明示的に定義づけられた概念ではない。そのため，まさに百家争鳴といってもよいほど，グローバル化に関しては多様な概念が流通している。さしあたり，本章においては，社会関係が国境を越えて取り結ばれる傾向が一般化することをグローバル化と呼んでおきたい。

　社会学においては，人々の欲求がほとんど充足される最大の社会として，従来は**国民社会**を想定していた。しかし，グローバル化が進展することは，こうした国民社会をその「外部」と区別し，固有性を担保してきた国境という境界の効果を低下させる。こうしたグローバル化は，さまざまな現象として現れている。

グローバル化という現象　たとえば，国境という境界の効果が低下することは，ただちに国家という政治的な「凝集性」を担ってきた制度の存在意義が小さくなることを意味しよう。さらに，人々が国境を越えて社会関係を取り結ぶことが一般化すれば，国境の内側において保たれていた文化的な固有性も失われていくかもしれない。言葉を換えていえば，グローバル化にともなってさまざまな社会に**収斂現象**（制度が似かよってくること）が起こることも想定されるのである。もっとも，現在のところ，グローバル化が最も進展している領域は，経済に関わる領域といえよう。経済のグローバル化に

ついても，さまざまなかたちをとって現れている。

経済のグローバル化 もともと，資本は国民社会の境界を越えて自由に移動することが指摘されてきた。こうした資本の移動の最も現代的な形式は，**多国籍企業**であろう。多国籍企業は，会社支配を目的として行う**対外直接投資**によって成立する。先進社会における多くの企業は，グローバル化のもとで多国籍企業として活動している。資本と関係を取り結ぶ当事者である労働力あるいは労働者は，資本と異なり，それほどグローバルに移動するものとは考えられてこなかった。しかし，現在では先進社会への移民労働者の移動は，広範な現象として確認されるようになっている。

多国籍企業が発展途上の社会も含めて，さまざまな社会において拠点をつくることは，そこにおける現地の労働者を雇用することを意味するし，すべての従業員を現地で雇用するのでなければ，多国籍企業の本国から人を派遣する必要があろう。つまり，**海外勤務者**が多数必要になるというわけだ。さらに，多数の移民労働者が流入することは，異なる社会的・文化的な慣習をもった労働者を雇用することを意味する。以下では，グローバル化にともなって発生する，働くことをめぐる新たな問題を取り上げて検討してみよう。

2 移民労働者とその背景

移民現象の背景 それではまず，移民労働者が移動してくる背景について確認しておこう。一般に，

発展途上社会から先進社会への移民現象は，開発の問題をともなっている。つまり，発展途上社会において，資本主義的な工業化が進展すると，それまでほとんど自給自足によって成り立っている**生存維持経済**のもとで生きてきた農民たちが，都市に移動し，家計補助のために雇用を求めるようになることが知られている。こうした農村から都市への移動を背景にして，その延長にグローバルな移動も起こっている（もっとも，農村を背景にもたず，都市からの直接の移動も確認されている）。

プッシュ・プル理論　このように，移民現象はさしあたって家計補助を目的とした**出稼ぎ労働**のかたちをとることが多い。このことから，移民現象をもたらす原因を，完全に移民たちの経済的な動機に求める議論が存在する。つまり，グローバルな移民現象の原因は，基本的には先進社会と発展途上社会との賃金格差に求められるというわけだ。相対的に高賃金の職を提供する先進社会は，発展途上社会の労働者を吸引（プル）するとともに，相対的に低賃金の職しか提供できないうえに，そもそも雇用が乏しい発展途上社会には労働者を押し出す（プッシュ）要因があるというわけだ。

　この理論によれば，先進社会と発展途上社会の賃金水準が等しくなるまで，グローバルな移民現象は継続することになるし，移動の方向は常に発展途上社会から先進社会への移動に限定されよう。しかし，こうした理論的想定が必ずしも妥当しないことはよく知られている。

社会的ネットワーク　それというのも，高賃金の仕事を求めて移動したはずの移民たちが，その出身地である発展途上の社会に戻ってくることが確認されているからで

ある。つまり，移民労働者たちは，先進社会において一定期間就労し，その期間にも送金などを行い，蓄えたお金をもって出身地に戻っていくのである（もちろん，戻った移民が再び先進社会に移動することも知られている）。こうしたタイプの移民現象は，**還流型移民**と呼ばれてきた。

還流型移民が安定的に生起するためには，移民たちの出身地において親族が生産および生活を継続しているだけではなく，すでに先発の移民たちによって先進社会にコミュニティが形成されていることが必要である。こうしたコミュニティにおいては，親族や同郷の人々によって，住宅や就職先が斡旋され，新しい移民たちも到着後すぐに生活を始められることになっている。このように，移民現象は単純なプッシュ・プル理論によって説明が完結するものではなく，出身地から目的地に至る**社会的ネットワーク**に媒介されて起こっているといえよう。

ひとたび社会的ネットワークが整備されてしまうと，初めて移動を試みた人々よりも，あとから移動を試みる人々のほうが，はるかに簡単に移民することが可能となる。こうして，本来であれば国境を越え，海を渡らなければならないなどの大きな困難をともなうはずの移民が，きわめて簡単な日常的な行為になってしまう。このような状況は，移民の数が飛躍的に増加することにつながっていく（**累積理論**）のである。

多国籍企業とサービス経済化

それでは，先進社会に流入した移民労働者はどのような就労先をみつけているのであろうか。このことは，先進社会から進出する多国籍企業の戦略にも関係している。多国籍企業がグローバルな拠点を設置する動機は，さまざまである。資源の獲得，

市場の確保,あるいは低賃金労働力の確保などが,多国籍企業による拠点設置の原因として指摘されてきた。

1960年代後半以降についていえば,低賃金労働力の確保が大きな背景となっている。低賃金労働者が大量に存在する発展途上社会に生産（とりわけ主として手作業だけでものづくりを行う労働集約的な工程）を移すことによって,先進社会における労働者の抵抗を回避し,生産コストを削減することが追求されたわけだ。こうして,多国籍企業によって途上国の工業化も進展し,従来の原料や食糧などの一次産品に代わって,途上国からも工業製品が輸出されてくるようになった（「**新国際分業**」〔→ Column ⑩〕の成立）。

このように,先進社会においては,多国籍企業による生産移転によって,製造業の職は少なくなってしまう。それにもかかわらず,移民たちが流入するのは,多国籍企業の本社やそれをサポートするハイエンドなサービス産業に勤務する「エリート」たちの生活を支えるサービス産業（レストランやコンビニエンスストアなど）における低賃金労働が移民を吸引しているからだという（Sassen 1988 = 1992）。要するに,資本の移動と労働者の移動とは,軌を一にしているというわけだ。「**世界都市**」と呼ばれる多国籍企業の本社が置かれている都市は,このような資本と労働とのグローバルな移動が交錯する場にほかならないのである。

スウェットショップ　このようにして流入した移民労働者の就労先は,アメリカなどにおいて顕著にみられるように,低賃金によって特徴づけられたサービス産業である。こうした就労先は,低賃金にとどまらず,しばしば労働法規も守られないことが多い。つまり,移民労働者の就労先は,19世紀には広範にみられた,劣悪な労働条件によって特徴づけられ

> **Column ⑩　新国際分業**
>
> 　1970年代の半ばには，先進社会においては高い失業率が継続する一方で，発展途上社会においては工業化が進展していることが注目されていた。当時の西ドイツにおけるフレーベルたち（Fröbel et al. 1980）は，この2つの現象に因果連関を見出そうとした。彼らは，多国籍企業が労働集約的な工程を途上国に移転したことによって，先進社会においては製造業の職が減少し，失業が高い水準にとどまり続けていると主張した。多くの発展途上社会には，多国籍企業を誘致するために輸出加工区が設置され，そこでは関税を免除されて物資の輸出入が可能になっていた。こうした輸出加工区においては，農村出身の若年女性労働者が低賃金で雇用され，先進社会からもちこまれた部品を使って，労働集約的な組み立て作業などが行われていた。しかも，完成した製品は，すべて先進社会に輸出されていたのである。このことが，発展途上社会の工業化の実態であった。発展途上社会から工業製品が供給される，「新しい」国際分業の内実は，こうしたものであった。この開発モデルは，アジア地域を中心に普及し，今日に至るまで工業化を実現する効率的なモデルとされている。

るスウェットショップだというわけだ。

3　移民労働者の増加と社会問題

不法移民の増加　　スウェットショップに代表されるような劣悪な労働条件の職場で働いている移民労働者は，先進社会にとっても必要な存在であることは明らかで

第10章　グローバル化と働くこと　　261

ある。しかし、移民の流入が増加するとともに、移民に対する排斥感情も高まることがある。グローバル化にともなって、国家の役割が後退するとはいっても、いかなる国においても依然として国家は外国人の入国を統制している。つまり、どんな国においても入国にあたって一定のルールを設定しており、それを犯して入国することは**不法移民**となることを意味する。

他方では、先進社会と発展途上社会との格差が縮小しないならば、移民たちは規制をすりぬけてでも先進社会に入ってくることになる。こうして、あたかも移民＝犯罪者という認識が生まれ、ナショナリズムを媒介にした排斥運動が起こることになる。入国に際して、正規の手続きを経ていないとはいっても、受け入れ社会にかなりの程度長期間滞在することは、その社会が生活の拠点となり、移民たちが社会的分業の一翼を担っていることを意味する。

したがって、不法滞在を摘発し、単に強制送還を行うだけでは、かえって移民たちの生活を破壊し、当該社会における低賃金労働の担い手も失うことにしかならない。このように、不法移民をめぐっては的確な政策の整備が求められている。

日本における外国人労働者

国家による外国人の入国管理については、日本もきわめて厳格な管理制度を運用してきた。日本における入国管理制度は、基本的には「単純労働」を担う労働者の就労をいっさい認めない点に特徴があった。つまり、大学教授、スポーツ選手、あるいはその他のタレントなどの「専門的技能」を保持している人々を除いては、外国人は就労することはできなかった。

もちろん、「**特別永住者**」である、いわゆる「在日」韓国人・

朝鮮人・中国人などはこの限りではない。さらに，1980年代からフィリピン，中国，あるいはイランなどのアジア諸国から多くの外国人が入国するようになり，そのなかには観光目的で入国していても事実上就労している人々も多くみられた。実質的に日本社会は，1980年代に本格的に「国際化」を開始したのである。

> **日系人労働者**

その後，1990年に入国管理に関する法律が改定され，91年から施行された。この新しい法律のもとでは，日本人を祖先にもつ人に限って，「単純労働」を担う労働者であっても，日本における就労が可能となった（日本国内における就労が日本人を祖先にもつ人に限定された背景は，国籍決定における血統主義と同じ発想に基づくとされている〔梶田ほか 2005〕）。

結果的に，日本人を祖先にもつ外国人，つまり日系人のなかでも，日本で働くことにインセンティブをもっていた人々は，日系ブラジル人や日系ペルー人であった（ブラジルは，世界で最も多数の日系人が居住している。これは，過去の移民政策の帰結である）。そのため，1990年代以降，とりわけ人手不足に見舞われる傾向にあった中小企業などを中心に日系外国人労働者が雇用されることになった（稲上ほか 1992）。

この時期以降，日系人労働者は，電機や自動車などの基幹的な製造業における重要な労働力となっている。この結果，日系人労働者は，こうした産業の集積地に多数集住するようになった（愛知県や静岡県が多い）。日本国内で就労する外国人労働者の数についても，ほぼ一貫して増加してきており，2011年では68万6000人となっている（図10-1）。このように，外国人労働者は日本の製造業を支える重要な労働力となっている。

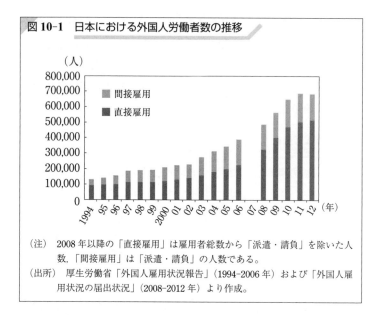

図 10-1 日本における外国人労働者数の推移

(注) 2008年以降の「直接雇用」は雇用者総数から「派遣・請負」を除いた人数,「間接雇用」は「派遣・請負」の人数である。
(出所) 厚生労働省「外国人雇用状況報告」(1994-2006年) および「外国人雇用状況の届出状況」(2008-2012年) より作成。

技能実習生制度　実質的には「単純労働」を担う合法的労働者は,必ずしも日系人だけではない。あくまで,技能実習という名目ながら,実質的に労働者として外国人(多くは中国人)を就労させる制度も存在する。**技能実習生制度**がそれである。この制度は,発展途上社会における労働者の技能形成を目的に始められたもので,1993年に2年間の滞在が認められる現在の制度になっている。

この制度においては,たとえば発展途上社会に進出した日本の多国籍企業が日本の工場に実習生を派遣する場合もあるものの,多くの場合は現地の「人材派遣業者」によって,日本国内の派遣先に紹介されることになる。実習生にとって,日本に実習のため

に滞在できるのは1回限りであり，就労を目的とした再入国は認められていない。

こうした実習生が派遣される先は，多くの場合，農業，水産加工業，あるいは中小の製造業であり，いずれも当該地域の高齢化や人手不足などによって事業の継続が困難になっている産業である。実習生は，しばしば事業主を「父」や「母」と慕いながら，就労することになる。しかし，報告されているように，こうした実習生はきわめて低賃金で長時間にわたって働かされていることも多く，基本的な労働者の権利が侵害されているとして，告発されることもある（安田 2010）。

定住化問題 1990年代以降，実習生も含めて合法的に就労できる外国人労働者が増えたことによって，彼（彼女）らの生活の問題も発生してきた。労働者は，たとえば工場で労働しているだけではなく，地域社会において生活する存在でもある。そのため，外国人労働者を地域社会でどのように受け入れていくか，その方策が問われることになる。

日系人を例にとれば，彼（彼女）らは先祖が日本人であるとはいっても，多くの場合日本語はまったくできない。さらに，もはや文化的背景も異なっているために，十全なコミュニケーションに基づく相互理解が困難になる可能性がある。このため，些細な行き違いから近隣住民の外国人に対する感情が悪化する場合も多い。製造業の集積地で外国人労働者が多数居住する自治体においては，こうした事態を回避しようと，外国人との共生を図るための，文化的交流を進める試みが行われてきた（小内・酒井編 2001）。

しかし，日系人労働者の場合，作業のシフトなどによって，日中在宅していないことも多いうえに，長期間にわたって一定数の

日系人が集住することによって,たとえばポルトガル語のメディアや日系人だけのコミュニティも形成されることになる。このように,いわゆる**エスニック・エンクレイブ**（ethnic enclave）とも呼ばれる隔離された生活圏が形成されることによって,地域住民との交流は減る一方で,さまざまなコンフリクトも少なくなる。もっとも,そのことによって,共生や定住化が進展したとはいえないかもしれない（梶田ほか 2005）。

　技能実習生についても,その生活に対する制約にはさまざまな問題が指摘されている。彼（彼女）らは,多くの場合アパートに1人で生活しながら就労している。しかも,携帯電話などで友人と連絡をとることも禁じられており,孤独な生活を強いられている。毎日,職場と住居とを往復する以外には,地域の人々と交流することもほとんどないという（Kamibayashi 2013）。このような状況では,滞在期間の短さとあわせて,技能実習生の定住化が進展しているとはいえないであろう。あくまで,彼（彼女）らは短期間だけの出稼ぎとして,低賃金労働に従事する存在にすぎないわけだ。

4 海外勤務者と現地労働者

海外勤務者とその問題　　グローバル化にともなって発生する,働くことに関わる問題は,移民労働者に関するものだけではない。主として先進社会からは,多くの企業が多国籍企業として海外に拠点を設置している。そこでは,多数の海外勤務者が本国から派遣・出向されて働いているのである。こ

こでは，日本企業を事例にして，まず海外勤務者の問題を検討しよう。

一般に，海外勤務者として海外工場などに出向を求められた場合には，以下のことが課題となろう。つまり，海外勤務に関する事前研修，出向者の家族なども関わる赴任の形式，さらには出向の期間と出向後のキャリアがそれである。1990年代に行われた調査によれば，以下のようなことが確認できる（白木 1995）。

(1) 海外勤務のための研修

海外工場などで勤務することになれば，当然のことながら外国語によるコミュニケーションと異文化に対する理解が求められることになる。さらには，出向先の国や地域におけるリスク管理を含めたエリアスタディなども求められよう。多国籍化を進める多くの日本企業においては，こうした英語を中心とする語学と異文化理解に関する研修を統一的に進める傾向があるという。とりわけ，語学研修については，多くの企業において熱心に実施されており，企業によっては語学能力が昇進の条件にもなっている。異文化理解，リスク管理，およびエリアスタディなどについても，多くの企業において体系的なプログラムがつくられている。さらには，管理職層などを対象に長期あるいは短期の海外留学制度も整備されている。

(2) 海外勤務者の赴任問題

海外勤務にあたっては，事前研修などを通じて，的確な人材が抜擢されることになる。派遣・出向にあたっては，そもそも求められている仕事があるわけだから，それに関する専門的技能が求められることはいうまでもない。そのほかにも，当然語学力や健康・体力などが重視されるという（白木 1995）。

海外勤務者の属性については，結果的に40歳代前半の人々が多くなる傾向があるという。その結果，たとえば出向者が男性であれば，その多くは妻帯し，子どもを養育していることが多い。したがって，配偶者が仕事をしている場合，その継続や，子どもの教育・進学問題などが赴任にあたって障害となる可能性がある。

　しかし，アメリカの企業などと比べると，日本企業の場合には，家族が原因となって赴任が「失敗」する事例は少ないという（白木 1995）。ここで，赴任の「失敗」とは，出向者が何らかの原因によって定められた目的を達成することなく，帰国することを意味している。たとえば，「失敗」の例としては，出向者本人が現地の習慣などに適応できない場合や，同行した家族がそのような事態になる場合なども含まれる。

　日本企業において，家族を原因とする「失敗」が少ない背景としては，そもそも家族を同行することが少なく，いわゆる単身赴任が多いことも指摘されている（一般に，単身赴任はアジア，中近東，あるいはアフリカへの赴任については多くなっており，ヨーロッパ，北アメリカ，あるいはオセアニアへの赴任については，家族を帯同することが多くなっているという〔白木 1995〕）。さらには，妻が異文化における生活にともなう「苦痛」にも忍従することにより，問題が顕在化しないとの指摘もある。

(3) キャリア問題

　それでは，海外勤務者が出向を終えたあとについては，どのようなキャリアが用意されているのであろうか。そもそも，赴任にともなってキャリアにはどのような変化がみられるのであろうか。まず職種の内容については，日本におけるものと同一の部門を担当することが多く，さらに日本に帰国後も同一の部門を引き続き

担当することが多いという。

　一方，職位は海外赴任にともなって変化することが明らかにされている。一般には，日本における職位よりも海外赴任先では職位が高くなる傾向があり，帰国にともなって職位が下がる傾向が指摘されている。結果的には，海外赴任を経験することによって，それ以前よりも職位は上昇することになるという。そもそも，赴任先における職については，多くの場合部長あるいは課長といったミドル・マネジメントが多く，赴任者数が小さい工場などの場合には，トップ・マネジメントを担当することもあるという。

　(4) 帰任後の問題

　海外赴任を終了して帰国してからも，出向者は問題に直面することがある。たとえば，日本に帰国後に配属される部署は，出発前と同じであることはまれといってもよい。つまり，帰国後は必ずしも慣れていない職場で勤務することになるし，配属先が変わることによって赴任前につくり上げていた人脈なども失われてしまうこともありえよう。こうした状況に直面して，帰任者のなかには，いわゆる「逆カルチャー・ショック」に見舞われる人々もいるという。(白木 1995)。

　さらに，家族に関する問題についても，子どもの教育問題や住宅取得などに関わる資産形成における不利益が指摘されている。なかでも，子どもの教育問題は最も大きく，赴任が長期化するにつれて，同行した子どもの日本語能力や日本の生徒と比べた学力が低下することなどが指摘されている。このように，海外勤務者は帰国後も困難に直面する可能性がある。

現地労働者と日本的生産システムの移転問題

いうまでもなく,多国籍企業が海外に拠点を設置するにあたって,新しい拠点で働く人々を本国からすべて派遣することはありえない。そもそも,発展途上社会が進出先となる場合には,そこで獲得される低賃金労働力が,大きな進出動機となっているのである。したがって,現地労働者を雇用して効率よく働かせることが,進出した企業にとっては重要な課題となる。

この問題は,視点を換えていえば,生産システムの移転に関わる問題を構成している。とりわけ,**日本的生産システム**は,日本が1970年代以降オイルショックからいち早く回復して良好なパフォーマンスを記録した一因であるとされてきた。そのため,1985年のプラザ合意以降,日本企業の本格的な多国籍化が進むとともに,日本的生産システムの海外移転への関心が高まっていった。

生産システムは,機械設備などの技術的な要素だけからなるわけではなく,当然その作動にあたっては,人間とその社会関係が関わっている。つまり,従来日本という社会において,日本人だけが関わることによって形成されてきた日本的生産システムが,異なる社会的・文化的背景をもった社会においても良好に機能するかどうかが問われたのである。ここでは,発展途上の社会に進出した日本企業の事例を参照しながら,労働者の仕事のあり方に焦点を合わせて,この問題を検討していこう。

多能工化と技能訓練

労働のあり方に関して,日本的生産システムの特徴の1つは,労働者がさまざまな作業に精通している**多能工**として育成されており,フレキシブルな労働力の利用を可能にしていることが挙げられる。グローバ

ル化のもとで,厳しい競争を強いられる日本企業では,進出先においても活発に技能訓練が行われている(山田 2006)。

訓練の内容については,いわゆる OJT をはじめとして,社内における研修や社外研修への派遣も行われている。いわゆる「星取表」などを利用して,個々の労働者の技能レベルが明示され,動機づけにもなるような工夫が行われている。もっとも,技能訓練の成果については,企業によって異なることはいうまでもない。たとえば,離職率が高い企業は,技能訓練の成果は低下することになる。

労働者による関与

日本的生産システムの特徴の1つには,すべての労働者が生産活動に積極的な関心をもつように促されていることが指摘できよう。つまり,労働者による関与(involvement)が重要とされている。しかし,発展途上社会においては,とりわけ必ずしも長期雇用が実現されていない場合には,労働者の関与に向けた動機づけは低くなろう。

具体的に,関与に向けた取り組みの事例としては,いわゆる改善提案活動(「カイゼン」)や小集団活動(QC サークル活動)を指摘できよう。こうした活動についても,日本から進出した海外工場においては一定程度熱心に行おうとしている。しかし,その成果については,やはり企業によって大きく異なるといえよう。

たとえば,改善提案などについても,その趣旨が徹底されない場合には,自分の待遇改善を求めるような提案が提出されるなど,制度として機能しないこともある。小集団活動についても,必ずしも職場からのボトムアップによる問題発見とその解決という,かつて日本企業にみられた形式としては実行できないことも多い。

そのため,あらかじめ経営サイドから目標管理の一環として,

達成目標を提示して，そのための手段を考案するという方法をとって，労働者が動員されることも多い（もっとも，日本においても，ボトムアップの小集団活動は行われなくなっていることが多い。それというのも，ボトムアップという手法は，成果が上がるまでに時間がかかるため，近年ではそのようなかたちで小集団活動を実行する余裕がない企業が多くなっているからである）。

このように，日本的生産システムの移転については，その労働のあり方からみる限り，移転度を高めるための試みが継続されているものと評価できよう。

5　グローバル化と仕事の将来

これまで，グローバル化にともなう資本と労働の海外移動に関連した，働くことの問題について概観してきた。最後に，今後さらに重要性を高めると想定される問題について，簡単に言及しておこう。

長期不況と外国人労働者

1990年代以降，日本経済は「失われた20年」と呼ばれる，経済成長をほとんど経験しない時代を経過してきた。とりわけ，2008年のリーマン・ショック以降，日本経済はいまだに十全な景気回復に至っていないと指摘されている。こうした状況は，外国人労働者の雇用にも影響を与えているといわれる。図10-1で確認したように，労働者数から判断する限り，必ずしも近年においても外国人労働者は減少してはいない。

しかし，長期不況の影響は，個別の産業や企業においては確実

に現れている。事実，日系ブラジル人が集住する浜松市などにおいては，彼（彼女）らが雇用されている（中小）企業の生産が減少し，その結果雇用も削減されているという。そのため，仕事を失った日系人労働者のなかには帰国を選択する人々も多くなっている。

翻って，日系人労働者の帰国は，その家族も含めて労働者たちに依存していた産業にも影響を与えている。たとえば，日系ブラジル人労働者の子どもが日本語の補習のために通っていた塾なども，彼（彼女）らの帰国によって生徒数が減少してしまい，休業を強いられる例があるという。入国管理制度の改定から20年以上を経て，こうした事例は，外国人労働者が日本社会においてまさに居住し生活する存在にほかならないことを明示しているといえよう。

さらに，帰国という選択も，必ずしも日系人労働者にとって最適とはいえないかもしれない。それというのも，滞在期間が長期化することによって，たとえばブラジル社会における**社会関係資本**あるいはネットワークと切り離されてしまい，新たに生活を立ち上げることは容易ではないからである。このように，日系人労働者は日本社会のあり方に翻弄される存在であるわけだ。

ケア労働のグローバル化

1980年代以降に，日本における外国人労働者の増加がみられたものの，こうした労働者の就労先は，サービス産業や製造業であった。しかし，21世紀に入ってからは，日本における外国人労働者の職種にも新たな傾向がみられるようになっている。産業についていえば，従来から確認されてきたサービス産業に属してはいるものの，**労働力の再生産**，あるいはケアに関わる労働

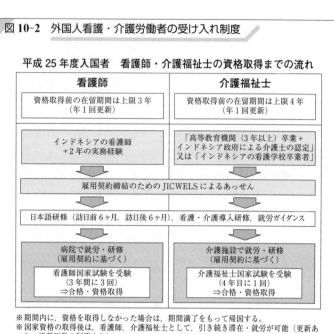

図10-2 外国人看護・介護労働者の受け入れ制度

に従事する労働者が増えてきている。

具体的には，政府間の協定に基づいて，フィリピン，インドネシアおよびベトナムにおいて看護や介護の資格を取得した専門的労働者を受け入れているのである（図10-2）。受け入れ期間は，看護師の場合には3年間，介護福祉士の場合は4年間である。この期間に，日本における看護師あるいは介護福祉士の国家試験に合格しなければ，3年を超えて日本で就労することはできず，出

身国に帰国しなければならないことになっている(試験は，日本語で出題されるために，外国人労働者にとってはかなり難しいものになる。そのため，できるだけ合格率を高めるために，さまざまな工夫が施されてきている)。

　こうしたケア労働がグローバル化している原因は，さしあたり日本社会の少子高齢化に求められよう。高齢者，あるいは障碍者が増えているにもかかわらず，ケアを行う若い人々が少なくなっているために，東南アジアからそのための労働力を動員しようというわけだ。こうしたケアは，家族・親族など親しい人々に対して施されてきた労働であり，現在ではそれが市場へと「外部化」されていることになる。さらに，グローバル化のもとで，日本社会のなかでは，ケア労働の担い手をまかなうことができず，海外から動員せざるをえなくなっていることは，ケアのあり方それ自体が問い直されることになるかもしれない。

　加えて，少子化の傾向に歯止めがかからなければ，ケアの問題に限らず，労働力不足は避けられないであろう。このときに，外国人労働者の受け入れ問題が改めて真剣な議論の対象となろう。

海外工場と労働問題

　グローバル化にともなう課題は，必ずしも日本国内のものにとどまらない。前述したように，1990年代以降，日本企業は中国をはじめとするアジア諸国に多くの海外工場を設置してきた。近年においては，中国やインドをはじめとして，こうした海外工場が労働争議に直面している。このことの背景には，工業化の進展にともなって労働者の物質的な欲求や権利意識が高まっているだけでなく，労働者の関与を引き出すような，協調的な労使関係が必ずしも構築できていないことが指摘できよう。

とりわけ日本企業が数多く進出している中国では，国内における反日感情の高まりもこうした争議に関連している可能性があり，こうした意識のあり方は日本企業の安定的な活動の支障になることも指摘されている。工業化を進展させてきたアジア諸国においては，もはや低賃金で単純な労働に甘んじるような労働者は少なくなってきている。日本企業は，進出先の社会の変化と労働者の意識変容に的確に対処することを通じて，海外工場において安定的な労使関係を構築する努力を一層求められているといえよう。

① S. サッセン（森田桐郎ほか訳）『労働と資本の国際移動――世界都市と移民労働者』岩波書店，1992年。

　　多国籍企業の展開と移民労働者の移動について，両者を統一的にとらえようとした試み。サービス経済化や世界都市論など，今日有名になった概念も本書において本格的に提起された。

② 梶田孝道・丹野清人・樋口直人『顔の見えない定住化――日系ブラジル人と国家・市場・移民ネットワーク』名古屋大学出版会，2005年。

　　日系ブラジル人を事例に，彼（彼女）らの移動パターンから日本国内における定住の状況について，実態調査をふまえて包括的に考察している。「顔の見えない定住化」という表現に，現在の日系ブラジル人の日本における状況が集約的に表されている。

③ 白木三秀『日本企業の国際人的資源管理』日本労働研究機構，1995年。

　　多国籍企業として活動する日本企業の国内外における人事戦略についての調査研究。外国人と日本人とをともに雇用する場合の統合的な人事戦略などについても言及されている。

④ 丹野清人『越境する雇用システムと外国人労働者』東京大学出版会，

2007年。

外国人労働者の労働実態や移民過程に関する,現在までに刊行されている研究書のなかで最も包括的な文献。移民過程におけるブローカーの分析など,興味深い論点が網羅されている。

⑤大久保武『日系人の労働市場とエスニシティ——地方工業都市に就労する日系ブラジル人』御茶の水書房,2005年。

静岡県浜松市や長野県上田市などにおける日系人外国人労働者の雇用実態の分析を通じて,不安定雇用に直面する外国人労働者問題をエスニシティの観点から考察している。

調べてみよう・考えてみよう

①日本企業がいつごろから多国籍企業として海外進出を行ってきたか,調べてみよう。その進出先や産業において,変化がないか,確認してみよう。

②日本企業が多数拠点を設置している中国などでは,近年労働争議が増えているといわれている。この実態について調べたうえで,どのような原因で争議が起こっているのか考えてみよう。さらに,こうした争議が多国籍企業の活動にどのような影響を与えるのか,話し合ってみよう。

③日本で生活する外国人労働者について,どのような労働をしているのか,調べてみよう。アルバイト先などで外国人が働いていれば,日本に来た背景などについて,インタビューをしてみよう。

④日本の内外において,外国人とともに働く機会が増えてきた。言葉や文化が異なる人々と共同で働いていくには,どのような工夫が必要であろうか。昇進や昇給などの評価をめぐって,意見の対立を回避するにはどうしたらよいだろうか。

●引用文献

Fröbel, F., J. Heinrichs and O. Kreye, 1980, *The New International Division of Labour: Structural Unemployment in Industrialised Countries and Industrialisation in Developing Countries*, Cambridge University Press.

稲上毅・桑原靖夫・国民金融公庫総合研究所,1992『外国人労働者を戦力化する中小企業』中小企業リサーチセンター。

梶田孝道・丹野清人・樋口直人,2005『顔の見えない定住化――日系ブラジル人と国家・市場・移民ネットワーク』名古屋大学出版会。

Kamibayashi, C., 2013, "Rethinking Temporary Foreign Workers' Rights: Living Conditions of Technical Interns in the Japanese Technical Internship Program (TIP)," Institute of Comparative Economic Studies, Hosei University, *Working Paper*, 169.

小内透・酒井恵真編,2001『日系ブラジル人の定住化と地域社会――群馬県太田・大泉地区を事例として』御茶の水書房。

Sassen, S., 1988, *The Mobility of Labor and Capital: A Study in International Investment and Labor Flow*, Cambridge University Press. (= 1992,森田桐郎ほか訳『労働と資本の国際移動――世界都市と移民労働者』岩波書店)

白木三秀,1995『日本企業の国際人的資源管理』日本労働研究機構。

山田信行,2006『世界システムの新世紀――グローバル化とマレーシア』東信堂。

安田浩一,2010『ルポ差別と貧困の外国人労働者』光文社。

第11章 職場のダイナミズム

働く場での人間関係と駆け引き

居酒屋のサラリーマン（写真提供：朝日新聞社）

現代の働くほとんどの人は，組織のなかで仕事をしている。それと同時に，仕事は直接的な人と人との関係で成り立っている。組織の「表向き」のしくみだけでなく，職場の人間臭い仕事ぶりにも目を配る必要がある。

1 組織に対する2つの見方

> フォーマル組織とインフォーマル組織

現代社会における労働のほとんどは前近代社会のように,個人あるいは家族といった少人数の形態で営まれているのでなく,**組織**として行われている。大規模な組織の代表は政府や自治体といった官公庁であるが,**産業化**(工業化)の進展によって民間企業も組織の規模を拡大してきた。

1955年には,日本で働く人々(**就業者**)のうち,**自営業層**(自営業主やその家族従業者)が半数以上を占めており,残りが官公庁や民間企業,団体等に勤務している雇用者であった。しかし,2010年における日本の就業者の9割近くは雇用者であり,自営業層は1割強にすぎない(図11-1)。産業化を遂げたほかの国々と同じく,現在の日本では働く人々の多くが,組織の一員として仕事をしている。

組織の本質は業務上の共通の目標に向かって,人々が互いに協働する点に求められる。共通の目標に向けて人々の協働を促進し,効率的にそれを達成するためのしくみづくりが,組織には必要とされる。従業員の**動機づけ**(モチベーション)のための人事労務管理制度とともに,業務上の情報が従業員間で共有・伝達されるしくみの整備を,組織は迫られることになる(Bernard 1938 = 1968)。現代社会ではいかに組織を合理的に設計するかが,行政や経営を効率的に行うための鍵の1つとされている。

その一方で,組織が意図する協働のあり方とは異なる行動や意

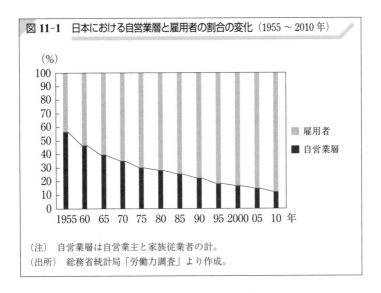

図 11-1 日本における自営業層と雇用者の割合の変化（1955〜2010年）

（注）自営業層は自営業主と家族従業者の計。
（出所）総務省統計局「労働力調査」より作成。

識を，従業員が示すこともある。**フォーマル組織**（公式組織）において設計された情報伝達ルートとは別に，従業員が**インフォーマル組織**（非公式組織）においてコミュニケーション回路を発達させることは，多くの職場でごく普通にみられる。職場のなかの仲良しグループや派閥などがそれに該当する。企業が立派な人事労務管理制度や組織デザインを構築したつもりでも，インフォーマル組織が影響して，従業員が期待どおりに働いてくれるとは限らない。

また協力関係にあるはずの部署や担当者同士で，利害の対立や責任の押し付け合い，勢力関係の不均衡がみられることがある。場合によっては，インフォーマルなコミュニケーション・ネットワークや部署・担当者間の利害関係のあり方が，業務の質や効率

に影響を与えることもある。本章では、フォーマルな組織像からはとらえ尽くすことのできない、職場のインフォーマルな側面や、フォーマル組織とインフォーマル組織の相互関係について概観する。

フォーマルな組織観

フォーマルな組織観とは、情報伝達や業務遂行の質と効率を高める組織とはどういうものかについて論じる組織観である。経営学では伝統的管理論と呼ばれる学説に相当する。ここではその代表的な観点をいくつか解説する。

フォーマルな組織観の代表が**官僚制**である。現代の官僚制はその名称とは異なり、官公庁のみならず、多くの民間企業にもみられる組織の特徴でもある。ドイツの社会学者・歴史学者であるマックス・ウェーバーは、官僚制の特徴とその長所を詳細に論じている (Weber 1921-22 = 1954)。その特徴の根本は次の2点に集約される。

1つは、業務の遂行や意思決定を経営者や担当者による個人的な恣意に委ねるのではなく、規則を制定したうえでそれに従って遂行するしくみが、その特徴である。こうして、同一の業務上の場面に対して、担当者が異なっていても均質かつ正確な対応が可能となる。また、担当者がそのつど業務の判断に頭を悩ませることなく、先例に従って迅速に業務に対応することが可能となる。

もう1つは、指揮命令などの情報伝達や規則の通知・記録・保存について、文書に依存する程度が高まる点にある。口頭のみによる情報伝達では保存性や再現性に乏しいため、とくに規則や重要な指揮命令、重要な会議の記録は文書化される。こうすれば、たとえ組織のメンバーが入れ替わったとしても、後身へ規則や意

思決定の結果を確実に引き継ぐことが可能になる。

第5章で紹介した，アメリカの技術者テイラーが提唱した**科学的管理法**（Taylor 1911 = 1969）も，フォーマルな組織観の1つである。一連の業務を複数の課業へ分解し，業務の**標準化**と単純化・細分化を推進することを通じ，業務の質と効率の向上を図った。業務が標準化されれば，だれが担当してもその質が保証される。また業務が単純化・細分化されれば，その習熟までに要する時間が短縮され，結果として労働生産性が向上する。業務の細分化によって反復作業が増えることも，労働生産性の向上に資すると考えられた。標準化は明らかに，官僚制における規則の制定と発想を共有している。また業務の計画担当者とその実行担当者を分業する，**計画と実行の分離**もテイラーの思想に含まれている。

> **人間関係論**

以上のようなフォーマルな組織観に疑問を投げかけたのが，**人間関係論**である。人間関係論は，組織や職場の内外に広がる人間関係のあり方によって，組織の動態を解明する方法論を提示した。人間関係論は社会学のみならず，経営学や心理学においても重要な学説とされている。また社会学においては産業・労働社会学のみならず，企業と地域社会との関係を扱う都市社会学的な研究（Warner & Low 1947）にも影響を及ぼしている。

この学説の出発点は，アメリカのウェスタンエレクトリック社（当時）のホーソン工場で1924年から32年にかけて実施された，大規模な実験に由来する（**ホーソン実験**）。この調査の当初の目的は，従業員の疲労と労働生産性との関係を心理学的に明らかにすることであった。この調査では若い女性技能者6人を一室に集めて，作業環境と彼女たちの労働生産性との関係について観察をし

ている。労働生産性を向上させる最適な作業環境が存在するだろうと，研究者は想定していた。ところが，作業環境に関する条件の変化と関係なく，実験期間をとおして労働生産性が上昇する傾向にあった。

　想定外の結果に研究者たちは，別の解釈を迫られた。女性技能者たちは作業の観察を目的として一室に集められたこともあり，通常のように厳しく監督されておらず，また実験の観察員も丁重に彼女たちと接していた。少数で集められた彼女たちは互いに仲良しになり，実験室である「職場」によい雰囲気がつくられていた。この結果により，人間関係が労働生産性へ影響する重要な要因の1つであると認識されたのである（Roethlisberger & Dickson 1939）。

　もっとも，人間関係に関する職場の問題が，人間関係そのものに由来するとは限らない。たとえば，飲食店で食事の注文から給仕までの時間が遅ければ，客からの直接的な苦情は給仕係に寄せられる。もしその原因が厨房の段取りにあるとすれば，給仕係は厨房担当によい印象はもたず，厨房と給仕の間で感情的な対立が生じるだろう。人間関係の問題だからといって，人間関係に直接働きかければ何でも解決するわけではない（White 1959 = 1961）。

パーソナル・ネットワークと職場

ホーソン実験では男性技能者を集めて別の観察も行っている。彼らの「職場」である観察室には14人が集められた。彼らには集団出来高給制度が適用されていたが，それは各自の作業の生産高が全体の賃金に影響することを意味した。この「職場」には，各自が生産高を上げすぎてもいけない，逆に生産高を下げすぎてもいけない，という規範が形成されていた。また，この職

場では業務上の助け合いのほかに,ゲームへの参加や親交・対立といったインフォーマルな関係によって,技能者たちが2つのグループに分かれていった (Roethlisberger & Dickson 1939)。現代でいうところの**派閥**のような集団ができていったのである。

　職場のダイナミズムは,フォーマル組織の図式的表現である組織図や職務分掌,上司−部下関係のみを眺めていてみえてくるとは限らない。ときとして,インフォーマル組織が職場レベルの業務に影響することがある。インフォーマル組織は,製造職場だけでなく事務職場でもみられる。派閥との関わり方が昇進に影響することがある (Dalton 1966 = 1969)。仕事で実績を上げるだけでは不十分かもしれない。社内外での人脈づくりのあり方が,処世術として重要であるとも指摘されている (Pfeffer 2010 = 2011)。

　上司の知らないところで,部下が業務を支えていることもある。業務についての指導責任者は,フォーマルには上司であることが通例である。しかし,上司に相談しにくい雰囲気の職場であれば,同僚同士で相談して対応を検討することもあろう。相談に有益なアドバイスで応じた者は,同僚からの人望を高める。パーソナル・ネットワークを通じた助け合いや承認などの**社会的交換**は,職場でもごく普通にみられる現象である (Blau 1963)。

　パーソナル・ネットワークは職場内の範囲だけでなく,企業内の部署を超えて,さらには企業間でもみられるものである。経営者や管理職にとって人脈の構築は,業務を円滑に進めるにあたっての重要な作業の1つであるともいわれる (Kotter 1982 = 1984)。

2 職場におけるさまざまな駆け引き

生産制限とインフォーマルな裁量

従業員が企業の期待どおりに働かず，あえて働きぶりを抑制することがある。これを**生産制限**と呼ぶことにしよう。企業にとっては，従業員が生産制限をしないで，できるだけ効率的に成果を上げるほうが望ましい。そのため企業は費用対効果を考えつつ，従業員が効率的に働くような賃金制度を工夫してきた。それでも企業側からみて従業員が生産制限を行うことがある。見かけ上は，従業員が個々人の経済合理的な判断ではなく，徒党を組んで，言い換えれば人間関係的な要因で，手を抜いているように思われることもあろう。

しかし従業員の論理からみて，賃金制度の不備のために生産制限が発生していることも疑われるべきだろう。たとえば製造職場で，どんなに多くの部品や製品をつくっても，時間当たり賃金の上限が固定されており，出来高に見合った割増賃金がもらえなければ，従業員はあまり働かないだろう。また，出来高に見合った割増賃金がもらえたとしても，割増賃金の基準となる出来高が到達困難な目標であれば，従業員はほどほどにしか働かないだろう（Roy 1952）。

どのような場合に多く作業をし，どのような場合に生産制限をするのかは，賃金制度や人間関係的な要因のみでなく，従業員が培った現場の知恵にも依存する。仮にそれが企業や上司の立場からは望ましくないことであっても，従業員に裁量の余地が残され

ていることが，むしろ彼（彼女）らの労働意欲を高めることがある（Burawoy 1979）。このいわばインフォーマルな裁量には，フォーマルに定められたものとは異なる，より楽な作業方法を従業員が創出し，上司によるフォーマルな承諾がなく実践することも含まれる（大野 2003）。もちろん，作業の内容によってはフォーマルな作業方法からの逸脱が職場だけでなく，地域社会や消費者へ深刻な被害を招くことも忘れてはならない（JCO臨界事故総合評価会議 2000）。

> やり過ごし

製造職場だけでなく，事務職場でも従業員がほどほどにしか仕事をしないことがある。他人から頼まれた用事を，再びその人から頼まれない限り，実行せずに放置しておくことを，一般にやり過ごしという。仕事においてもやり過ごしはよくみられる。上司に頼まれた仕事を部下がそのまま放っておくことは，ただの手抜きにしかみえないかもしれない。しかし部下の立場からすれば，やり過ごしにも合理的な理由があることを疑うべきである。

たとえば，上司の指示が曖昧であったり，思いつきであったり，あるいは部下にとっては上司の援助なしには対応が困難だったりすることが考えられる。また部下の観点ではより優先度の高い仕事が詰まっていることが，やり過ごしを生むことがある。とくに最後の例は，部下にとってだけでなく，組織にとってもやり過ごしに合理的な意義が認められよう（高橋 1997）。

> 劣位にある従業員によるささやかな抵抗

同じ職場で働いているにもかかわらず，雇用契約の違いに基づく処遇上の格差が，人々の間に存在する。**正規雇用と非正規雇用**との格差や，正規雇用における**総合職**と**一般職**の格差が，そ

Column ⑰ 「報・連・相」とやり過ごし

　新入社員が仕事の心得として教わることの1つに、「報・連・相」がある。これは「ほう・れん・そう」と読み、「報告・連絡・相談」の略語である。雇用者の多くは割り振られた仕事を、上司の指揮命令のもとで進める。上司に対して仕事の進捗状況を報告したり、連絡事項を伝えたり、わからないことをただちに相談したりすることが、ビジネスパーソンの基本的な常識として認識されている。

　アメリカのビジネススクールでは上司を驚かさないように仕事をすることが、ビジネスパーソンの心得であると教える教員がいるそうである。これも「報・連・相」の考え方と相通ずる。

　ところが、上司に対して逐一「報・連・相」を行っていたら、どうなるだろうか。もちろん、上司は部下の教育訓練に対して責任を負っているので、部下からの「報・連・相」に適切に対応することが求められている。とはいえ上司も業務に多忙であり、常に部下を構っている暇はない。多忙ということは、上司も思いつきで部下に指示を与えてしまうことがあるかもしれない。部下にも上司の意向を察しながら、業務の優先順位をつけてやり過ごす器量が求められよう。

の例である。これらには、賃金や福利厚生、昇進可能性といった格差が含まれる。フォーマル組織としては、正規雇用よりも非正規雇用のほうが、総合職よりも一般職のほうが、それぞれ劣位に置かれているととらえられる。これらの格差は業務の責任度や困難度、重要性と対応している。中核業務を担う正規雇用者や総合職には、補助的業務を担う非正規雇用者や一般職よりも、高度な職務能力を発揮することが期待されている。

　ところが、劣位にある従業員が優位にある従業員よりも、強い

立場になることもある。たとえば，補助的な業務を担当する女性一般職が，好き嫌いによって男性総合職へのサポートの仕方を変えることがある。営業担当の男性総合職が作成する書類のミスを修正したり，文書作成の締切が間近である旨を伝えたりすることが仕事である営業事務担当の女性一般職が，嫌いな男性総合職のミスを放置したり，締切が近いことをわざと伝えなかったりすることは，その例である。この場合，男性総合職の仕事ぶりは女性一般職のサポートぶりにかかっている。分別のある男性総合職であれば仕事を首尾よく進めるため，日頃から女性一般職に気をつかうことになる（小笠原 1998）。

小売業はパートの活用が進んでいる業種の1つであり，店舗の近隣に居住する主婦がパートとして雇われていることが多い。彼女たちのなかには長年にわたり特定店舗のパートを続けている者もいる。その一方で正社員は数年ごとに店舗や部署を異動する。当然のことながら着任して間もない正社員よりも，長く店舗に勤めているパートのほうが職場や商圏の具体的な事情に詳しい。着任したての管理職が強引な手法で売り場の売上を伸ばそうとしたため，パートが互いに示し合わせてその管理職の指示を無視することもある。その管理職は業務が遂行できなくなり，会社から早々とほかの店舗へ異動させられることになる（木本 2003）。

同一労働であっても同一賃金でない例は，正規雇用と非正規雇用との間にのみ発生するわけではない。**雇用形態の多様化**は，非正規雇用そのものの多様化でもある。同じ職場での同一労働であっても，賃金がパートのほうが低く，派遣労働者のほうが高いことがある。このような職場ではパートの不満が高まり，業務が円滑に運ばなくなるおそれがある。このような賃金格差が生じる一

因は，賃金の支払い元が異なることにある。直接雇用であるパートの賃金は勤務先から支払われているが，間接雇用である派遣労働者の賃金は人材派遣会社から支払われている。

こうした背景もあって，2012年に改正された労働者派遣法では，人材派遣会社は派遣労働者の賃金を決定する際に，派遣先で直接雇用されている従業員の賃金との均衡に配慮するよう定めている。

> 意見や不満を吸い上げるフォーマルなしくみ

現場の従業員は企業や管理職が知らないところで，業務や処遇に対して意見や不満を抱えていることがある。上司が個人的な裁量で部下から悩みや不満を聞いたり，職場で飲み会を開催して仕事での本音を引き出したりすることもあるだろう。また，労働者が賃金や労働時間など労働条件の維持・向上を求める手段として，労働組合がある。労働組合を通じて処遇の不満を会社へ伝える者も少なくない。

厚生労働省「労使コミュニケーション調査」によれば，2008年7月～09年6月の1年間に，処遇の不平・不満を直接・間接に事業所へ伝えたことのある者は，21.2％だった。そのうち79.6％が直接上司に伝えており，**労働組合を通じて伝えている者**（11.6％）がそれに続いている（厚生労働省 2010）。ただし，労働組合は労働者が自主的に結成する団体であって，企業が組織している内部の機関ではない。

企業は従業員とのコミュニケーションを円滑にするため，上司の裁量に基づく方法のみに委ねず，ほかにもフォーマルな施策を実施している。**目標管理制度**は，部下が上司と面談をして業務目標を決める制度である。**自己申告制度**は，従業員が業務内容や部署，勤務先など配置の希望を申告する制度である。社員会や親睦

会などの**従業員組織**は，従業員と経営者・管理職との相互親睦を図るしくみである。業務改善の提案を促進する**改善提案制度**や，少人数のグループを結成して業務改善を図る**小集団活動**（QCサークル活動）も，従業員からの意見を吸い上げるしくみである。これらのしくみは多くの場合，コミュニケーションの円滑化を通じて，従業員あるいは職場全体の業務能力の向上を図っている。

また，職場内のコミュニケーションの円滑化のためにも，**男女雇用機会均等法**は，企業にセクシュアル・ハラスメントの対策を講じるよう義務づけている。

3 働き方の理念と職場の現実

さまざまな理念　　現代社会では，働き方をめぐってさまざまな理念がうたわれている。同一価値労働同一賃金や男女の雇用機会の均等，**ダイバシティー・マネジメント**（多様性の経営），**ワークライフバランス**（仕事と家庭の両立），**企業の社会的責任**（CSR）といった言葉は，その例である。これらの理念のなかには部分的に法制化され，企業に施策として実施が義務づけられるものも増えている。これらの多くは近代社会の中心的理念である，**平等や公正**（フェアネス）の概念と結びついている。

男女の雇用機会の均等については，**男女雇用機会均等法**が制定されている。ダイバシティー・マネジメントは，性別や民族，健常者と障碍者など属性の違いにかかわらず，多様な従業員の活用の推進を図る経営施策である。そのうち障碍者雇用については，

障害者雇用促進法により定められており，企業に対して障碍者の最低雇用率を義務づけている。ワークライフバランスに対応する法律は，育児・介護休業法である。企業によっては，法律の最低基準を上回る施策を講じているところもある。企業の社会的責任は，労働・雇用に関してだけでなく，環境や格差是正，文化・地域貢献など，幅広い領域にまたがる。多くの大企業ではCSR報告書を作成して，自社がどのように社会的責任に貢献しているかを社外に公開している。

また，社是・社訓やクレドー（信条）などの**経営理念**を掲げている企業も多い。経営理念の目的は，企業の経営目標へ従業員の思考や行動を導き，企業業績の向上を図る点にある。経営理念には従業員の間に組織の一員としての一体感をつくり，従業員同士で共有された**企業文化**を意図的に創出するねらいも含まれる（梅澤 2003）。

理念を解釈する従業員　もっとも，どんなに崇高な理念を企業が掲げていたとしても，従業員が必ずしもそれらの理念に導かれて行動しているとは限らない。理念が社内に浸透していないために，従業員がそれに準拠していないこともあろう。では，法律の啓発を徹底したり，理念に基づいた強い企業文化を社内に構築したりすれば，従業員はそれらに導かれた行動をとるようになるのだろうか。

その答えが肯定的な場合もあれば，否定的な場合もあるだろう。理念を強力に浸透させようと試みるほど，かえって企業が本来想定していなかった意図せざる結果がもたらされるかもしれない。理念の趣旨を理解しながらも，わざとそれに従って行動をしない従業員もいるかもしれない。ときには法律や理念に反発する従業

員もいることであろう。逆に理念に過剰同調し，ときとして精神的な不調を患うこともあるかもしれない。むしろ，従業員は法律や企業の理念と一体化した埋没した存在ではなく，それらを解釈する能動的な存在である。

業績が好調だったあるアメリカ企業の研究は，その強い企業文化が従業員にもたらした意図せざる結果について，従業員への聞き取りをもとに詳細に明らかにしている。この技術系の企業の好調な業績の要因は，人間尊重的な強い企業文化にあると考えられてきた。この強い文化は企業理念として掲げるだけはく，社内報や研修など複数の方法で浸透が図られてきた。ところが，この企業文化は従業員に長時間労働を促し，仕事以外の時間も仕事のことが頭から離れない従業員を多数生み出してきた。勤勉に業務に打ち込みながらも，表向きにうたわれている人間尊重的な理念は，この会社には存在しないと嘲笑的に語る従業員もいた。その一方で，理念へ過剰に同調しようと努め，過労によって燃え尽きる従業員も少なくなかった。それ自体も従業員にとっては嘲笑的な話題とされていた（Kunda 1992 = 2005）。

理念への多様な立場

たとえ崇高な理念であったとしても，実際にその適用を図る段階になると，その受け入れへの態度が従業員によってしばしば異なる。ときとして，従業員同士で利害が相容れないこともある。いくつかの例を挙げておこう。

日本企業の人事労務管理の特徴の1つとして，年と功による**能力主義**が挙げられる。能力主義は大企業を中心に，正規従業員を主な適用対象として，1960年代後半から普及してきた理念である（佐藤 2012）。理念を実際に具体化する人事労務管理制度が，

職能資格制度である。パート・アルバイトの活用が進むにつれて，彼（彼女）らを基幹化・戦力化する企業も現れている。パートの基幹化を強力に実現する方法の1つとして，正規従業員に限定されていた能力主義を，パート・アルバイトにも適用する企業も存在する。

　有能なパート・アルバイトを固定給ではなく能力主義的に処遇することは，公正の観点からすれば好ましい。また，仕事を通じて報われたいと考えるパート・アルバイトのモチベーションを高めるには，これは有望な手法である。ところが，多くのパート・アルバイトの**中心的生活関心**は家庭や学業である（佐藤 2012）。中心的生活関心を犠牲にしてまで，仕事へのコミットメントを望んでいないパート・アルバイトが多い事業所で，能力主義的な管理を強めても効果はあまり期待できない。

　男女雇用機会均等やワークライフバランスは，社会で次第に認知されつつある理念である。男女雇用機会均等を推進する施策の1つに，**ポジティブ・アクション**がある。ポジティブ・アクションは，男性が圧倒的な多数を占める役職者について，女性を優遇的に増加させる施策である。**結果の平等**の観点からすれば，女性の役職者比率が増えることは望ましいだろう。しかし**機会の平等**の観点からすれば，有能な男性が昇進するチャンスを狭めてしまうだろう。

　ワークライフバランスを推進する施策として，育児休業や短時間勤務が代表的である。これらの制度は育児・介護休業法の定める対象者であれば，男女を問わず選択が可能である。就業継続を望んでいる子どものいる従業員にとって，これらの施策は非常に好ましい。その一方で，休業者や短時間勤務者の行っていた業務

を,だれかが担う必要が生じる。代替要員の確保などの適切な処置を講じないと,同僚の作業量が増大し彼(彼女)らの不満がたまるおそれがある(脇坂 2002)。

> 一枚岩でない組織

組織図のうえでは対等な立場のように描かれている異なる部署であっても,力関係が強い部署とそうでない部署とがある。民間企業であれば社長やCEO(最高経営責任者)の出身部門によって,その企業内部で力が強い部門をある程度うかがい知ることができる。また,どの部門が社内での発言力が強いかは,法律や市場構造の変化にともなって歴史的に変化する(Fligstein 1990)。また,製品やサービスを提供するにあたって必要不可欠な業務が,少数の人々による高度な能力によって支えられている場合,その人々はほかの人々や部署に対して,大きな発言力をもつことになる(Crozier 1964)。

業績の低迷している製造企業では開発部門と製造部門,営業部門の間で,次のような責任のなすり合いがみられるかもしれない。営業部門は無理にでも売上を伸ばすために,返品可能な契約のもとで小売店へ商品を販売しようとするかもしれない。小売店で売れ残った商品は製造部門(工場)へ返品され,在庫の山が倉庫に積まれる。結果的にムダな仕事をさせられた製造部門は,営業部門を恨みに思うだろう。営業部門にしてみれば,売れる商品を開発しない開発部門が悪いと主張することだろう。開発部門にしてみれば,限られた費用で一生懸命に開発した商品が売れない理由は,営業部門の努力が足りないからだと考えるかもしれない。

利害の対立は株主や顧客,取引先,金融機関,地域社会など社外の**ステークホルダー**(利害関係者)とだけでなく,このように組織内部で発生することもある。組織をあたかも一枚岩としてとら

えるよりも、さまざまな政治的な利益集団の連合体としてとらえることによって、問題の本質がみえてくることも多い（Mintzberg 1983）。**企業コミュニティ**（Dore 1973 = 1987）として特徴づけられる日本の大企業であっても、さまざまな部門で異なる背景をもつ、互いにキャリアの違う従業員が集まって働いている。したがって、日本企業も政治的な連合体としての存在とは無縁ではない。

4 感情労働と職場における親密性

ポスト工業社会と接客サービス労働　産業化が高度に進んでいくと、増加してきた製造業など第二次産業の就業者の割合が減少に転じる。その一方、商業やサービス業といった第三次産業の就業者割合が引き続き増加していく。この変化を産業別ではなく職業別でみると、1970年代までの産業化の段階では増加していた**ブルーカラー**（技能職など）がポスト工業化にともなって減少に転じること、代わって**ホワイトカラー**（事務職、技術職、専門職、管理職など）や、いわゆる**グレーカラー**（販売職、サービス職など）が増加することがわかる。

ブルーカラーに相当する「生産・運輸関係職業」は、1950年の25.3％から70年の36.9％へ増加したが、2005年には32.3％まで減少している。1950年から2005年にかけて、ホワイトカラーに相当する「事務・技術・管理関係職業」は14.1％から36.1％へ、「グレーカラー」に相当する「販売・サービス関係職業」は12.6％から26.7％へ、ともに増加を続けている（図11-2）。

ポスト工業社会は、知識労働を中心とする社会であると指摘さ

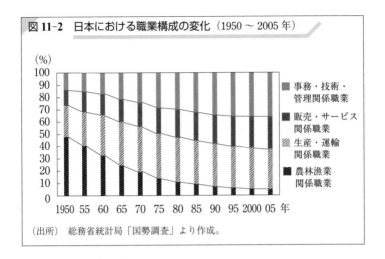

図 11-2 日本における職業構成の変化（1950～2005年）

（出所）総務省統計局「国勢調査」より作成。

れてきた（Bell 1973 = 1975）。見過ごされがちであるが，ポスト工業社会は知識労働に加えて，販売職やサービス職といった，接客サービス労働をともなう職業に従事する就業者が増加する社会でもある。では，接客サービス労働にはどのような特徴があるのだろうか。

感情労働

接客サービス労働の大きな特徴の1つは，感情労働である。感情労働は顧客の感情の制御をともなう労働である。たとえば，旅客機の客室乗務員は，乗客に快適感や安心感を与えるように努める。テーマパークの従業員は，非日常的な感動を訪問客に提供しようとする。看護師は患者を安心させたり，場合によっては励ましたりする。また，顧客からの苦情が寄せられることもあり，労働者が精神的なストレスを感じることもある。

接客サービスが古くから存在するように，感情労働も昔から存

在することはいうまでもない。感情労働の現代的な特徴は、それに従事する労働者の割合が高まりつつあることに加え、企業によって意識的に商品化され、管理されている点にある。日常生活における対面的な相互行為を演技としてとらえたのは、アメリカの社会学者ゴフマンである（Goffman 1959 = 1974）。また、ほかの日常生活と同じように、感情労働にも状況や役割に応じた演技が求められることを指摘したのは、アメリカの社会学者ホックシールドである（Hochschield 1983 = 2000）。

感情労働がほかのタイプの労働と異なる点は、労働者に外面的な演技が求められるだけでなく、しばしば内面的な感情操作が自らに向けられることにある。言葉や表情だけで顧客を歓迎する姿勢を示すのではなく、心から歓迎することが顧客から期待される。困っている顧客や患者に対しては、心の痛みを分かち合うことが顧客や患者から期待される。こうして、多くの接客サービス業で、個人的な領域に属するとされてきた感情が、商品の一部として組織的に提供されつつある。

感情が商品の一部となることは、企業が従業員の感情の管理を強化することも意味する。従業員のマニュアルに感情労働に関わる事項を記述する企業もある。労働者が自らの創意工夫や機転によって感情労働を行うのでなく、企業から決められたとおりに感情労働をこなすことが求められつつある好例である。計画と実行の分離の思想が、製造現場における技能者の肉体労働と同じように（Braverman 1974 = 1978）、感情労働の領域にも浸透しつつあるとみることもできよう（Hochschield 1983 = 2000）。

職場における親密性 感情労働は私的な領域に属すると考えられてきた事柄を、企業が積極的に活用し

ている例である。その一方，**親密性**は多くの企業や官庁，団体において，フォーマル組織と緊張関係にある私的な事柄である。親密性という言葉を，ここでは性的かつ感情的に対等な関係性という意味で用いることにする。女性が男性に服従することをよしとする社会や，何らかの利害関係をともなう場合には，たとえ性的・感情的な交流があったとしても，純粋な意味での親密な関係は成立しない。イギリスの社会学者ギデンズは，近代における親密性の発達を公的領域における**民主主義**に匹敵する，私的領域での民主化として描いている（Giddens 1992 = 1995）。

官僚制の原則に従えば，職場では公平無私な規則に基づき業務を行うことが求められる。職場のメンバー間に親密な関係が生じることによって，業務においてこの基準からの逸脱が発生することを，組織は避けなければならない。また，仕事には多少なりとも利害関係がともなう。上司と部下，先輩と後輩，昇進を競う同僚同士，顧客や取引先との交渉力の優劣など，権力的な利害をともなう非対称的な個人間関係は多い。場合によっては，親密さがセクシュアル・ハラスメントとみなされることもある。

その一方で，同僚や顧客などと職縁結婚に至る者もいる。一時期よりも職縁結婚は減少している（岩澤・三田 2005）。それでもなお，国立社会保障・人口問題研究所「第14回出生動向基本調査」（2010年）によれば（国立社会保障・人口問題研究所 2011），2005～10年に結婚した初婚の夫婦が出会ったきっかけとして，「友人や兄弟姉妹を通じて」（29.7%）とほぼ等しい割合で，「職場や仕事で」（29.3%）が挙げられている。

なかには，企業を挙げて職場結婚を奨励している事例もある。同じ企業の従業員同士の夫婦であれば，互いの仕事について理解

が共有されている。これはワークライフバランスにも貢献する可能性を秘めている。

① 佐藤郁哉『組織と経営について知るための実践フィールドワーク入門』有斐閣，2002年。

　フィールドワークをふまえた組織調査の研究例を紹介している。理想や公的なしくみのみではとらえきれない，組織における人々の働きぶりを垣間見ることができる。

② 高橋伸夫『できる社員は「やり過ごす」』日本経済新聞社，2002年。

　経営学者による著作である。働く人々のかなりの割合が，上司からの指示をやり過ごしており，上司もそれを能力の1つとして認めていることが，うかがえる。

③ 小笠原祐子『OLたちの〈レジスタンス〉——サラリーマンとOLのパワーゲーム』中央公論社，1998年。

　一般職の女性従業員が，総合職の男性従業員と職場でどのように渡り合い，どのように自分たちのやりがいや世界を構築しているのかが，うかがえる。

④ G. クンダ（金井壽宏解説・監修，樫村志保訳）『洗脳するマネジメント——企業文化を操作せよ』日経BP社，2005年。

　アメリカ社会学会で受賞している組織文化論の傑作。強い組織文化をもつ企業で働く従業員が，どうそれに適応し，どうそれと距離を置いているのかが描かれている。

⑤ A. R. ホックシールド（石川准・室伏亜希訳）『管理される心——感情が商品になるとき』世界思想社，2000年。

　感情社会学を打ち立てたアメリカの社会学者による著作である。サービス産業化の進展とそれによる感情労働の広がりを描いている。

調べてみよう・考えてみよう

①アルバイト先や勤務先で，仕事の手を抜いたことや上司や先輩，同僚からの指示をやり過ごしたことがあるだろうか。なぜそうしたのだろうか。

②アルバイト先や勤務先で，自身が仕事を有利に進められるように，あるいは仕事を増やさないように上司や先輩，同僚へ働きかけたことがあるだろうか。

③アルバイト先や勤務先には，仲良しグループや派閥が存在するだろうか。仲良しグループや派閥はどのようなかたちで業務に影響しているのだろうか。

④アルバイト先や勤務先の仕事はどのようなかたちで，顧客の感情と関わりがあるだろうか。

●引用文献

Bell, D., 1973, *The Coming of Post-Industrial Society: A Venture in Social Forecasting*, Basic Books. (= 1975, 内田忠夫ほか訳『脱工業社会の到来——社会予測の一つの試み』ダイヤモンド社)

Bernard, C. I., 1938, *The Functions of the Executive*, Harvard University Press. (= 1968, 山本安次郎・田杉競・飯野春樹訳『経営者の役割』〔新訳版〕ダイヤモンド社)

Blau, P. M., 1963, *The Dynamics of Bureaucracy: A Study of Interpersonal Relationships in Two Government Agencies*, Revised ed., University of Chicago Press.

Braverman, H., 1974, *Labor and Monopoly Capital: The Degradation of Work in the Twentieth Century*, Monthly Review Press. (= 1978, 富沢賢治訳『労働と独占資本——20世紀における労働の衰退』岩波書店)

Burawoy, M., 1979, *Manufacturing Consent: Changes in the Labor Process under Monopoly Capitalism*, University of Chicago Press.

Crozier, M., 1964, *The Bureaucratic Phenomenon*, University of Chicago Press.

Dalton, M., 1966, *Men Who Manage: Fusions of Feeling and Theory in Administration*, 5th ed, John Wiley & Sons. (= 1969, 高橋達男・栗山盛彦訳『伝統的管理論の終焉』産業能率短期大学出版部)

Dore, R. P., 1973, *British Factory- Japanese Factory: The Origins of National Diversity in Industrial Relations*, University of California Press. (= 1987, 山之内靖・永易浩一訳『イギリスの工場・日本の工場――労使関係の比較社会学』筑摩書房)

Fligstein, N., 1990, *The Transformation of Corporate Control*, Harvard University Press.

Giddens, A., 1992, *The Transformation of Intimacy: Sexuality, Love and Eroticism in Modern Societies,* Polity Press. (= 1995, 松尾精文・松川昭子訳『親密性の変容――近代社会におけるセクシュアリティ,愛情,エロティシズム』而立書房)

Goffman, E., 1959, *The Presentation of Self in Everyday Life*, Doubleday & Company. (= 1974, 石黒毅訳『行為と演技――日常生活における自己呈示』誠信書房)

Hochschild, A. R., 1983, *The Managed Heart: Commercialization of Human Feelings*, University of California Press. (= 2000, 石川准・室伏亜希訳『管理される心――感情が商品になるとき』世界思想社)

岩澤美帆・三田房美, 2005「職縁結婚の盛衰と未婚化の進展」『日本労働研究雑誌』535。

JCO 臨界事故総合評価会議, 2000『JCO 臨界事故と日本の原子力行政――安全政策への提言』七つ森書館。

木本喜美子, 2003『女性労働とマネジメント』勁草書房。

国立社会保障・人口問題研究所, 2011「第 14 回出生動向基本調査」。

Kotter, J. P., 1982, *The General Managers*, Free Press. (= 1984, 金井壽宏ほか訳『ザ・ゼネラル・マネジャー――実力経営者の発想と行動』ダイヤモンド社)

厚生労働省, 2010「平成 21 年労使コミュニケーション調査」。

Kunda, G., 1992, *Engineering Culture: Control and Commitment in a High-Tech Corporation*, Temple University Press. (= 2005, 金井壽宏解説・監修, 樫村志保訳『洗脳するマネジメント――企業文化を操作せよ』日経 BP 社)

Mintzberg, H., 1983, *Power in and around Organizations*, Prentice-Hall.

小笠原祐子, 1998『OL たちの〈レジスタンス〉――サラリーマンと OL のパワ

ーゲーム』中央公論社。

大野威，2003『リーン生産方式の労働——自動車工場の参与観察にもとづいて』御茶の水書房。

Pfeffer, J., 2010, *Power: Why Some People Have It – And Others Don't*, Fletcher & Company. (= 2011, 村井章子訳『「権力」を握る人の法則』日本経済新聞出版社)

Roethlisberger, F. J. and W. J. Dickson, 1939, *Management and the Worker: An Account of a Research Program Conducted by the Western Electric Company, Hawthorne Works*, Harvard University Press.

Roy, D., 1952, "Quota Restriction and Goldbricking in a Machine Shop," *American Journal of Sociology*, 57 (5).

佐藤博樹，2012『人材活用進化論』日本経済新聞出版社。

高橋伸夫，1997『日本企業の意思決定原理』東京大学出版会。

高橋伸夫，2002『できる社員は「やり過ごす」』日本経済新聞社。

Taylor, F. W., 1911, *The Principles of Scientific Management*, Harper. (= 1969, 上野陽一訳編『科学的管理法』産能大学出版部)

梅澤正，2003『組織文化 経営文化 企業文化』同文舘出版。

脇坂明，2002「育児休業制度が職場で利用されるための条件と課題」『日本労働研究雑誌』503。

Warner, W. L. and J. O. Low, 1947, *The Social System of the Modern Factory: The Strike: A Social Analysis*, Yale University Press.

Weber, M., 1921-22, "Bürokratie," *Grundriss der Sozialëkonomik, III. Abteilung, Wirtschaft und Gesellschaft*, SS. 650-78. J.C.B. Mohr. (= 1987, 阿閉吉男・脇圭平訳『官僚制』恒星社厚生閣)

White, W. F. 1959, *Man and Organization: Three Problems in Human Relations in Industry*, Richard D. Irwin. (= 1961, 桜井信行訳『人間と組織——産業における人間関係の三つの問題』ダイヤモンド社)

第12章 少子高齢社会で働くこと

仕事からの引退とその後

駐輪場の管理をする高齢者（写真提供：よみうり報知写真館）

　大都市近郊の駅付近では，駐輪場で自転車を整理する高齢者をみかけることが多い。「人生80年」時代といわれるなか，日本には元気な高齢者も多い。少子高齢社会では，高齢者にも働き手としての役割が求められている。

1 人口動態の基本的前提

進む少子高齢化　日本では人口構成の少子高齢化が進行中である。少子高齢化は文字どおり，少子化と高齢化が同時に進行する変化を意味する。この少子高齢化は，いわゆる「人口ピラミッド」をみるとわかりやすい（図 12-1）。

1930 年は若い年齢層ほど人口が多く，高齢になるにつれて人口が少ない，文字どおりの「ピラミッド型」の人口構成であった。70 年には，全体として子どもから中年層までが膨らむ，「釣鐘型」に変化している。2010 年には 30 歳代から 60 歳代までが多く，その上下の年齢層が少ない「紡錘型」へと変化している。将来推計によれば，2050 年には若い年齢層ほど人口が少なく高齢者の人口が多い，まさに「逆ピラミッド」型の人口構成になることが予測されている。

厚生労働省の「簡易生命表」（2011 年）によれば，日本の 2011 年の**平均寿命**（0 歳児の平均余命）は男性が 79.44 歳，女性が 85.90 歳である（厚生労働省 2012）。世界保健機関（WHO）によれば，同年における日本の平均寿命は女性が世界一，男性は人口 1000 万人以上の国に限れば世界 4 位である（World Health Organization 2013）。平均寿命は死亡率の低下によって長くなったが，それは医療の進歩や食糧・栄養，衛生状態の改善のおかげである（阿藤 2000）。

図 12-1 日本の年齢別・性別人口構成の変化

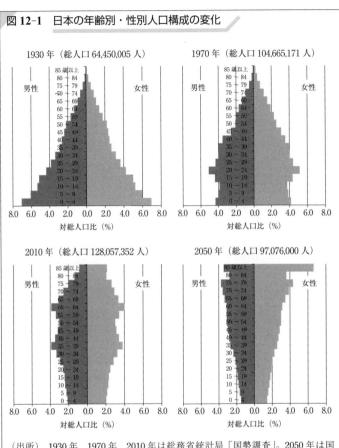

(出所) 1930年，1970年，2010年は総務省統計局「国勢調査」。2050年は国立社会保障・人口問題研究所「日本の将来推計人口」(2012年1月) のうち，「出生中位 (死亡中位)」。

少子高齢化の歴史的背景

現在続いている高齢化の要因には，平均寿命の伸長と少子化が挙げられる（河野 2007）。日本の高齢化は欧米諸国に遅れて始まったものの，きわめて急速にそれらの国々の高齢化率を追い越した（図12-2）。65歳以上人口の割合である高齢化率が，7％を超えてからその倍の14％に達するまでの年数は，たとえばフランスが115年，ドイツが40年であるのに対して，日本は1970年から94年までのわずか24年であった。2060年には高齢化率が39.9％にもなるという予測もあり（国立社会保障・人口問題研究所 2013），日本の高齢化はほかの国々が未体験の段階へ移行しつつある。

一般的に産業化が進展するにつれて，多産多死から多産少死，さらに少産少死への社会へと移行するとされる（阿藤 2000）。さきにみた「人口ピラミッド」は，その人口転換を跡づけているともいえる。農業などの第一次産業が中心の社会では，子どもも家業を手伝うことが期待されていたため，子どもをたくさん産むことが求められていた。しかし同時に，体力の弱い乳幼児の死亡率も非常に高かった。その後生活環境が改善されるにつれて，乳幼児の死亡率は大幅に低下する。ただし，すべての年齢層について死亡率が低下するので，生活環境の改善だけで高齢化は生じない。

産業構造の変化や経済成長，それらにともなう生活水準の向上により，子どもを少なく産んで，高度な教育を受けさせるなど大事に育てる社会へと変化していく。避妊の普及によって出産制限が可能になったことも，出生率の減少に寄与している（阿藤 2000）。この過程はいわば，「生産財」としての子どもから，「消費財」としての子どもへの変化でもあった（落合 1997）。出生率

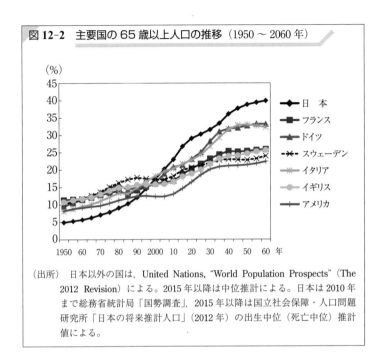

図 12-2　主要国の 65 歳以上人口の推移（1950〜2060 年）

（出所）　日本以外の国は，United Nations, "World Population Prospects"（The 2012 Revision）による。2015 年以降は中位推計による。日本は 2010 年まで総務省統計局「国勢調査」，2015 年以降は国立社会保障・人口問題研究所「日本の将来推計人口」（2012 年）の出生中位（死亡中位）推計値による。

の低下が進めば若い世代から順に人口が減少し，死亡率がすでに低下している高齢者の割合が高くなる（河野 2007）。

少子化と人口減少　少子化がさらに進むと人口の減少が始まる。政府の推計によれば，2007 年から 12 年まで 6 年連続で死亡数が出生数を超過し，すでに日本では人口の自然減少が始まっている（総務省統計局 2013a）。少子化は，女性が一生で出産する子どもの数が減少することによって生じている。これを表した数字（15 歳から 49 歳までの各年齢の女性が出産する，平均子ども数の合計）が**合計特殊出生率**である。

日本の合計特殊出生率は 1974 年以来，人口の維持に最低必要

な人口置換水準（静止粗再生産率）を下回り続けている。2011年の合計特殊出生率は1.39であるが，同年の人口置換水準の2.07へ遠く及ばない。同年の合計特殊出生率は迷信によって出産が抑制された，1966年（ひのえうま）の1.58にすら達していない（国立社会保障・人口問題研究所 2013）。抜本的な対策を進めない限り，当面は少子化と高齢化が同時に進行し，かつ人口減少も進むと予想されている。

なお，少子化は日本のみが直面している事態ではなく，多くの国々に共通する傾向でもある。とくにイタリアを含む南ヨーロッパや，東ヨーロッパ，東アジアには少子化の進んでいる国・地域が多い（United Nations 2013）。イタリアは，合計特殊出生率がきわめて低い年（たとえば，1995年と96年に1.19）が続いたがその後改善され，2004年以降はむしろ日本の数値のほうが下回っている。

少子高齢化はなぜ問題か

少子高齢化が進むと社会全体として，少ない生産年齢人口（15〜64歳）で多くの高齢者を支えなければならなくなる。少子高齢化を懸念する論点を整理すれば，次のようになる（内閣府 2004）。第1に，若年・中年層の労働力不足が深刻化する。高齢者を活用するとしても，体力的・精神的に若い世代ほど能力を発揮できず，労働生産性が低下するおそれがある。

第2に，所得の多い働き盛りの年齢層の減少により，国内の経済規模が縮小する。とくに消費の活発な中年層が減少し，同時に日本全体の人口減少の影響も手伝って，内需の著しい減退が懸念される。内需の縮小は国内の雇用・就業状況を悪化させる可能性がある。

第3に，高齢者の増加により，**公的年金**（国民年金，厚生年金，

共済年金)や健康保険,介護保険などの社会保障費が増大する。とくに公的年金は20歳以上の若年・中年層が負担しているため,少ない現役世代が増大した高齢者を支える構図となる。

　人口動態が現状のまま推移することを前提とすれば,労働力不足を解決するために主に2つの方法が考えられる。1つは,移民労働者を大幅に導入することである。そのためには,移民労働者に対する規制を緩和することが条件となる。もう1つは,国内で十分に活用されてこなかった労働力を活用することである。女性の就業率の向上や,増加する高齢者の積極的な活用が,これに該当する。

　これらの施策が非常に重要であることは確かであるものの,それぞれに難点がある。移民労働者がどの程度日本の労働需要を満たすのか,日本社会への適応や子どもの教育をどうするのか,社会保障制度をどう整備するのか,さまざまな難しい問題がある。女性の就業率向上はワークライフバランス(仕事と家庭の両立)施策など,明らかに少子化対策とも密接に関係している。子育て世代がどのような**性別役割分業**を望んでいるのかによっても,女性の就業構造は影響される。

　いずれにしても,少子化を抑制することが相対的な生産年齢人口の維持につながるとされる。あるいは,少子高齢化を前提とした社会のしくみづくりが必要ともされる(赤川 2004)。高齢者の活用施策については,のちに本章で触れることにする。

少子化の要因

　日本での人口減少をともなう少子化の最大の要因は,**晩婚化**と**未婚化**にある。20歳代後半の女性の未婚率は,1950年に15.2%だったが,2010年には60.3%にまで増加している。30歳代前半の男性の未婚率は,

1950年の8.0％から2010年の47.3％にまで上昇している。2010年の30歳代後半について，男性の35.6％，女性の23.1％が未婚である。生涯未婚率（50歳時点での未婚率）は1950年から2010年にかけて，男性が1.45％から20.14％へ，女性が1.35％から10.61％へと上昇している。同じ期間の平均初婚年齢も男性が26.23歳から31.18歳へ，女性が23.61歳から29.69歳へと変化し，晩婚化の傾向がうかがえる（国立社会保障・人口問題研究所 2013）。

日本では婚外子を避ける規範があるため，結婚をしない限り子どもを産むという決断へと進みにくい。有配偶女性1000人当たりの出生数は一時期まで低下を続けていたが（1990年に66.0人），その後は上昇傾向へと転じて2010年には79.4人となっている（国立社会保障・人口問題研究所 2013）。有配偶女性に限れば，少子化は改善されつつあるとみることも可能である。

法改正などにより**育児休業**をはじめとする，育児中の継続就業を支援する施策が次第に充実しつつある。また女性の就業率も全体的に増加し，いわゆる**M字型就労曲線**の谷である30歳代であっても，就業率は上昇している（→第9章）。ただし女性の就業率の増加は，出産・育児後に就業を継続する女性が増えたためでなく，未婚の就業者が増加したためである（松田 2013）。未就学児のいる有配偶女性のうち，**正規雇用**は2割に満たない。彼女らの5～6割は専業主婦であり，**非正規雇用**が2割程度である。妻にとって家事・育児が生活の中心である従来型の性別役割分業に変化はない（稲葉 2011）。

未婚化に大きな影響を与えた要因として，見合い婚が減少し恋愛婚が増加したことが指摘される（山田 2007）。恋愛婚では男女ともに意欲がないと結婚へと至らない。また職縁結婚も減少して

いる（岩澤・三田 2005）。とくに1990年代以降については、若年層に非正規雇用が増加していることを考慮する必要がある。不安定な雇用や低賃金労働の広がりが、結婚意欲の低下に影響を及ぼしている可能性がある。実際に男性に限れば、低収入は晩婚志向を、非正規雇用は非婚志向をもたらす傾向にある。非正規雇用者同士の夫婦は、仕事と家庭の両立が非常に困難である（松田 2013）。

2 日本の高齢者就業の特徴

遅い引退 　就業者になれば雇用者であっても自営業主であっても、いずれは仕事から引退する時期が訪れる。若年・中年層であっても、労働市場から離れて非労働力人口へ移る者もいる。結婚や出産を機に、仕事を辞めたり中断したりする女性も少なくない。以下では男性の高齢者を主な対象として、仕事からの引退についてみていく。日本の高齢者就業の大きな特徴は**遅い引退**にある。男性中高年齢者の労働力率を国際比較すると、60歳代前半および65歳以上の高齢者の労働力率が日本と韓国で高く、逆にドイツやイタリア、フランスで低いことがわかる（図12-3）。一般にアジア諸国は遅い引退であり、大陸ヨーロッパ諸国は**早い引退**である。

引退時期の違いは、国民の就労意欲の違いや経済的事情、所得水準だけでなく、自営業層の割合や労働法制の違い、公的年金など社会保障制度の違いなども反映している。総務省統計局「労働力調査」（2012年）によれば、日本では60歳代前半以降、年齢が

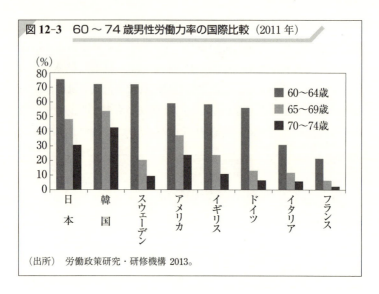

図12-3　60～74歳男性労働力率の国際比較 (2011年)

(出所)　労働政策研究・研修機構 2013。

上がるごとに引退した人々（非労働力人口）の割合が増加するが，労働力人口に占める自営業主・家族従業者の割合は，年齢とともに増えていく（総務省統計局 2013b）。自営業層は高齢者の就業継続の受け皿として機能している。

定年制　日本の中高年層の雇用を考える際に重要なのは，定年制の存在である。現行の**高年齢者雇用安定法**は，原則として60歳未満での定年を禁じている。同法は1986年に企業が定年を設ける場合，60歳以上に設定することを努力目標とし，94年の改正でそれを法定義務とした。

厚生労働省「就労条件総合調査」(2014年)によれば，日本企業の9割以上が定年制を設けている。従業員数1000人以上の企業のほとんどに定年制があるが，定年制のない企業は従業員数が少ないほど増え，従業員数30～99人では定年制のない企業が1

割弱存在する。小企業が高齢者雇用の受け皿となっているとみることもできよう。

高年齢者雇用安定法は企業に対し，65歳までの雇用を2000年に企業の努力目標とし，06年にそれを法定義務とした。法定義務とはいっても，継続雇用の対象となる従業員の基準を労使協定で定めることが可能であった。13年にこの規定が改正されて，すべての従業員を継続雇用の対象とすることが義務化された。

2000年以降の法改正は，定年の最低年齢を一律に65歳へ引き上げることを強制しているのではない。企業にとっては，定年制の廃止，定年年齢の引き上げ，継続雇用制度の導入，の3つの選択肢が用意されている。継続雇用制度はさらに，**勤務延長制度**と**再雇用制度**の2つに分けられる。勤務延長制度では定年前の雇用条件が継続される。再雇用制度では定年前の雇用条件が中断され，再雇用の際に改めて雇用条件が設定される。多くの企業では，賃金水準の引き下げが容易な再雇用制度を選択している。

> **雇用延長の背景**

こうした雇用延長の背景には，公的年金の支給開始年齢の引き上げが関係している。定年年齢から年金支給開始年齢までに，所得の空白期間が発生することを避けるための措置である。日本の公的年金制度は，就業者など現役世代と事業主および政府の負担により，高齢者への年金の支給を維持している。少子高齢化により高齢者が現役世代より相対的に増えると，日本の公的年金制度は機能しなくなる。公的年金のしくみの前提が，「現役世代」の年齢範囲を押し上げたともいえる。

そもそも1986年の年金制度改正のときに，老齢厚生年金の支給開始年齢は60歳から65歳へと引き上げられていた。ただし当

面の間の移行措置として，60歳代前半は「特別支給の老齢厚生年金」というかたちで，年金が支給されていた。94年の制度改正により，特別支給のうち定額部分の支給開始年齢が，2001年から13年までにかけて順次引き上げられた。2000年の改正により特別支給のうちもう1つの，報酬比例部分相当の老齢厚生年金の支給開始年齢が，13年から25年にかけて順次引き上げられる。こうして，公的年金の支給開始年齢の65歳への引き上げが完了する。

もっとも，雇用延長や公的年金の支給開始年齢の引き上げの大前提は，平均寿命が単に物理的に伸びただけでなく，健康な高齢者が増加したという点にある。

企業の施策

企業は雇用延長とは別に，定年前の従業員に対して退職管理施策を実施している。最も代表的な施策は**出向**や**転籍**である。出向は雇用元の企業に籍を置きつつ，ほかの企業での勤務を命じられることである。転籍は雇用元の企業から籍を外れ，ほかの企業との雇用関係に移るよう命じられることである。出向・転籍は日本以外の国ではあまりみられないという点で，**日本的雇用慣行**の1つでもある。

出向・転籍は若年層にもみられるものの，対象者の中心は中高年層である。出向先や転籍先は，同じ**企業グループ**内の子会社や関連会社であることが多い。移動元の企業で中高年従業員が培った専門的・管理的能力を，移動先企業へ移転するために出向・転籍が活用されることが多い。ただし転籍や転籍を前提とした出向は，移動元企業の上位ポスト不足の解消や人件費抑制などを主目的にしていることも少なくない。出向・転籍慣行は雇用を一社単位ではなく，企業グループぐるみで保障するしくみでもある（稲

上 2003)。

　前述のとおり，2013年の高年齢者雇用安定法の改正で，従業員全員を65歳まで雇用延長することが義務化されたが，自社内だけでなく子会社や関連会社での継続雇用も法律で認めている。従来からの出向・転籍慣行をなぞって，継続雇用について法改正がなされたといえよう。

　ほかの主な退職管理施策として，**早期退職優遇制度や転職支援斡旋制度，独立開業支援制度**がある。これらは定年前に中高年層の自発的な退職を促す施策である。早期退職優遇制度は，定年前の退職者に定年退職者よりも退職金を多く支給する制度である。転職支援斡旋制度や独立開業支援制度は，それぞれ転職や起業を支援することにより，定年前の退職を支援している。これらの施策により，企業は中高年層の人件費負担の抑制を図っている。

　また退職管理施策とは異なるものの，**役職定年制**を実施している企業がある。役職定年制とは，部長や課長，係長など職位の上限年齢を定年前に設定し，その年齢に達した者は職位から退く制度である。年齢のより若い従業員が職位に就ける機会を増やし，ポスト不足に起因するモチベーション低下の回避を図っている。

　中高年層の雇用保障が，若年層の雇用機会を抑制するという指摘は多い。高年齢層の雇用延長による総額人件費の増加を抑制するため，企業は年齢や勤続年数にともなう賃金の伸び率を下方修正するよう努めつつある。

Column⑫　年長の部下との接し方に悩まないための備え

　高齢者雇用が進んでいくと、上司が年少で部下が年長という場面が、いままでより多くなるだろう。役職定年制によって、かつての上司が自分の部下になることもあるに違いない。企業グループの中核企業から30歳代で管理職として子会社へ出向し、50歳代の部下をもつという事例も存在する。高齢社会では年長者や元役職者をどう管理するのか、管理職の手腕がますます問われることになる。

　年長者や元役職者との接し方に悩む人は少なくない。元役職者は管理業務の経験者でもあり、当然のことながら業務について一家言あるだろう。また、役職者の感覚から抜けることのできない元役職者もいることだろう。彼（女）との接し方でストレスをためる役職者は少なくないに違いない。

　こうしたなか、企業には、年長者や元役職者との接し方について、研修を実施することが求められている。しかし、学生のうちから部活動やサークル活動、ゼミナール活動で、先輩を上手に仕切ることに慣れておけば、来るべき難しい場面へ備えておくことは可能だろう。すべての能力開発を企業に期待せず、学生のうちから訓練可能な一般的技能は、自覚的に体験しておきたい。

3　仕事から引退への移行

広がりのある引退過程

　これまでみてきたように、日本における仕事から引退への移行は、定年制の広範な普及や雇用延長にもかかわらず、なだらかなものとなっている。雇用者に限っても、正規雇用からただちに引退へと移行する者だけでなく、非正規雇用へ移行して、生活時間に占める労働時間の

割合を少しずつ減らす者もいる。

　また，引退過程は社会階層的要因にも影響される。定年直前に勤務していた企業や従業上の地位は，再就職率や再就職先に影響する。たとえば，企業規模が大きくかつ役職が高い者ほど再就職率は高く，さらに再就職先で経営者や役員になる確率が高い。引退は点としてとらえるよりも，広がりのある**定年域**としてみるほうが実際的である。(稲上 1993)。

　総務省統計局「社会生活基本調査」(2011 年) によると (図 12-4)，男性中高年層の生活時間配分全体に占める「仕事」と「通勤・通学」「学業」時間の合計は，50 歳代後半で週平均 435 分であるが，60 歳代前半で 316 分，同後半で 183 分と少しずつ減少していく。85 歳以上のその平均時間は 27 分であるものの，「主に仕事」に従事している者に限れば，週平均 235 分である。代わって，ほかの活動はおおむね年齢とともに増える傾向にある。ただし，「学習・自己啓発・訓練 (学業以外)」「趣味・娯楽」「スポーツ」「ボランティア」の合計時間は，後期高齢者 (75 歳以上) になると減少する (総務省統計局 2012)。

| パーソナル・ネットワークの変化 |

　引退の過程が進むにつれて人づきあいも変化する。パーソナル・ネットワークの中心は勤務先や取引先といった職縁から，夫婦や血縁・親族縁，地縁，友人など職縁以外へ移っていく。引退にともない職縁ネットワークは著しく減少するが，代わって地縁のネットワークが拡大する。ただし，ネットワークの変化は性別や社会階層によって違いがある。男性よりも女性のほうが職縁以外のネットワークの拡大幅が大きい。これは男性の友人関係がしばしば，職縁を通じて構築されることとも関係している。職業

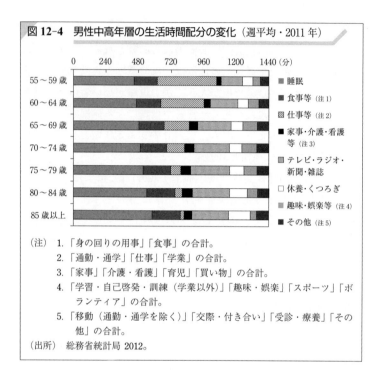

図 12-4 男性中高年層の生活時間配分の変化（週平均・2011 年）

（注） 1.「身の回りの用事」「食事」の合計。
2.「通勤・通学」「仕事」「学業」の合計。
3.「家事」「介護・看護」「育児」「買い物」の合計。
4.「学習・自己啓発・訓練（学業以外）」「趣味・娯楽」「スポーツ」「ボランティア」の合計。
5.「移動（通勤・通学を除く）」「交際・付き合い」「受診・療養」「その他」の合計。
（出所） 総務省統計局 2012。

階層別にみると，自営業種等（家族従業者を含む）がネットワークの総量を最も拡大させるが，小規模企業正社員が最もそれを縮小させる（森岡 2001）。

　高齢者は地域社会から孤立しているというイメージを抱かれがちである。しかし，最近の都市部の高齢者は地縁よりもむしろ，友人との豊富なネットワークを発達させている。気の合った近隣の高齢者とのネットワークは，相互扶助の機能を果たしている。また年下の高齢者が，年長の高齢者を扶助するしくみが構築されている地域もある（前田 2006）。

高齢者の社会参加

自治会（町内会）などのボランティア活動に参加する高齢者は少なくない。「社会生活基本調査」（2011年）によると、高齢者の行動者率の高いボランティア活動として、「まちづくりのための活動」「高齢者を対象とした活動」「安全や生活のための活動」「自然や環境を守るための活動」といった、地域に密着した活動が挙げられている（総務省統計局 2012）。

ただし、参加状況には男女差がみられる。男性では「まちづくりのための活動」「安全や生活のための活動」「自然や環境を守るための活動」「高齢者を対象とした活動」の順に多い。女性では「まちづくりのための活動」や「高齢者を対象とした活動」が多い。

成人男性全体でみると、70歳代前半まで年齢が上がるにつれ、すでに挙げた4つの活動への行動者率が高くなる傾向にある。また、行動者の年当たり平均行動日数は高齢者で高くなる。成人女性では「まちづくりのための活動」の行動者率は、むしろ40～50歳代のほうが高い。「安全や生活のための活動」や「自然や環境を守るための活動」の行動者率はともに、40歳代前半がピークである。子どもの成長段階や配偶者の引退過程に対応して、女性の社会参加のあり方が変化するものと考えられる。

また、政府による高齢者への代表的な就労支援施策として、シルバー人材センターが挙げられる。同センターは高年齢者雇用安定法によって設置がうたわれており、高齢者に臨時・短期的で軽易な就業機会を提供している。同センターは都道府県知事の許可のもと、原則として市区町村単位に設置されている。センターは会員登録をしている高齢者へ、個人や企業、自治体など発注者か

らの仕事を提供している。

高齢者の生活と引退後のイメージ

内閣府（2012）が2011年に実施した調査によると，60歳以上で家計に心配があると回答した割合は3割弱だった。ゆとりのある生活を送れる高齢者もいる一方で，経済的に苦しい高年齢者も少なくない。高齢者の経済的格差は，単身であるか夫婦のみか，あるいは三世代同居か，といった世帯構成にも影響される（白波瀬 2011）。

日本の高齢者の労働力率は高いが，働いている高齢者はなぜそうしているのだろうか。労働政策研究・研修機構（2010）が2009年に実施した調査によれば，60歳代後半で圧倒的に多いのが「経済上の理由」であり，「いきがい，社会参加のため」がこれに続いている。高齢者の収入には，勤労収入や年金（公的年金，企業年金，個人年金），貯蓄，財産収入が考えられるが，勤労収入を得ないと生活が苦しいと考える高齢者も少なくない。

だからといって，就労を希望するすべての高齢者が職に就けるとは限らない（高木 2008）。高齢者には働き続ける自由とともに，引退の自由を保障するしくみづくりが必要とされる（清家 1998）。

ちなみに定年退職後の生活に対して，かつてよりも否定的なイメージは消え，肯定的にとらえる人が増えている。35〜74歳の男性を対象とした調査によれば，「自由な時間が増え，自分を取り戻す」や「新しい人生が開ける」と考える人の割合が増え，「所属する組織や肩書きがなくなる」「経済的に苦しくなる」「接触する人や情報が減る」の割合が減っている（前田 2006）。

4 介護と仕事

介護保険制度

仕事など社会参加を活発に続けてきた高齢者も，いずれは加齢による肉体的・精神的な衰えに勝てなくなる。日本社会の高齢化に対応して，要介護者が尊厳ある日常生活を送れるよう，介護保険制度が2000年に発足した。40歳以上が介護保険の被保険者となり，65歳以上は第1号被保険者，40〜64歳は第2号被保険者である。財源は被保険者からの保険料に加えて，政府や都道府県，市町村の負担によってまかなわれている。要介護者・要支援者の認定および給付は，利用者の住所のある市町村が行う。

第2号被保険者は，特定疾病による要介護状態になったとき，保険給付の対象となる。第1号被保険者は，寝たきりや認知症など要介護の状態に応じて給付額が決まる。また，要介護のおそれがあり日常生活に支障がある者には，要支援の状態に応じて給付額が決まる。介護サービスには，特別養護老人ホームなど施設サービス，訪問介護など居宅サービス，夜間訪問介護サービスなど地域密着型サービスがある。

介護保険制度の発足以前は，利用者の介護支援サービスを市町村が一方的に決めたり，厳しい所得制限があったりと，柔軟なサービスの利用が難しかった。同制度の発足後は，利用者側がサービスを選択できるようになり，また所得にかかわらずサービス利用料に対して一律の給付割合になるなど，すべての人々にとって介護支援が受けやすくなった。要介護・要支援の認定者は制度発

足後に増加を続け，2011年度には530万5623人に達している（厚生労働省 2013）。

介護支援サービスの増加

かつて，介護支援サービスの供給者は市町村や社会福祉協議会といった，公的な団体に限られていた。介護保険制度の発足により，民間企業や生活協同組合，特定非営利活動法人（NPO法人）も介護支援サービス市場へ参入した。総務省統計局の「事業所・企業統計調査」や「経済センサス」によれば，介護保険制度発足直後の2001年に「老人福祉事業」はわずか833企業であったが（総務省統計局 2003），09年に「老人福祉・介護事業」は2万5796企業へと著しく増加し，119万6146人が雇用されている（総務省統計局 2011）。これらのなかには，**社会的企業**と呼ぶにふさわしい企業も少なくない（上野 2011）。

　介護支援サービス業も，雇用している以上，従業員の能力開発を促進し，職業能力を適切に評価する人事制度が必要とされる。とくに訪問介護事業では利用状況に繁閑の差があるため，ほかの介護事業と比較して有期雇用の比率がかなり高い。モチベーションの向上と維持のため勤続年数の長い有期雇用者が，長期的な雇用関係へ移行可能なしくみの整備が求められている（佐藤ほか 2006）。訪問介護事業は近隣に親族のいない高齢者にとって，とくに期待されるサービスである（前田 2006）。

介護休業と企業の課題

介護支援サービスの拡充は，たしかに福祉的義務の**脱家族化**（Esping-Andersen 1999 = 2000）をもたらす側面もある。しかし要介護者・要支援者の家族にとって，介護が相当な時間的・精神的な負担を強いる活動であることに変わりはない。仕事と介護の両立を支援する政府

の施策として，**育児・介護休業法**に基づく**介護休業制度**がある。

　介護休業制度は要介護状態にある家族のいる常用労働者であれば，原則として男女を問わず取得できる。企業は基準を満たす従業員から介護休業取得の申し出があった場合，拒むことはできない。また同法では企業が該当者に対して，労働時間の短縮などの措置をとるものと定めている。介護休業取得中の従業員は無給でよいが，期間中に休業前所得の一定割合（上限金額あり）が雇用保険から支給される。

　家族に要介護者のいる従業員は 40 ～ 50 歳代に多い。この年齢層には役職者が多く，企業の中核業務を担う人材でもある。とくに女性中高年層の正規雇用者には単身者が多く，また既婚者であっても，配偶者の親族を含めて自分が介護を担うと考えている者が多い。業務に支障がないよう従業員の男女を問わず，仕事と介護の両立への配慮が企業に求められている（東京大学社会科学研究所ワーク・ライフ・バランス推進・研究プロジェクト 2012）。

仕事と育児，介護の両立は可能か　晩婚化が進むとともに，女性の第 1 子出生時の平均年齢も上昇し，1955 年には 25.11 歳だったが，2011 年には 29.37 歳まで上昇している（国立社会保障・人口問題研究所 2013）。単純に考えれば，育児と介護が同時に負担となる時期が生じる可能性が高まりつつあるといえる。仕事と育児の両立，仕事と介護の両立の支援それぞれについて，政府や企業の施策は以前より整備されつつある。とはいえ，あらゆる支援を政府や企業に期待することにも限界がある。各個人や各家族も将来を見据えて，ライフコースの早い時期から対策を講じておくことも重要であろう。

読書案内

①河野稠果『人口学への招待——少子・高齢化はどこまで解明されたか』中央公論新社，2007年。

　少子高齢化を論じるための人口学の入門書。人口学の学問的な奥深さについて解説されている。

②松田茂樹『少子化論——なぜまだ結婚，出産しやすい国にならないのか』勁草書房，2013年。

　日本の少子化の主要因が未婚化であり，それは若年層に非正規雇用が増えているためと指摘している。

③稲上毅『企業グループ経営と出向転籍慣行』東京大学出版会，2003年。

　日本の代表的な産業・労働社会学者が，日本的雇用慣行としての出向・転籍について，企業の内実を論じている。

④前田信彦『アクティブ・エイジングの社会学——高齢者・仕事・ネットワーク』ミネルヴァ書房，2006年。

　仕事からの引退についてのみでなく，引退後の人づきあいについても書かれている。

⑤清家篤『生涯現役社会の条件——働く自由と引退の自由と』中央公論社，1998年。

　労働経済学者が高齢者就業の促進を提言する本である。本書刊行後の制度変更もあわせて調べておきたい。

調べてみよう・考えてみよう

①男女を問わず就労者への育児・保育支援はどうなっているのだろうか。出産支援はどうなっているのだろうか。結婚制度や結婚支援施策はどのように異なっているのだろうか。インターネットや書籍を使って，各国の少子化対策について調べてみよう。日本はほかの国々の対策から何を学ぶべきなのか，議論してみよう。

②政府や自治体はどのような高齢者就労支援施策を実施しているのだろうか。また，企業はどのように雇用延長に取り組んでいるのだろうか。また，高齢者は働き続けることに満足しているのだろうか。年下の同僚は高齢者と働くことをどう感じているのだろうか。インターネットや書籍を使って調べてみよう。
③高齢者はどのような生活を送っているのだろうか。会社で働き続ける人や会社を退職して別の仕事に就いている人，自営業を続ける人はどの程度いるのだろうか。趣味やボランティアにどの程度参加しているのだろうか。地域社会とのつながりはどの程度あるのだろうか。地域の自治体や身近な高齢者にたずねてみよう。
④自治体の介護支援施策にはどのようなものがあるのだろうか。企業はどのような仕事と介護の両立支援施策を実施しているのだろうか。地域にはどのようなサービスを提供する介護施設が設置されているのだろうか。両親など親族に介護が必要となったときのことを思い浮かべながら，インターネット等で調べてみよう。

●引用文献

赤川学，2004『子どもが減って何が悪いか！』筑摩書房。
阿藤誠，2000『現代人口学——少子高齢社会の基礎知識』日本評論社。
Esping-Andersen, G., 1999, *Social Foundations of Postindustrial Economies*, Oxford University Press. (= 2000，渡辺雅男・渡辺景子訳『ポスト工業経済の社会的基礎——市場・福祉国家・家族の政治経済学』桜井書店)
稲葉昭英，2011「NFRJ98/03/08 から見た日本の家族の現状と変化」『家族社会学研究』23（1）。
稲上毅，1993「高齢者雇用管理の変化と展望」島田晴雄・稲上毅編『長寿社会総合講座——高齢者の労働とライフデザイン』第一法規出版。
稲上毅，2003『企業グループ経営と出向転籍慣行』東京大学出版会。
岩澤美帆・三田房美，2005「職縁結婚の盛衰と未婚化の進展」『日本労働研究雑誌』535。
国立社会保障・人口問題研究所，2013「人口統計資料集（2013 年版）」。

河野稠果,2007『人口学への招待——少子・高齢化はどこまで解明されたか』中央公論新社。
厚生労働省,2012「平成23年簡易生命表」。
厚生労働省,2013「平成23年度介護保険事業状況報告」。
前田信彦,2006『アクティブ・エイジングの社会学——高齢者・仕事・ネットワーク』ミネルヴァ書房。
松田茂樹,2013『少子化論——なぜまだ結婚,出産しやすい国にならないのか』勁草書房。
森岡清志,2001「定年後のパーソナルネットワーク」森岡清志・中林一樹編『変容する高齢者像——大都市高齢者のライフスタイル〔復刻版〕』東京都立大学出版会。
内閣府,2004『少子化社会白書 平成16年版』ぎょうせい。
内閣府,2012「平成23年度 高齢者の経済生活に関する意識調査結果(全体版)」。
落合恵美子,2004『21世紀家族へ——家族の戦後体制の見かた・超えかた〔第3版〕』有斐閣。
労働政策研究・研修機構,2010「高年齢者の雇用・就業の実態に関する調査」。
労働政策研究・研修機構,2013『データブック国際労働比較 2013』。
佐藤博樹・大木栄一・堀田聰子,2006『ヘルパーの能力開発と雇用管理——職場定着と能力発揮に向けて』勁草書房。
清家篤,1998『生涯現役社会の条件——働く自由と引退の自由と』中央公論社。
白波瀬佐和子,2011「日本の所得格差——人口高齢化と格差拡大のメカニズム」盛山和夫・片瀬一男・神林博史・三輪哲編『日本の社会階層とそのメカニズム——不平等を問い直す』白桃書房。
総務省統計局,2003「平成13年事業所・企業統計調査」。
総務省統計局,2011「平成21年経済センサス——基礎調査」。
総務省統計局,2012「平成23年社会生活基本調査」。
総務省統計局,2013a「人口推計(平成24年10月1日現在)」。
総務省統計局,2013b「平成24年労働力調査」。
高木朋代,2008『高年齢者雇用のマネジメント——必要とされ続ける人材の育成と活用』日本経済新聞出版社。
東京大学社会科学研究所ワーク・ライフ・バランス推進・研究プロジェクト,2012『従業員の介護ニーズに企業はどう対応すべきか——従業員の介護ニーズに関する調査報告書』東京大学社会科学研究所ワーク・ライフ・バランス

推進・研究プロジェクト。
上野千鶴子，2011『ケアの社会学――当事者主権の福祉社会へ』太田出版。
United Nations, 2013, *World Population Prospects* (The 2012 Revision), United Nations.
World Health Organization, 2013, *World Health Statistics 2013*, World Health Organization.
山田昌弘，2007『少子社会日本――もうひとつの格差のゆくえ』岩波書店。

索　引

◆あ　行

IR 活動　87
ILO（国際労働機関）　132
IT 化　142, 144
アウトソーシング　143
アルバイト　3, 20, 33, 38, 180, 182, 195
アンドンシステム　138
アンペイドワーク　→無償労働
異議申し立て　104
育児・介護休業制度　28, 223
育児・介護休業法　7, 248, 292, 294, 325
育児休業　209, 247, 312
逸　脱　287
一般職　32, 39, 232, 287
一般労働者派遣事業　183
移民労働者　257, 311
引　退　313, 318
インターンシップ制度　172
インフォーマル組織　281, 285
インフォーマルな裁量　287
ウェーバー, M.　282
請負労働者　7, 33
失われた 20 年　272
エコビジネス　89
エスニック・エンクレイブ　266
NPO　→非営利組織
NPO 法人　→特定非営利活動法人
ME 化　139, 140
M 字型就労曲線　7, 232, 312
オイルショック　82
OA 化　139, 141

大野耐一　137, 138
OJT　23, 24, 56, 271
遅い引退　313
遅い選抜　26, 52
オートメーション　130, 133
Off-JT　23, 24, 56
温情主義　78

◆か　行

海外勤務者　257, 266, 268
階級関係　74
階級社会　74
解　雇　49, 98, 103
解雇規制　189
介護休業（制度）　209, 325
外国人労働者　263, 265, 272
解雇権濫用法理　50
介護支援サービス　324
介護保険（制度）　311, 323
会　社　29
改善提案　271, 291
階層別教育　24
外部労働市場　27, 56
科学的管理法　126, 283
課業管理　127
格　差　118, 170
学生アルバイト　197
拡大再生産　109
学　歴　21, 157
学歴主義　158, 170
家事関連時間　215
家族従業者　30, 34
家族主義　78
家族手当　58

課題別教育　24
学校から職業への移行過程　170
過半数代表　193
株式会社　29
家父長制理論　238
株　主　87
過労死　220
過労自殺　220
感情労働　297, 298
監視労働　133, 135
完全雇用　99
完全失業者　30
完全失業率　30
完全統合　241
完全分離　241
管理技術　124
管理職の女性割合　242
還流型移民　259
官僚制　282, 299
管理労働　134, 135
機会の平等　294
企画業務型裁量労働制　210
起　業　29, 109, 116
起業家　108
企業グループ　26, 316
企業コミュニティ　65, 158, 296
企業統治　→コーポレート・ガバナンス
企業内教育訓練　46, 49, 200
企業の社会的責任（CSR）　77, 88, 92, 291, 292
企業文化　292, 293
企業別労働組合　6, 46, 76, 78, 80, 192
技術革新　132, 139, 141, 142
ギデンズ, A.　299
技　能　125, 135, 140
　——の高度化説　124
技能訓練　271
技能実習生（制度）　264, 266

機能的柔軟性　186
機能別職長制度　127
規　範　12
キャペリ, P.　143
キャリア　20, 35, 104
キャリア・アップ　104
キャリア教育　170
キャリア形成　104
求　職　105
教育訓練給付金　24
協　業　72
共　生　265
強制的退職　102, 111
業務請負　183
業務効率化　222
金銭的柔軟性　186, 188
勤続年数　230
近代化　72
均等・均衡処遇　194
勤務延長制度　315
クラフト的生産体制　137
ぐるみ闘争　81
グレーカラー　296
グローバル化　66, 89, 101, 112, 117, 145, 171, 256
訓練可能性　157
ケア役割　223
ケア労働　275
経営家族主義的労務管理　65
経営理念　292
計画と実行の分離　127, 283, 298
継続雇用制度　315
契約社員　7, 180, 182, 187, 196
結果の平等　294
結婚退職制　231
現場主義　141
減量経営　82
高学歴化　154
工業化　64, 72

公共職業安定所（ハローワーク） 28, 172
合計特殊出生率 309
公 正 291
公的年金（制度） 310, 315
高度経済成長期 21, 65, 159
高年齢者雇用安定法 314, 317
合理化 81
合理的選択理論 238
高齢化 308
高齢化率 308
高齢者の労働力率 322
互換性生産方式 128
国際労働機関 →ILO
国民春闘 82
個人請負 34, 184
個人事業主 29
コース別雇用管理制度 32, 39, 232
ゴフマン，E. 298
個別性 78
コーポラティズム 86
コーポレート・ガバナンス（企業統治） 77, 86, 88
　従業員重視の―― 46
コミュニティ・ユニオン 91
雇用関係 73
雇用形態 30
　――の多様化 7, 21, 32, 180, 184, 188, 289
雇用システム 21, 46
雇用調整 50
雇用の調整弁 189
雇用保険 24
雇用ポートフォリオ 187
コンティンジェント労働 185
コンピテンシー制度 63
コンプライアンス 88

◆さ　行

再雇用制度 29, 315
再就職 319
在宅勤務 223
最低賃金法 248
作業の細分化 128
サービス経済化 188
サービス財 189
サービス残業 211
サービス産業化 144
差別的出来高給 127
産業化 72, 280, 296, 308
産業社会 72
産業別組合 76
産業予備軍 101
産業・労働社会学 2-4
産前休業 209
自営業 20, 280
自営業主 3, 29, 34
CSR →企業の社会的責任
ジェンダー 39
時間外労働 193, 206
時間外労働規制 221
自己啓発 23, 200
自己申告制度 290
仕事関連時間 215
仕事と生活の調和（ワーク・ライフ・バランス）憲章 220
事　実 12
市場志向型 36, 64
次世代育成支援対策推進法 223, 248
失　業 98, 99, 110, 117
　――のコスト 102
失業率 110
自発的失業 99
資本主義 29, 73, 74, 100, 118
社会化 22
社会階層論 14, 21

社会学　3
社会関係資本　106, 273
社会貢献　109
社会構造　10
社会調査　11
社会的企業　324
社会的起業　109, 116
社会的交換　285
社会的ネットワーク　106, 115, 259
社会的排除　173
社会的包摂　173
週休2日制　214
従業員組織　291
就業機会　166
就業形態　30
就業者　30, 31, 280
就職活動　167
就職協定　167
終身雇用　6, 24, 46, 80, 88, 111
柔軟な企業モデル　186
柔軟な専門化　136, 137
柔軟な働き方　195, 198
収斂（論）　66, 256
熟練工　127, 128
出　向　26, 46, 50, 55, 316
主婦パート　6, 195, 233
準拠集団　53
春　闘　81, 90
準内部労働市場　27, 56
障害者雇用促進法　292
生涯未婚率　312
紹介予定派遣　183
昇　格　61
少子化　198, 246, 308, 310
少子高齢化　14, 171, 275, 306, 310
使用者　33, 73
小集団活動　137, 271, 291
昇　進　51
情報化　115, 142, 144

情報開示　87
情報技術　7
奨励退職　103
職域分離　191, 239
職　縁　319
職縁結婚　299
職業的社会化　22
職業能力　23
職種別組合　75
嘱　託　183
職能給　59
職能資格制度　61, 294
職能別教育　24
職場闘争　81
職場のダイナミズム　285
職場文化　244
職務拡大　132
職務給　63
職務経験　20
職務充実　132
職務（遂行）能力　49, 59
職務満足度　36, 37
女性出現率　241
女性職　242
女性の就業率向上　311
女性の職業キャリア　236
女性役職者比率　39
女性労働力の活用　232
女性労働力率　232
所定外給与　58
所定外労働時間　208
所定内給与　58
所定内労働時間　208
所定労働時間　206
ジョブカード制度　172
ジョブカフェ　172
ジョブサポーター制度　172
シルバー人材センター　321
進学率　232

新規学卒一括採用　5, 6, 13, 20, 27, 46, 48, 157, 160
人口減少　310
人口置換水準　310
人口転換　308
人口ピラミッド　306
新国際分業　260
人事異動　55
人事考課　63
親密性　299
人　脈　106
垂直分離　241
水平分離　241
スウェットショップ　74, 261
数量的柔軟性　186, 188
ステークホルダー　→利害当事者
スト権スト　83
ストライキ　74, 83
成果主義　63, 90
生活給　230
生活時間　214
生活時間配分　218, 319
生活保障給　60
正規雇用　32, 113, 180, 185, 191, 287, 312
生産性　127
生産性基準原理　82
生産制限　286
正社員　30, 164, 166, 168, 185, 289
正社員化　193
正社員転換推進措置　192
生存維持経済　258
制　度　10, 73, 74
性別職域分離　39, 239, 241, 244
性別ステレオタイプ　244
性別役割分業　38, 230, 236, 238, 245, 311, 312
整理解雇　50

——の4要件　50
世界都市　260
セカンドシフト　216
セクシュアル・ハラスメント　291, 299
セーブル，C.F.　137
専業主婦　38, 231
選好理論　239
全国労働組合総連合（全労連）　86
全国労働組合連絡協議会（全労協）　86
全日本労働総同盟（同盟）　85
専門業務型裁量労働制　210
専門職　124
争　議　275
早期希望退職　50
争議権　80
早期退職優遇制度　317
早期離職率　163
総合職　32, 39, 232, 242, 287
相互行為　10
総実労働時間　208
相対的過剰人口　101
総労働時間　215, 216
疎　外　126, 129
疎外された労働　126, 130
組　織　21, 280
組織志向型　36, 64
組織社会化　22

◆た　行

対外直接投資　257
第三次産業　189, 296
退　出　105
退　職　28, 104
退職勧奨　103
退職金　50
大卒求人倍率　166
第二次産業　189, 296

ダイバーシティー・マネジメント　291
大量生産　128, 137
多国籍企業　257, 259, 266
脱家族化　324
脱技能化説　125
脱工業社会　→ポスト工業社会
脱物質主義　110
多能工　270
多能工化　134
多様性論　66
団結権　80
短時間勤務　223
短時間労働　185
短時間労働者　180
単純労働　144, 263, 264
男女雇用機会均等法　7, 232, 248, 291
単身赴任　268
男性稼ぎ手モデル　38
男性職　242
団体交渉　76
団体交渉権　80
ダンロップ, J.T.　75
地　縁　319
中心的生活関心　35, 37, 195, 294
紐　帯　107
中途採用　20, 27, 49
懲戒解雇　49
長期雇用　21, 36, 46, 48, 112
長時間労働　213, 220, 293
賃　金　58
賃金格差　289
賃労働　72
強い社会関係　107
定額給制　58
低賃金労働　262
低賃金労働力　260
定　年　24, 98

定年域　319
定年制　314, 318
テイラー, F.W.　126, 283
テイラリズム　126, 129, 132, 136
出稼ぎ労働　258
出来高払い制　58
テクノロジー　124
テレワーカー　142
テレワーク　142
典型雇用　185　→正規雇用
電産型賃金制度　59
転　職　21, 27, 99, 105, 106, 115
転職支援斡旋制度　317
転　籍　26, 46, 50, 55, 316
伝統的管理論　282
ドーア, R.P.　64
同一価値労働同一賃金　291
動機づけ（モチベーション）　280
統計的差別　57, 244
登録型派遣　183
特殊性　78
特定非営利活動法人（NPO法人）　29
特定労働者派遣事業　183
特別永住者　262
独立開業支援制度　317
トップ・マネジメント　269
トヨタ生産方式（リーン生産方式）　136, 137, 138
トライアル雇用　172
取引関係　106

◆な　行

内部昇進　51
内部労働市場　26, 56, 57
流れ作業方式　128
ナショナル・センター　76
日系外国人労働者　263, 265
ニッチ　109
ニート　32, 50, 161

日本的企業観　158
日本的経営　3, 6, 46
日本的高卒就職システム　159
日本的雇用慣行　3, 6, 24, 46, 111, 141, 316
日本的雇用システム　46, 53, 65, 158
日本的生産システム　270
日本的労使関係　80
日本版デュアルシステム　170
日本労働組合総評議会（総評）　81
日本労働組合総連合会（連合）　76, 85
日本労働総同盟（総同盟）　80
人間関係論　283
ネオフォーディズム　138
ネオリベラリズム　89, 116
年功序列　53
年功制　46, 53, 80
年功賃金　6, 59
年次有給休暇　208, 214
能力開発　23, 24, 200
能力主義　59, 63, 293

◆は　行

派遣労働者　7, 33, 180, 183, 187, 196
パーソナル・ネットワーク　285, 319
パターンセッター（先導役）　81
パート　3, 6, 33, 38, 180, 182, 187, 195, 223, 289
パート・アルバイトの基幹化　190, 294
パートタイム労働法　248
派閥　285
早い引退　313
早い選抜　26, 52
ハローワーク　→公共職業安定所
晩婚化　311, 325

半自律的作業集団　132
非営利組織（NPO）　109, 116
ピオリ，M.J.　137
非自発的失業　100
非正規雇用（非典型雇用）　6, 7, 32, 50, 90, 101, 118, 160, 164, 168, 180, 185, 191, 195, 233, 287, 312
非正規雇用者　13, 22, 30, 243
必要滞留年数　62
標準化　191, 283
平　等　291
不安定雇用　101, 117, 185
フェミニズム　238
フォーディズム　126, 127, 129, 136
フォード，H.　126, 127
フォーマル組織　281, 282, 285, 299
物質主義　110
プッシュ・プル理論　259
普遍性　78, 80
不法移民　262
ブラウナー，R.　129
ブラック企業　113
フランチャイズ　34
フリーター　6, 7, 12, 20, 33, 50, 113, 161, 197
フリーター問題　113
ブルーカラー　32, 36, 155, 159, 296
プルーラリズム　75
ブレイヴァマン，H.　125
フレキシキュリティ　118
フレキシビリティ　101, 118, 186
フレキシブルな労働力　270
フレックスタイム　209
分　業　72
分離指数　241
平均勤続年数　48
平均寿命　306

ペイドワーク　→有償労働
ベースアップ　81
ベル，D.　124，144
変形労働時間制　209
ベンチャー企業　109
法定休暇　208
法定休日　208
法定労働時間　193，206
ポジティブ・アクション　294
ポスト工業化　83，296
ポスト工業社会（脱工業社会）　124
ポストフォーディズム　136
ホーソン実験　283，284
ホックシールド，A. R.　298
ホワイトカラー　26，32，55，159，296
本　工　80

◆ま 行

マージナル（周縁的）な労働者　91
マックジョブ　144
マルクス，K.　101，126
未婚化　311
未婚率　198
ミスマッチ　171
ミドル・マネジメント　269
みなし労働時間制　210
民主主義　299
無償労働（アンペイドワーク）　235，245，247
目標管理（制度）　63，271，290
モチベーション　→動機づけ
モラトリアム　112，169

◆や 行

役職定年制　317
やり過ごし　287
有期雇用　189
有償労働（ペイドワーク）　235，245

ユニオン運動　90，112
ユニオン・ショップ協定　84
予期的社会化　22
弱い社会関係　107
弱い紐帯の強さ　108，115

◆ら 行

ライフコース　20，236
リアリティ・ショック　22
利害当事者（ステークホルダー）　77，86，88，89，295
離職率　163
リストラクチュアリング　89，99，111，112
リッツァ，G.　144
リーマン・ショック　272
リーン生産方式　→トヨタ生産方式
累積理論　259
ルール　74
　——の網の目　75
連合　→日本労働組合総連合会
労使関係　5，73
　——の個別化　88，90
労資関係論　73
労使関係論　73，75
労働改革　78
労働基準法　7，58，206，208，209，248
労働協約　76
労働組合　75，192，290
労働組合組織率　83，192
労働三権　80
労働時間の二極化　213
労働志向　36
労働市場　98
労働者派遣法　233，290
労働生産性　283，284
労働の主観的経験　125
労働の人間化　131，137

労働法規　118
労働力人口　30
労働力の再生産　273
労働力不足　310

◆わ　行

若者自立・支援プラン　170
ワークライフバランス　14, 37, 220, 234, 291, 294, 311
渡辺深　115
割増賃金　206

●著者紹介

小川慎一　横浜国立大学大学院国際社会科学研究院教授
山田信行　駒澤大学文学部教授
金野美奈子　東京女子大学現代教養学部教授
山下　充　明治大学経営学部教授

「働くこと」を社会学する
産業・労働社会学
Sociology of Work and Industry:
A Sociological Introduction to
Working Life

ARMA
有斐閣アルマ

2015年3月30日　初版第1刷発行
2024年9月30日　初版第4刷発行

著者	小川慎一 山田信行 金野美奈子 山下　充
発行者	江草貞治
発行所	株式会社 有斐閣 郵便番号　101-0051 東京都千代田区神田神保町2-17 https://www.yuhikaku.co.jp/

印刷　萩原印刷株式会社・製本　大口製本印刷株式会社
©2015, Shinichi Ogawa, Nobuyuki Yamada, Minako Konno,
Mitsuru Yamashita. Printed in Japan
落丁・乱丁本はお取替えいたします。
★定価はカバーに表示してあります。

ISBN 978-4-641-22043-0

JCOPY　本書の無断複写（コピー）は，著作権法上での例外を除き，禁じられています。複写される場合は，そのつど事前に（一社）出版者著作権管理機構（電話03-5244-5088, FAX03-5244-5089, e-mail:info@jcopy.or.jp）の許諾を得てください。